中国近代人物日记丛书

# 箬韡日记

温州市图书馆 编

陈光熙 点校

中

中华书局

# 目　　录

# 民国元年壬子(1912)

## 七　月

**初一日,辛酉,八月十三**① 阴

彭儿清晨上船,七句半始开。风雨时作,船行颠簸。

**初二日,壬戌,十四** 雨

天明后,到甬江泊,至十一句钟开,夜半后抵沪。

**初三日,癸亥,十五** 晴

清晨登岸,寓英马路佛照楼。天炎人倦,跬步不出。发明信片两纸,拟明日坐怡和行隆和船去。夜林公铎来谈。

**初四日,甲子,十六** 晴

清晨诣郭啸麓,未晤。四句钟后,登隆和船。

**初五日,乙丑,十七** 阴雨

七句钟时始开,风浪,微颤。

**初六日,丙寅,十八** 阴雨而风

天气甚凉,有穿绵衣者。

**初七日,丁卯,十九** 晴

午后过马当、小姑、石钟,皆不得游览,望见庐山,江山雄秀,又

---

① 本日起开始记载阳历月日,底本用小字写于阴历日期旁,今并用黑体记于干支下。

一气象。得七绝二首,七律一首。夜一更后抵九江,入高升栈。

**初八日,戊辰,二十**　　　晴

一句钟上祥霖小轮,四句钟始开。

**初九日,己巳,廿一**　　　晴

一句钟时抵南昌张家门,先入汇丰旅馆稍憩。三句钟,呼舆至千家前巷,遍问教育司长公馆不得,后遇一少年,乃九鸣之弟勋鸣,始带路至广东会馆。樵孙、九鸣均于夜间见面,尚有姻戚二三人。寓所宽敞,旋移幞来,谈至二鼓后就寝,疲倦甚矣。

**初十日,庚午,廿二**　　　微雨,旋晴,天气热闷

发瓯信,付邮。程莲舫来。以带来物件分给各人。

樵孙谈及同县吴葵芳者,先府君文字交也,乙丑年十二月忽梦见府君乘四人舆过其门约往办案牍。醒后以告吾家,不数日而闽省讣音至,至后数日,吴亦殂。临川祝莲旭先生开祝社,有十友,皆知名士,府君其一也。最精壬课,谓先府君东南有半家,即余久在闽浙之应。今其后式微甚。

**十一日,辛未,廿三**　　　晴

小不适,竟日倦卧。夜月色颇佳,谈至二更。

**十二日,壬申,廿四**　　　阴

偕勋鸣同诣程莲舫,未晤,晤乃郎挚华。雨作,亟回。《大江报》八月廿一二三四五等号登有樊山前后《彩云曲》,应抄出。

**十三日,癸酉,廿五**　　　晴

得七律二首,示樵孙。俞子振来。夜诣戏园,未入座,在茶社一憩。《晨钟报》出板,同盟会所组织也。

**十四日,甲戌,廿六**　　　晴,稍风凉

九鸣移入法政学堂,为考出洋学生也。是日购阅《民立报》一

分,由八月十八号起。上海国学扶轮社新出王次回《疑云集》四册,八角,世间初见本也。夜偕勋鸣诣茶社。

**十五日,乙亥,廿七**　　阴晴不定

偕勋鸣至百花洲一游,光复后,楼阁多残于兵。午后感冒身热,腹泻,殊不适。

**十六日,丙子,廿八**　　晴

发瓯信。天气蒸闷,下午风作,夜不成寐。

**十七日,丁丑,廿九**　　北风怒号,时而飞雨

连日服药,热退,泻稀,人颇疲倦。

梅子超太炎来拜,渠为小岩河帅第五公子,某部郎中。九鸣曾为其子师,与樵孙至交。闻颇慷慨任事,笃于世谊。与前任藩司沈瑜庆、学司林开模均有戚谊,往来甚密。沈在护院时被劾十款,梅亦在内。沈名誉最劣,卖缺、卖差之外,日以麻雀为事,官绅之有货者皆招延之,其第三女时亦列坐,不旋踵而跟人逃去,沈秘而不宣。林在江所为,屡见上海各报,更不足论。

九江交涉局长吴祖中文泰,即可诚长君也,前清时曾充俄使参赞官,东三省某府人。甚开通,函致九鸣,欲邀入局,据樵孙云,系秘书局面。

**十八日,戊寅,三十**　　晴,风仍未息

恙已稍痊,然此间风土终未惯也。

闻赣省差使,以淮盐局为最优,岁入十馀万金;河口统税局次之,萍乡煤矿局又次之。现办淮局黄某系都督拜把兄弟。

同盟会支部评干两项人员颇多,九鸣在总务部,其他各司长皆列名。印刷局纸张可用,酒馆以第一楼为佳,价极贵。现拟办图书局,饬江西旧有官书局开报存书目录。下午,雨一阵。

**十九日,己卯,卅一**　　　晴,风定日出

《东亚外交之前途》一篇,系日本早稻田大学法学士张嘉森著,中外大势洞若观火,极为佳构,见于《大江日报》八月六号至十号。惜文字太长,且多讹舛,未及录出。

**二十日,庚辰,九月一号**　　　晴,烈日如火,过于三伏时

司法司长王侃辅宜,东乡籍,民国银行总理徐秀钧子鸿,九江籍,同来拜。午后程挈华臻来答拜,渠充财政司总务科长,即莲舫子也。临江人邓曾渚季纯,九鸣约来充某科科长,留住在寓。

阴历七月十一日《民立报》登有《小共和国史略》,开篇为莫斯里特共和国,面积四方英里,人口三千馀人,山水绝美。虽纯然独立国,然实在德国保护之下。大统领及五名之评议员任期三年,为人民公选。首府人口千六百馀人云云。《史略》为吴曜稿,亦一奇谈。闻类此者有十五个小共和国。又登有华、法、美、葡、瑞共和庆典记,亦可阅。

**廿一日,辛巳,二号**　　　晴,天气大热,日光如火

午刻接瓯寓本月十一、十二两函,为银行事,即作回信。诣程莲舫一谈,三人皆晤及。

**廿二日,壬午,三号**　　　晴,热极

清晨,又发瓯信,付邮。

**廿三日,癸未,四号**　　　晴,热极

夜九铭宴客,到者为内务、财政、司法、实业四司及煤矿局赵,银行总理徐。

**廿四日,甲申,五号**　　　晴,天气仍热,然较前、昨日稍减

据勋铭说,建昌府新城县淫风最甚,由于水土使然。有某山极似阴户,中有流泉,形状逼肖,是以妇女好淫特甚。又铅山县风气亦

同,男子不在家,来客穿房入户,不以为异。

**廿五日,乙酉,六号** 晴,热极

清晨拜客,见者为铁路协理赵幼梅、旅长余鸣皋、内务司长王又兰、财政司长魏阜瓯。未见者梅子肇、银行总理徐子鸿、司法司长王辅宜、旅长刘佛肩、实业司长曾干生、李都督。归,已正午矣。

**廿六日,丙戌,七号** 晴,热甚,不可支

清晨诣松柏巷吴可诚略谈。下午闻其乃弟伯琴已到。

**廿七日,丁亥,八号** 晴

吴可诚、余鸣皋均来答拜。夜嘱九铭发九江信。

**廿八日,戊子,九号** 晴

发瓯函,附回商务印书馆发票一纸,双挂号去,告以将赴九江事。下午北风大作,天陡凉。付陶春工赀两元,印花一元。

**廿九日,己丑,十号** 阴,西北风厉,午后止

得七古一章。樵孙宴客,梅、李、张、郭、程、吴辈数人。

# 八 月

**初一日,庚寅,十一号** 阴,天凉

清晨偕勋鸣出街至印刷局、官书局,见王闿运《注墨子》三册,甲辰岁刊,行款精工,注文甚略,索价三元。又诣各书坊一看,天禄阁有道光间套板大本《临证指南》十二册,索价三元四,许以二元四,尚不肯售,字大纸白,殊悦目。扫叶山房旧书颇多,如明版《稗编》及各类书皆佳。有《刘海峰集》一部。新出石印书如《查初白诗评十二种》及《许氏词评》一册,码二元,实一元四,共八本,极好。项氏《忆云词》、蒋氏《□□词》及纳兰《饮水词》三册亦佳,均未购,仅来楚北

人某氏《地理辨正集注》十二册,不足存,姑一阅而已。

**初二日,辛卯,十二号**　　阴,天气仍凉

得廿日瓯信,甫收到初十函也,即答一函,付邮。致吴可诚一函,附诗一篇。

**初三日,壬辰,十三号**　　雨,阴

午后吴可丞来,告以明日准赴九江。樵孙借去两洋。

**初四日,癸巳,十四号**　　阴

九句钟出城,启昆、启才两人送至城外,大雨一阵,九铭亦至。午刻,上祥云小轮,四点钟始开。大风,甚冷。九铭交来吴祉中及保商局总办吴子文国章、周国珍、香店郑如丞瑞骅各一函。三更抵吴城停泊。

**初五日,甲午,十五号**　　晴

西风甚厉,船行簸荡,颇不自在。三点钟抵九江,稍憩入城,诣交涉局,晤局长,即下榻局内,晤其族人两三。

**初六日,乙未,十六号**　　晴

略与诸同事一谈。发南昌、温州第六封信。午后移入秘书室,即上房之西偏。夜风势颇厉。闻局长乃叔伯琴总理到。

**初七日,丙申,十七**　　晴,风大

清晨晤伯琴先生。饭后偕录事徐启元同诣城外保商局,晤总办吴子文,面交九铭信,亦宜黄人也。伯琴是日赴沪。购信纸、信封三百五十文。夜雨。

**初八日,丁酉,十八**　　阴雨,风厉

发杭、湖潘、秦两函,又天台褚九云、乐清黄仲荃函,付邮。

**初九日,戊戌,十九**　　阴,风尚未息

覆阅《辨正直解》,至是凡六过矣,渐已贯澈。各篇所言,皆为立

向一事,为平洋水龙言者十之七八,为山龙者十之一二。所奇者,以三合比附之,则句句字字为三合;以三元比附之,则句句字字是三元。洵神物也,又可谓之元空大卦解。蒋注不待论,章注殊佳,尹注亦有发明,馀皆自郐。纪慎斋先生吾所私淑,诸书皆卓然可传,唯于蒋法未得秘诀,故评驳鲜合,不足以折其心。端木国瑚怪异,更无足论,文字虽工,实妄言也。

**初十日,己亥,二十**　　晴,风止日出

清晨拟定请委秘书及各科员呈稿。吴子文来。

**十一日,庚子,廿一**　　晴,天气稍和

"天元取辅人地兼贪"为《宝照经》中至难解之义,其实天元兼人元者谓之取辅,兼人、地两元者谓取辅弼,人地两元只兼天元谓之兼贪。如斯而已,无他秘奥也。

郑如丞瑞骅来,得启才侄孙十七号省信,附九月八号瓯寓来信一缄,即七月廿七所发也,为徐小云商谈银行款项事,甫接南昌所去十七日信,以后各信尚未到。即写回信,并发一函致徐小云,双挂号寄。

**十二日,辛丑,廿二**　　阴

发瓯江信,又答勋铭信,均付邮。午后局长招游烟水亭,同人之外,吴子文而已。宴后泛舟里外湖,风景较胜百花洲。谈东三省事颇详,归,已黄昏矣。乃弟养吾自省回局,即庶务长也。

翁叔平协揆著有《板本述》九厚册,未付刊,盖目录家不可无之书也;潘和卿钧所说邵位西疏证本《简明目录》,黄岩王彀夫京卿有传抄本,玫伯云玫伯有移写本;李莼客《世说新语证补》;三书皆佳。至李之《日记》廿馀册,未付刊,先在嘉兴沈子封学使曾桐处,后归其子,尤为难得。蜀人王雪澄臬使秉恩藏有徐氏《宋会要》稿本五百卷,亦巨帙也。黟县俞理初正燮《癸巳馀稿》一巨册,未刻,必须访抄,此

书叶步瀛大令新第曾见之。

**十三日，壬寅，廿三**　晴

局长以上海石印本《约章大全》六函四十八册见示，嘉定陆凤石宣统元年所编，在北洋袁本之后，码洋十二元。下午诣桂茂兴店购笔，并出城答候郑如丞。购纸笔，一元。

**十四日，癸卯，廿四**　晴

发郭啸麓、徐班侯、梅鹤亭三函，又发家书，附致劳少麟一函，均付邮。

由庶务长交来十五号起即八月初五日起至三十号止十六天薪水，除扣十六天伙食外，计来四十元〇七角〇二厘，皆纸币。

地理之事，喻之人身最切：女子阴户，穴也；男子阳物，得令旺气也。旺气必收入穴内，始能发福；犹阳具必投入阴户牝牡交合，始可成胎。牝牡相交，即是太极，所谓中五，亦即此象。阴阳倘非交媾，即属孤阴、孤阳，安能孕育？然老阴老阳、少阴少阳固为相配，即老阴少阳、少阴老阳亦为相配。阳配阳、阴配阴，则大忌耳。

烟水亭绝句八首，琵琶亭二首。

**十五日，甲辰，廿五**　晴。中秋节

得九铭十二日复函。夜月色极佳。局长谈及钱能训之酒量，殆不亚秀雅堂顾氏矣。

**十六日，乙巳，廿六**　晴

诣桂茂兴定笔。潘和卿谓湖南花文魁店鸡狼毫至佳，某枝三百馀文，又纯鸡毫每枝两元，极佳。夏紫庭谈景德镇瓷器有头清、二清之分，头清为最佳，江省不销销远处。又谈本地台基私窝情形，省垣则妓家分两班：一本地，一扬州。

局长乃叔伯琴携眷自上海归。

**十七日，丙午，廿七　　晴**

下午至紫云阁定笔，付定洋一元。

**十八日，丁未，廿八　　晴**

勋铭来十五日信，附来九月初四日瓯信及剪报两三方，系接到七月廿一二两次南昌去信之复书也。吴养吾招同人宴升平楼，郑雨青代为叫局，勉徇其请，殊不开怀也。局洋两元。

**十九日，戊申，廿九　　晴**

是日为武汉光复纪念日，各团皆悬灯升旗志庆。为局长撰祝词一篇。偕潘、夏、郑三君诣演支山一走，仅一土坡，不得谓之山。然城内外一望了然，眼界亦自不劣。或云庐山龙脉两支：一过江，一止此。

买来袜布两双，二角，香肠三副，二角。夜，偕吴、夏答诣谢步先，未面。

**二十日，己酉，三十　　晴**

接到都督所发秘书任用状。发瓯信，附抄状式一纸。

**廿一日，庚戌，十月一号　　晴**

邮局来八月十四瓯信，附黄仲荃及黄燕宾两函，系接到初六九江所发第一信之复信也。

**廿二日，辛亥，二号　　晴**

发瓯信，附回九铭信一封。午后上街买物，花四百文；毛六纸此间名为关山。夜偕夏君至大街吃面，此处呼馄饨清汤，又曰包面。

江省妇人，以袁州、萍乡为最佳，饶州、乐平、九江、广信次之。风俗以广信之铅山、广丰为最淫，沪上江西帮妓女皆此两县人。吉、赣两府人最粗陋。

拟辑太极、河洛、先后天、八卦、九宫等古今解说为一编以存古义,辑成亦巨观也。术数之书,必须博采,庶有实用,即为笔记中之材料。

**廿三日,壬子,三号**　　晴

发九铭信。是日吴伯琴眷属回南昌,开船时而伯琴亦自上海至,并未入局。夜养吾约同出街小点。邮局来郭啸麓复函。

**廿四日,癸丑,四号**　　晴

得勋铭二号信,即答之。夜为吴秉忠约往小点。发吴可丞信,附诗。

吴、夏两君纵谈西江风俗,谓鄱阳、余干、瑞丰、临川、南昌、九江淫风皆甚,而尤甚者为义宁州。素不相识之人可至人家,至则女子擎茶就客,有女几人,人各一杯。客不饮则已,如饮之即为订盟之券,夜即就宿。如属意某女,只可暗地饮其茶,如当场饮之,或饮或不饮,必为群女所侮弄。订盟之后,即如家人,迁移行李贮彼。然尚不至馨客所有,必将客之家用划出,馀则归伊。客如欲行,非潜遁不得脱。最喜结识官界中人,以为荣耀。通邑只有三姓不染此俗。

南昌如钟鼓楼、王家巷皆烂妓所居,略如沪之花烟间。毛家塘、新万寿宫后则稍高。九江城内有花王者,台基之首,可以随意呼唤人家妇女。

**廿五日,甲寅,五号**　　晴

午前暄暖,下午起风。偕徐启先诣保商局一转,又至江边某校书家一坐。闻城内之大统领某氏为号召群花之主,久著名也。夜偕戴、吴、夏诸君吃点心。五更雨。

元空卦内,以坎离一九之局能坐旺向旺,馀皆坐衰向旺,故坎离局为最贵。如子山午向为一二三四坐九一二三,壬癸丁亦然。他宫如现行酉山卯,则七八九一对三四五六,只向上收得旺气令星也。

由省赴宜黄过三江口地方,该处某家出售秘制眼药粉,每合约廿文,极灵验。伪托者多,须以石狮套铁炼之一家为真。

此地叫局票钱一千,初次茶围两千,后即不给。摆酒十二千,便饭六千、八千,台基叫人打炮约一千,住夜三千或两千。不合意遣回者,给二百文。

**廿六日,乙卯,六号**　　西北风起,天寒

下午出城诣保商局小坐。

**廿七日,丙辰,七号**　　阴寒

得八月十九日家信,系接到此间十二日去信者。昨日得黄仲荃复函,云已辞磋差,将赴省,附《壬子感事》八律,颇佳。下午偕徐、黄二君赴吴子文之招,在祥昌公司夜饮。公司管事人黄鹤仙、方蓉卿均同座。归时遇雨。

夜间不宜吃姜,以热气薰肺,肺不得敛也。好肉桂能治牙痛,以引火归原之力。上海某店出售真自来血,极验,伪者多。

**廿八日,丁巳,八号**　　雨

阅报,见甘督赵惟熙及迪化都督杨增新反对议院删除"总统解散省议会约法"案及"民政长选用"案,语极恳切,电文亦佳。署甘藩何奏篪创一新法,曰"提盈馀",凡委州、县缺,须缴现银,多者至一万二千两,各县价目不等,全年所入约十四万零。得缺者立合同,订明一年内不得更动云云。不谓此君举动一至于此。又在议会演说,谓总统为一国之君,知县即一县之君云云。均见十月四号《民立报》。

城外联芳店广东腊味颇佳,省城以光华轩为最。上海李鼎和有一种仿古纯羊毫,每枝两百文,系齐锋者,闻颇妙。下午偕徐启先出街一走。

新建人范金镛字藕舫,以进士部曹官滇,现在家。工画花卉、草

虫、土女,又精壬遁课。年六十馀,住三皇宫。夏紫庭之戚,潘和卿与之认识。

南京鸭子之肥美,以常用糯米饭拌芝麻喂之。南安所出琵琶鸭,味胜于咸板鸭,价亦不贱。板鸭收藏得法,或悬透风处,可至三四月时,与鲜肉同煨极美。

四百四,乙千乙,二千二,三千三,四千四。

**廿九日,戊午,九号**　　晴

得勋鸣五号信,尚未接二号去信也。下午赴紫云阁取回笔十枝,付钱两千。付陶春八月份工洋两元。偕潘和卿至吴淞口炮台一坐,其家妯娌三人,长者在乡,三、四两人居此。其翁吴松亭,道署门丁,积有家赀,今已死。两人年轻而貌不为佳,房屋颇洁耳。

成《浔阳秋感》八律,次黄仲荃韵。

# 九　月

**初一日,己未,十号**　　晴

是日为提灯会,休假一日。发黄仲荃函并诗。夜出街一看,颇热闹。野鸭只红掌者味佳,黑掌则劣,与家鸭同煨颇美。徐启先借钱两千。得念慈信。

**初二日,庚申,十一号**　　晴

以运动会休假,偕同人赴大校场一看。归,又偕同人公宴于番菜馆。得褚九云复函,并寄《三台诗存》四册。

**初三日,辛酉,十二号**　　晴

吴子文偕伊族弟某来。

**初四日,壬戌,十三号**　　晴

得瓯寓八月廿六来信,即作回信,附致席善夫一函。复褚九云信,附诗两纸。以星期,未交局。竟日未出,得诗两首,为楼⼝人咏也。

与潘和卿剧谈,知省垣妓家只扬班、本班两类。本班即私窝,不弹唱,住夜上等者初次须花三十三千,一住三日,以后即不拘,往来如家人。扬班住夜有规章,初次须二十馀元,名目颇多。打麻雀至少须抽十六元,两班皆同。

本地雇用女仆,呼曰"寄娘",少艾者月两元,中年者乙元四五百文,大抵皆可侍寝。凡梳头、缝纫之流,不司炊馔。买婢以广信府之广丰县为最便宜,数元至廿元为度。买妾花百元可得上品者,并非地方穷苦,以土人以嫁女为烦费,故多鬻售。

### 初五日,癸亥,十四号　　　晴暖

发家书及褚函。下午偕徐启先诣浮桥巷小楼一谈。答诣吴某。

### 初六日,甲子,十五号　　　雨

得廿八日家书,云同盟会即日并合。傍晚偕同人小饮市楼,徐干卿所约也。夜谈至三鼓,夏紫庭说鄞都县治马新贻狱事,李敦群说直隶宁河县某氏谋杀亲夫案,皆可听。

### 初七日,乙丑,十六号　　　阴

午刻国民党开大会,局长、局员多人皆赴会。散后,偕潘、李上街购来《痴婆语》一小册,讹字太多,不足览也。

### 初八日,丙寅,十七号　　　晴

发家信,附致吴志屏信,为售书事。又发吕文起信,为汇款事。局长叔剑秋及乃弟两人自省至。

### 初九日,丁卯,十八号　　　晴。重阳节

出街一走,无处登高。坊间有洋装《多妻鉴》两册,即《金瓶梅》也。字不甚小,索价四元,许以一元六角,未成。又有洋装《西厢》一

册,许以四角。神州国光社及国粹报馆所出各种均大减价,见《民立报》。

**初十日,戊辰,十九号**　　阴

阅曾文正所选杜诗、玉溪诗,评语无多,皆妙。

**十一日,己巳,二十号**　　晴

出城送吴剑秋行。闻往来沪汉轮船,招商局六只,怡和、太古各五只,鸿安公司两只,日本某公司三只。由沪到汉为上水,由汉到沪为下水。九江地面遇礼拜日无下水船过埠,礼拜三无上水船过埠,以两处礼拜日均不开船也。

得九铭、勋铭十七号信,随答勋铭一函。

**十二日,庚午,廿一号**　　晴

伤风,颇不适。杨虞臣来。得瓯寄初三来信,即复一函,付邮。

**十三日,辛未,廿二号**　　阴

得勋铭信,嘱买蟹,买得廿个,一千二百文。闻内务司正、次长已定贺国昌、程道存二人。九江国民党闻举定评议员十六人,局中得其三,吴祉中、郑雨青及我是也。徐、黄二录事昨日请假去。

**十四日,壬申,廿三号**　　阴

国民党九江交通部通信处来一缄,嘱撰《欢迎孙中山祝词》,不得已,为草一篇,闻明日可到也。

天、捷、妒、变、阉为五不男。连夜与潘、李、夏诸同人谈狐鬼及南昌淫风。

**十五日,癸酉,廿四号**　　阴

孙中山乘联庆兵轮于九句钟到,同来者四人,闻当夜赴南昌。

接九月初十家信,附来咨稿乙件,本月初五以后各信尚未到瓯也。银行事已由徐、席两君为代表。

**十六日,甲戌,廿五号　　晴,暖**

发家书,附致徐、席、章两缄。入夜月色甚佳。

**十七日,乙亥,廿六　　阴**

是日魏、戴、夏、吴四人公请吴氏昆仲及同人。

**十八日,丙子,廿七　　晴**

午后偕魏、戴、夏、吴四人出街,少顷先回。

翻阅《辨正》,三卦及四大水口之义尽明。"天元取辅人地兼贪",皆兼元兼向之说。天元,南北卦也;人地两元,东西卦也;取辅,五吉也;兼贪,四吉、三吉也。所谓四个二、四个一共一卦是也,所谓东西分二、南北合一是也。夜,雨。

**十九日,丁丑,廿八　　阴**

是日偕周、文、李、潘等公宴局长昆仲及本局同人。夜,雨。吴可诚自省来。

**二十日,戊寅,廿九　　阴**

发九铭信。午后吴可丞招饮新义泰番菜馆。

由河南至甘肃省,车行廿馀天。阌乡、灵宝一带,车入深沟中行,最怕遇雨。将至兰州数站有大山,以六盘山为最峻。一主一仆,川赀须二百馀金。甘省城垣甚小而关大,天时极冷,五月披裘,九月飞霜,习见之事。妇人好淫,虽绅宦家亦然。吃面不吃饭,能炊饭者甚少。出产皮货、羊毛、药材,到沪皆值钱。笔墨最贵,茶叶尤贵,下等龙井,每瓶四两,值银一两,见者争购。陶葆廉有《辛卯侍行记》六册,纪甘肃道里风俗颇详,即总督陶子方模子也。现任都督赵惟熙,南丰人,本系宁夏府前任学使。以上潘和卿说。

吴养吾谈东三省风俗,云木炭切不可烧,中有石灰,毒气熏人,顿令昏闷,只宜煤炭。北人火炕,被褥极薄,全藉火气。然必裸卧,一家男女合睡一炕,甚至异姓同居亦皆合寝,所以淫风极盛。又谈张宗霖①之暴横恣杀,张系红胡首领,先为都督,现充统领,握全省兵权,赵尔巽无如之何,欲去不能,他人亦不敢接其任。张貌甚文秀白皙,见之不知其为盗魁。去冬杀革命党人十馀人,无辜者多遭毒手。

**廿一日,己卯,卅号**　　阴

发薪水,除扣捐项外,计实来洋七十元。又付文松仙手公份三千〇五十文,寿份五元六角。交涉科二等科员华国章以误公被斥辞差。国民党开茶会欢迎司法司王辅宜,未赴。

**廿二日,庚辰,卅一号**　　黎明,大雨一阵,天寒

下午赴湖山第一楼,应吴子文之招,盖宴吴可丞也。归已二更矣。

**廿三日,辛巳,十一月一号**　　晴

公送局长堂上寿礼,并为撰联。淫书中尚有《夜评子》一种,未见,刻本,五册。

**廿四日,壬午,二号**　　晴

是日公祝吴可丞双寿。至高浥芜、郑侠三处一坐。下午出街一走。夜局长宴客。常州人叶昌炽,老翰林也,有《藏书纪事诗》千馀首,其门人江标刊于湖南。又有《语石》一书,考究碑版。潘伯寅尚书有《广滂喜斋丛书》之刻。

**廿五日,癸未,三号**　　晴

可丞约赴保商局,旋诣番菜馆,叫局,二更始回。得十八日瓯信,并附吴志屏一函,即作答,明日付邮。得九铭信。

**廿六日,甲申,四号**　　晴

早饭后偕郑子选赴德安,火车行。三点钟到,即住县署。夜晤

---

① "张宗霖",疑为"张作霖"。

绅士郭、罗、桂、陈四人。知事刘世长字永康,上饶人。潘和卿回南京。

**廿七日,乙酉,五号** 阴

清晨拜客六七处,与洋教士一晤。夜会讯孙传胜等三人。

**廿八日,丙戌,六号** 大风竟日

上街一走,城内荒凉已极。又得局长来文。夜重讯孙案,开释。

**廿九日,丁亥,七号** 阴雨

早车十点钟动身,一点钟抵九江。雨甚,呼舆入署。夜拟定各稿。可丞本日赴省,闻已得莲花厅知事。

**三十日,戊子,八号** 雨

发瓯信及九铭信。付陶春工洋两元。入夜寒甚。

# 十 月

**初一日,己丑,九号** 大雪

亦罕见之事。发三号家信。国民党开职员会,未赴。得勋铭八号来信。

**初二日,庚寅,十号** 晴

答勋铭信。邮局来十一月初三瓯江八号信,又章吉士回信。午后上街买布及羽缎,共八千○四十五文,计绒布二丈六尺,单价一百二十文,漂白线布二丈二尺,单价一百三十文,羽缎一丈,一千○九十五文;又绵花五斤,并纱线、弹工二千一百八十五文。是日起,伙食改由小厨房。

吴老二谈及前次东三省鼠疫办法颇详,大约以断绝交通及焚化棺枢房屋为必要。此证初起,头痛异常,随即呕吐,呕吐出血,上部

疼痛,即不可活,总不过半天功夫。西医亦无法可施,仅验得病状由
微生物聚于肺部,死时盖肺烂也。西人曾收微生物入玻璃瓶,极大
显微镜能见之。

又谈及蝎毒,痛不可当,不急治,半日亦死。蝎螫人后,行步迟
钝,须觅得打死,否则,第二次被螫者不救。有某甲患白喉,自以意
用甘草一斤煮浓汤频服而愈,后遂常服。一日在某旅店吃面,须臾,
同吃者数人尽死,某甲无恙,因此鸣官。官诘之,云:"吃面后曾服甘
草汤,他不知也。"穷其面所从来,则某店以陈面出售,发其储面处,
则蝎子麇集,始知死者为中蝎毒。

又谈乃叔剑秋、伯琴二人性质:伯琴遇事细心,但无主意;剑秋
应机立断,时或乖方。剑秋家赀不过数千金,伯琴有五六万。

**初三日,辛卯,十一号**　　　阴

邮局来《风水》一书,两册。

**初四日,壬辰,十二号**　　　阴

午后诣铁路局赵协理,未晤。诣邮政总局,寄四号家书,并洋伍
拾元,又另发五号一函。

**初五日,癸巳,十三号**　　　晴

午后上街购来绵鞋、洋梳及乌须药,共三元零。

**初六日,甲午,十四号**　　　阴

午后宜黄人吴元和来,吴系举人,曾署奉天某缺。下午偕吴慧
公、吴秉忠同答诣吴君,便在保商局夜饭。

**初七日,乙未,十五号**　　　阴,天稍寒

交涉科二等科员辞职已定,以李洁升补,徐干卿升三等科。国
民党开会,未赴。阅报,知南昌兵变事。

**初八日,丙申,十六号**　　　晴

局长手书一条,划定书记、录事归秘书选任权限。夜雨。

**初九日，丁酉，十七号**　　　阴

阅报，知《俄蒙秘约》发见事。下午秉忠、翯仙、慧公、仲融约赴湖山第一楼小饮，呼妓侑觞，花洋三元。新委之清丈局员文定祥者来见，字汝舟，即乃安兄也。夜雨。

**初十日，戊戌，十八号**　　　阴雨

拟联数句。下午徐干卿招同人宴于江楼。国民党为俄蒙事传单明日开会。粤东有一种八角油，点入食品，风味殊佳，即茴香油也，价极贵，每斤需洋数元。

夏紫庭谈伊曾祖坟中紫藤、赤蛇暖气事，某姓棺中生龟，见凤成泥事。大庾戴姓子弟买一佳地，谓可世出宰辅，惟须深葬。及挖土丈馀，见有墓碑，始知即其上代古坟，急急掩复，而戴氏自是不振。

**十一日，己亥，十九号**　　　阴

邮局来十月初三家信，云皮马褂已交局。褚九云来一函，附诗六首。

**十二日，庚子，廿号**　　　阴

国民党为俄蒙事开会，各界到者二三百人，议于明日开讨论成立会，发北京电，举定拟电者八人。

**十三日，辛丑，廿一号**　　　晴

答褚函，并和诗六章。番禺许星台应镲所刻《酒令》两小册、《医方》十二小册皆佳，南昌或有之。

**十四日，壬寅，廿二号**　　　晴

得九铭信，嘱寄条陈。吴秉忠赴省。潘和卿回局。偕魏、戴、徐至吴松口一游。

**十五日，癸卯，廿三号**　　　晴

邮局取来包裹一个，计灰鼠马褂一件。

梁任公《庸言报》十二月初一出版,报馆在津。上海新出侯氏光迪医生著《柳病预防法》一册,四角,三马路望平街朝宗坊侯医室。

**十六日,甲辰,廿四号**　　晴

以所拟条陈给局长一阅。得初七家信及党证各件,系第十号。午后周友笙招饮。

**十七日,乙巳,廿五号**　　晴

发第六号瓯信。答九铭信,说勋铭馆事。

**十八日,丙午,廿六号**　　晴

李洁升充二等科员文件批回:另办。午后出街定皮鞋,买洋锁。得十三日十一号瓯信,款已收到,殊便捷。

**十九日,丁未,廿七号**　　阴

德化知事李奎汉来一照会,局长大怒,电争于省。夜偕潘、李、夏、魏、戴、程、吴各人小饮市楼。归又纵谈,四鼓就寝。

**二十日,戊申,廿八号**　　晴

偕夏紫庭上街买白洋布,四千四百文。

煨鲫鱼以活鲫鱼破开洗净,用粗纸包好,外封黄泥,入灶中煨,一炊许即熟,腹有水汁,味极鲜美。风肉用五花猪肉,不下水者,以纸四面擦过,悬当风不见日处,十馀天便可食,味美而微咸。广东人所制,腊肠之外,腊脍亦佳,腊肝中夹猪脂,名曰"金银肝",颇好。□州出鹅绒被。

**廿一日,己酉,廿九号**　　阴,西北风作,天寒,披裘

伤风,小不快。夜又剧谈至四鼓。

麻雀之美在脑与脯,炸之、卤之、炖之均可。炖食须入猪肉同煨,南昌府学前及某处有售者。用鲜肉一团装入麻雀腹内,再以麻雀装入白鸽腹内,再以白鸽装入肥鸡腹内,三者套紧,隔水蒸之,治

女人子宫寒冷如神,若去鸡用鸭,阴阳并补,男女咸宜。鸡鸭肠内有胰子白一二寸贴紧,取下炒食、炖食殊佳,与鸡鸭腰均佳品,向鸡鸭店售之不难。煨大鲢鱼头须拆开架子,入好火腿或鸡汤尤佳。

灯谜三条:落花人独立,微雨燕双飞。俩。角。先生之号则不可。者。信以成之,君子哉。半床斜月十分秋。将。

**廿二日,庚戌,三十号** 雨

发七号瓯信。吕文起日前自沪来函,谓汇款寄杨汉汀代收,转寄温州浙江银行分理处董声垣照转云云。来十一月分薪水七十四元六角零。

羊骨髓、牛骨髓皆极补精壮阳,而牛髓制造殊不易,须如熬猪油法熟熬至三五次,使膻气尽去,始堪入口。老年精衰脚硬,食后即能健行。

上海出售蒸鸡汁、牛汁磁罐,东洋制者三元馀,西洋者七元。另有一种机器立刻取汁,番菜馆多有之。

江西妇人之美而淫者,以袁州之萍乡、分宜、宜春,饶州之乐平、瑞丰次之。由萍乡赴湖南之醴陵,中过岭一道,饭店中有妓匿客,名其岭曰"快活岭"。南昌属之义宁、武宁,风气极淫,而佳者少。广信属之玉山、铅山、广丰亦然,沪上所云江西帮,即此三县人为多。义宁妇人偷汉不怕人知,每每争风,且常常阑入官衙。

**廿三日,辛亥,十二月一号** 阴

得勋铭信。连日作诗钟,久不事此,颇见艰窘。吴秉忠回。

**廿四日,壬子,二号** 晴

发八号家信,并洋七十五元回瓯。取来皮鞋。发九铭信,说勋铭事。

**廿五日,癸丑,三号** 晴

嘱传事觅舆夫。南昌打磨街信茂南货店有好咸蛋黄、大头菜出售,黑者亦有两种,欲得鲜脆,每斤加十文。火腿以西大街同泰店为佳。□□□□出售爱国布,各色皆有,佳者每尺两角,门面二尺零。

洋价年下逐日跌落,市上通行九三八砰,并无此等银色,即以九三八银买厘元亦属空盘。年下厘元银价必贱,至来春大贵,每千两约有百馀两之赢。若有万金在手,只须出入此项生意,便可岁得千馀,极稳当,不可不知。

**廿六日,甲寅,四号**　　晴

清晨起程赴瑞昌,下午至喜鹊桥卅馀里住宿。

**廿七日,乙卯,五号**　　晴

清晨行,下午三钟时抵瑞昌,住西门外张万兴客店。

**廿八日,丙辰,六号**　　晴

陈贯通店伙俞、何两人来见。夜教民张琴持周澄寰函自九江到。

**廿九日,丁巳,七号**　　晴

与俞、何、张三人反覆谈论竟日,始定罚洋五十元。

**三十日,戊午,八号**　　晴

诣县,晤知事李芳字幼安,南昌人。又晤文牍杨闻斋,阳湖人。下午诣统税员刘瑞珊应元一谈,渠亦浙省人员,曾入增抚幕,吉安人。

# 十一月

**初一日,己未,九号**　　晴

始说定罚金办法,夜饮县署后,即将陈贤通开释。

**初二日,庚申,十号**　　阴,西风甚厉

清晨起身,索取回文未得,不能待,即就道,下午五钟回局。范

咏和家范家庄,距城三十餘里。得十月廿二所来十二号家信,内附黄燕宾信。

**初三日,辛酉,十一号　　阴**

发九号家信。付陶春十月分工洋两元。偕潘和卿买火油炉一套,三元二角,另铜锅一口,七角。

**初四日,壬戌,十二号　　阴**

拟稿多件。夜作诗钟。

**初五日,癸亥,十三号　　阴**

上街买洋磁锅一口,五角,广东鸭及肉,八百七十文。发九铭信。

**初六日,甲子,十四号　　阴**

发勋铭信。

**初七日,乙丑,十五号　　阴**

下午偕吴、潘二人至浮桥巷一坐。夜作销寒会。吴可丞、吴用臣自省来,谈南昌兵变事及余、李交哄事。

**初八日,丙寅,十六号　　阴**

发十号家信,附回抄件。连夜诗钟,甚高兴。吴可丞为钱款事赴奉天。夜雨。

**初九日,丁卯,十七号　　雨**

接十一月初九十三号家信,二次款到。下午赴饮市楼。

**初十日,戊辰,十八号　　雨**

**十一日,己巳,十九号　　阴**

上海商务印书馆新出《拳艺学初步》,第一编七章,二编三章,四角。

历山舜庙联云:"高山仰止,景行行止;卿云烂兮,纠缦缦兮。"

粤东三忠祠联云:"臣事君以忠,其三人斯仁至矣;士见危授命,虽百世有宋存焉。"

"南来犹怯吴江冷,北狩应怜易水寒。"李易安句。

**十二日,庚午,二十号**　　雨

发褚九云信,附《无题》八律。

**十三日,辛未,廿一号**　　雨,阴

清晨勋铭侄孙自省来。得九铭信,知民政长已放人。

蜀人蓝光策《春秋公羊比例发微》六册,江苏刊本,张百熙序。此君戊己①孝廉,工词章。吴慧公藏有传钞本《批点公羊》,系康南海笔,由费念祖处得来。

德化人璩炳焜更名煦字育民,又曰锦龄,为政治研究社事来见,谓公推为该社文牍,当即面辞。李竞群所介绍也。

**十四日,壬申,廿二号**　　阴

冬至。发十一号家信。下午吴子文招饮某校书寓。夜乘月归,仍作消寒会。《本事词》、《三续本事诗》两种必成。

**十五日,癸酉,廿三号**　　阴

支来本月分薪水,除扣伙食、公份外,计洋七十三元五角六分。郑雨清招饮,未赴。闻慧公是日大起冲突。

**十六日,甲戌,廿四号**　　晴

勋铭赴牯岭。发九铭信。发第拾贰号洋信七十五元回瓯,付汇费等三元,付印花一元。付书三角五。付还勋铭买物八百六十文,付借勋铭两元。

新出《痛史》十四种,约三元零,可合《明季稗史》、《南北略》、

---

① "己",疑为"子",蓝光策是光绪十四年即戊子年举人。

《荆驼逸史》并观。购来《拳艺学初步》一册,于古今沿革极略,即近代最有名各家之拳法皆未之及,于《易筋经》法亦一字不提,不知其术所自来,殊不适用。

京师八大胡同,为陕西巷、韩家潭、大李纱帽、小李纱帽、石头、胭脂等是也。韩家潭颇多吴伎,即大名鼎鼎之栖凤园主亦居于此。

南味斋之酒,杏花村之鱼,江南春之鳖,丞相胡同口之烧鸭,皆擅胜一时,而林家咸瓜,尤在世俗酸咸以外。

男女合演之习,京师为盛,文明、广德诸园皆是。孙一清、金翠英辈声誉借甚。

图书馆在什刹海,主之者即江叔海。四库馆所有现均移入,有唐经三千卷,为明代雁宕僧某所手抄。以上见《民立报》所登楚伧《壬子宫驼记》。

世界之多妻者,以非洲为最。南非英属某地有土人名浦秋者,年仅三十五岁,已娶妻四十八人,盖为非洲首屈一指。次之则有娶妻二十八人者,洵异闻也。

美前总统某□□之夫人□□氏,夫亡,年四十八,改嫁。

上海棋盘街文瑞楼鸿文书局出售新编《法学全书》四十八种二十六册,照预约例,仍收半价洋乙元八角,邮费加洋二角,其附属各种中有《临时约法》。各省大书坊均有寄售。《民立报》阴历壬子十一月十三日。

**十七日,乙亥,廿五号** 晴

天气甚佳,惜无去处。

九江木炭有两种:一为明窑炭,系栗木烧成,每百斤一千八百文,背窑炭,系杂木烧成,每百斤一千三百文,常用品即此种;另一种细而坚者曰银炭,银匠所用,价颇昂。柴论斤不论把,每斤约五文,有一种两斤一小把者,售十文,不必秤。草柴论担不论斤,大捆者约三百文,次则两百餘文,无定价。米佳者每担八千,次则七千,极糙者六千零;论斗不论斤,每担约一百五十餘斤。菜油每斤一百六十,茶油两百;猪油分两等:板油二百五六十,花油一百八十;豆油、花生油不用,然时搀入菜油中。盐每斤一百〇四文。猪肉每斤二百文,鸡亦同,鸭稍便宜。绍酒每斤百十二文。酱油佳者每两十二文,次者十文。

### 十八日,丙子,廿六号　　雨

昨宵月色殊佳,不意今晨阴雨。得十二日所发十四号瓯信,即答一函,十三号。夜雪。

### 十九日,丁丑,廿七号　　大雪,尚不甚冷

发十三号家信,发九铭信。竟日不出房门。

南昌雇女仆、妇女俭,名曰荐头。细巧能梳头者月工两千,粗者数百文。若荐寝须先说明,谓之服伺主人,亦不过月四千而已。某女俭貌美而肥,两足纤尖,颇可人意。九江无荐头,始由友人保荐,继则此辈自相荐引,月工七八百,佳者千餘文。寄娘。

服鹿茸,研成末,用饭团丸,以汤送下,此法最妥。

### 二十日,戊寅,廿八号　　晴,天冷

慧公谈及文芸阁、梁星海事。梁夫人□氏,江西人,与文中表。梁、文本至交,梁客湖南,一日他出,适闻文将至,遂嘱文下榻寓所。文到,即与梁夫人通,竟随之去。梁回,亦不敢问。文殁于里,夫人赴武昌府任,向梁索两千金为文营葬。葬毕,复归于梁,亦奇事也。夫人性极淫,文系脱阳而死。

清丈局员来,交来勋铭一信。包办九牯公司之徐廉直字晋山,皖人,扬籍。在牯岭充清虚公司董事,为皖、扬商宦经理房租,自亦

置有房屋。公司由伊具名,暗中皆张宝田、黄协忠等主事。

南昌抚署西辕门外新巷子天聚兴店出售爱国布,系北方来者。

**廿一日,己卯,廿九号** 晴,午后阴

安徽有一种铁风炉,细而高,柴炭并烧,颇便,每个三百文可得。江西则以樟树镇所出白泥炉为佳。潮州之红泥炉亦好。

蒸牛肉汁罐,小者一元七八,大者三元;蒸他物亦可用。

南昌名妓彭鹤俦,能诗工画,嫁范藕舫数年,反目归。现住省城书院街木音城,以恶疮,面有斑点,不能再嫁,卖画自给。其妹蕙俦,颇有姊风,以一目眇,年近三十亦未适人。范,甲科部曹,改官云南而归,现亦在省,品行诡薄,夏紫庭之戚。彭氏,乐平籍,曾学诗于魏仲融乃翁。又有一潘金莲者,亦能诗,住德胜门内。其父生员,二刀笔,倚为钱树。外科医生周鹏程,为皮条客中老手,家中常常招妓饮博,妻亦与人通。周善治疮,身亦患此。为仲融撰赠妓银菊花联语二:"银河唐殿成双誓;菊部扬州第一花。""银烛三径杯喝月;菊屏十锦榴团花。"

**廿二日,庚辰,三十号** 阴

撰本局联帖,又为秉忠撰春联。得勋铭信,即答之。

**廿三日,辛巳,卅一号** 阴

是日为阳历岁除。

**廿四日,壬午,正月一号** 晴

是日为阳历元旦。

拟选佳词五十阕,每阕两三篇。局长赴沪。

**廿五日,癸未,二号** 晴

发九铭信。下午偕魏、夏、徐、吴诸人出城一走。吴玉汝来,带来九铭一信。由吴秉忠交来勋铭一信。

**廿六日,甲申,三号**　　晴

吴玉汝来谈,云民政长已为军警逼走。特别经费四百九十馀元批回,照领。午后上街购《小学弦歌》一部。

**廿七日,乙酉,四号**　　晴

得九铭初一信,即答之。省门磨子巷泰西药房出售各种春药,陈列玻璃匣内,标明名目,托为种子所需。

**廿八日,丙戌,五号**　　晴

在寓竟日。下午周澄寰招饮复兴楼。

**廿九日,丁亥,六号**　　晴

托文松仙定菜两桌,明午宴同局诸人。写就十四号家信,明日付邮。付陶春本月工洋两元。

# 十二月

**初一日,戊子,七号**　　晴

得十一月廿三第十五号家书,汇洋收到。得勋铭书。是日宴同人于局,以了债负。

**初二日,己丑,八号**　　阴

答勋铭信,附稿三纸。重阅《小学弦歌》,成五古一篇书后。

何奏簁为买妾事,凉州士绅函请议会弹劾,浼人调停,尽委优缺、优差,计十馀员:代买妾者凉州统捐委员胡炳林,代表金玉言,调停人兼挟制议员王廷翰,敲杠赵雪奎,调停人席位中、马良弼等。见阳历正月四日《晨钟报》甚详。不意此君丑状如是。

**初三日,庚寅,九号**　　晴

局长以是晚赴沪,乃弟回省。发十五号家书。

**初四日,辛卯,十号**　　阴

竟日未出房门。连得九铭初三、初五信。得褚九云卅一号函,并诗四篇,云章一山住上海外虹口元芳路元芳里,喻子韶亦在沪。和褚韵二章。

**初五日,壬辰,十一号**　　阴

发章一山、褚九云信,又发九铭信。夜雨。

**初六日,癸巳,十二号**　　阴

魏仲融招饮,未赴。得勋铭信及报纸,即复一械。

**初七日,甲午,十三号**　　阴

成《放歌》七古一章,《法学质疑》一则,又为魏、吴二君题赠妓词二阕,又为吴成一阕。

前湖北候补道皖人孙廷琳在赣办御窑厂,兼领七差,宦橐百万金,产业遍九江,光复时一概充公,其人逃往上海。九江城内富户属刘云樵,城外属一黎姓。

接上月廿八瓯信十六号。午后上街买帽一顶,墨一方,共去乙元三百文。

吉安小河地方巨富周扶九家赀千万,沪、汉、湘、皖、京、津均有财产。本以小民起家,卅岁后以盐票获利,一旦骤富。现年七十馀,仍布衣蔬食,不肯浪费一文。有子三,其一以优贡官部曹,因报效数十万,赏四品京堂。振贝子诱与赌,每局输四五万。曾以四万金买一妓,光复时亦勒捐二十万。闻此翁眼力甚高,于经商有特别才。

又闻李春湖总宪祖某以八千金贾于粤西,见同舟某官有惨容,询知为亏累公款,索欠于某官,某官员置之不理,计无所出,将寻短见。某立助以五千金,毫无吝色。不二年,其人官运司,一日于道中见此翁,问姓名,须臾来拜,下跪。翁忘前事,不知所为。随迎入衙署,举家罗拜,备陈往事,翁始恍然。即以碴务畀之,不数年,赀至百万。此翁、此官皆不易得,惜忘其名。

松烟墨中略入油烟,墨便不脱,再入胭脂汁少许,作字光亮,用烧酒磨尤佳。

**初八日,乙未,十四号**　　雨

邮局来小包裹一个。吃腊八粥。

**初九日,丙申,十五号**　　雨

下午局长自汉口回。

**初十日,丁酉,十六号**　　阴

发十六号瓯信。自题小像《金缕曲》四阕。

**十一日,戊戌,十七号**　　阴,旋晴

得章一山复函,并诗二首,次韵和之。

昭明太子《陶靖节传》、颜延之《陶征士诔》、李滢《靖节先生自题甲子辨》三篇同读,《五柳先生传》、《桃花源记》、《归去来辞》三篇亦然。本传、年谱,元遗山、杨铁崖《本传》、《年谱》当详考。

王维、郑虔曾污伪命,李白从永王璘,辛稼轩从耿京充书记,后还朝。

**十二日,己亥,十八号**　　晴

借来前江西劝业道傅春官所刊《金陵丛刻》十本。系光绪卅二年八月出版。为顾起元《客座赘语》,纪映钟《戆叟诗抄》,余怀《板桥杂记》,倪灿《〈宋史艺文志〉补》,严长明《金阙攀松集》、《玉井搴莲集》,谈泰《王制里亩演算法解》、《〈礼记义疏〉演算法解》、《王制井田演算法解》,顾櫰三《补〈五代史艺文志〉》,张宝德《射阳石门画象汇考》,陈作霖《养和轩笔记》,程先甲《金陵赋》及自编《金陵历代建

置表》各种,皆金陵人小品也。傅现在沪。

连夜月色颇佳。

**十三日,庚子,十九号**　　晴

接十七号瓯信,初二所发,即答一信。十七号。得勋铭信,亦答之。

吴秉忠之母善灸病,尤精儿科,一见立判生死。乃弟凛忠小传其术,亦救济一道也。

定织夏布制帐,可支二十年用。大床用七丈五,中床五丈五,合十三丈。面阔一尺六,须定织。

由南昌陆行至宜黄,用轿,三名夫约九千文,用小车不过三千馀文。四日可到,快则三天。中有三处不可住宿,皆在山上,防抢劫也。

临川有一种棉布,名□□布,面亦一尺六,做衫裤颇好。

**十四日,辛丑,二十号**　　晴

阅《金陵丛刻》。吴秉忠回省。

**十五日,壬寅,廿一号**　　晴

发章一山函,附诗词数纸。读《板桥杂记》,亦绝。

**十六日,癸卯,廿二号**　　阴

吉安尚有萧姓,家赀数百万,与周姓相埒,亦在上海,即吴少秋之岳也。

南昌富翁刘养素、徐兆兰、梅子肇皆中落,现无十万金赀产者。

**十七日,甲辰,廿三号**　　晴,颇暖,夜,风起

**十八日,乙巳,廿四号**　　阴,风起

发褚九云函,附诗词三纸。邮局来绵鞋一双。皖人王耕九来,渠在皖省《民岩报》经理。

**十九日,丙午,廿五号**　　晴,风作,天冷

邹书记回局,去已四月馀。国民党开会,未赴。

南昌合同巷普惠大药房广告：德国御医福德大医生之媱春禄固本片，阳痿不举，当日见功；自来补血片，痿黄贫血，一瓶见效；花柳扫毒片，三期梅毒，非此莫治。又新发明梅毒特效药两种：甲，皮肤涂擦药，乙，皮下注射药。见旧历十二月十四日《赣民日报》第二张。

上海《天铎报》在广东路三十七号。

南安府咸鸭颇佳，其实皆南康县所出，至肥者在南康每元可得三只，在南安不过一只耳。

由省至赣州水程九百八十里，赣至南康八十里，南康至南安一百廿里，南安与广东比邻。赣、南两府女人皆粗陋大脚，采山、种田、操作，无一不属妇女。男子多瘦弱，不任事，在家领小孩。娼妓皆外来者，私窠则本地人。由省到吉安路恰半，由万载以上皆滩，有“十八滩”之名。

**二十日，丁未，廿六号　　　晴**

吴可丞自沪回。宜黄所举众议院议员欧阳沂字法孝来见，吴所介也。可丞此次浪游金陵、苏、杭，殊自喜，云前粤督张鸣岐、前湘抚余诚格之父，年均八十，无日不在妓家。两人皆官巡检，凡政界院、司、道以下，除嫖、赌，开酒馆、戏馆、旅馆外，一无所事。午后，答候王耕九，未晤。

**廿一日，戊申，廿七号　　　阴**

发十八号家信，内附致叶步瀛一函，为售书事。得十八日章一山信并诗，云开年移住朱家桥德裕里，离怡和码头不过里许。夜诣潘和卿寓小饮，同坐叶某，江宁人，钟某，大兴人。

洋人宴客，以香冰酒为最尊敬。主不举杯，客不先饮。饮时必起立，凡有祝词亦在此时。洋酒多种，每种置一杯，香冰最后。若皮酒，不上席，盖宴后消导品。不可不知。

潘处有仿宋刻《黄山谷集》十六巨册，极佳，闻板在傅春官处。

**廿二日，己酉，廿八号　　　晴**

发章一山信，附诗三纸。

**廿三日，庚戌，廿九号　　　晴**

午后吴可丞拉往吴子文，旋偕饮市楼，叫局，夜归。送来阳历乙月薪水七十四元零。

**廿四日，辛亥，三十号　　　晴**

得十二日瓯江十八号家信，即复一函，亦十九号，为迁居事。又得十八日瓯江十九号信，即复一函，为二十号。勋铭来一信，亦答之。

**廿五日，壬子，卅一号　　　阴**

得九铭廿七号来信，即答一函，渠眷口已到省。

钟君豹文来，旋偕至潘和卿处，谈金陵光复时事颇悉。江督张人骏之庸劣应称第一，然只有巡防队几营，倚王有宏为泰山。王被兵丁枪毙，新军均属镇统徐绍桢，素与张不相得，张颇疑之。藩司樊增祥以身家保其无他，与张勋分守城内外，而徐所扎皆要隘。及徐攻雨花台，为张勋所败，死六千馀人，其真正革命党七十馀人皆尽。先本与驻台兵队通，将军铁良诇实以告张，张连夜调兵改扎，徐不之知，故大败。闻上海流氓为徐招去不少，皆死于是役。金陵本不易攻，后因张勋得北京密信，移师赴徐州，城内空虚，故民军得入。张督第八子在革命党，先经拿获，围住，捕者伪为不识，请张督亲往勘讯。一见其子在内，即不问而退，谓此辈胡闹，不足究。张、铁均避北极阁，后匿日本使馆，由日人保护而去。

樊在上海，改道装。苏抚程德全之父在川省开银号，程劝阻未从，电川督赵尔丰派员封闭，委员被程父殴辱。程之子女均革党，在外洋时,将军贻谷之侄某与其女同学,涎其色,携枪勒奸,其女伪许之,骗其枪入手,即击毙之。

端方、赵尔丰死状甚惨。端见兵变,自谓:"己非满族,系浙人,陶姓,今情愿降民国。且我待汝亦等不薄,何必出此?"兵云:"汝待我曹原无他,但此是私情,今日乃伸大义。"端知不免,遂无他言,登时杀却。赵则刀从背入,从腹出,尸残。盖署内存银十馀万,众涎之,为一亲信人所卖。以上皆据钟君言。

又言某君入新世界,所见事尤奇。谓第一层标出"宣统二年半"五个字,二层"民国二年半"五字,三层尸骸山积,他无所见矣。每进一层,须银五十两,比出门,银在地而屋宇不见。又言袁项城杀妾事:一刃毙,一惊死。

**廿六日,癸丑,二月一号**　　　阴

午后偕可丞至保商局小坐。赏给厨房、传事等钱,又购备食物,发陶春本月工洋,共去八元。

**廿七日,甲寅,二号**　　　阴

章太炎《国故论衡》一巨册,实价七角,上海四马路大共和日报馆。夜雨。发勋铭信。

**廿八日,乙卯,三号**　　　雨

得廿号家书,廿二所发,云郭少麓私款已起诉。即答一信,为廿乙号,误书廿号。

**廿九日,丙辰,四号**　　　晴,暖

立春节。发九铭信。借支阳历二月分薪洋一半四十元,系郑雨清创议。戴鬶仙交来差费找洋十六元。诣潘和卿,据云前次升充科员事原稿全改,业经都督府秘书长说出。

### 三十日，丁巳，五号　　晴

岁除。国民党九江交通部正、副长：罗大佺，吴铁诚①、郑丹。

西历乙千九百零八年之正月为中历光绪三十三年之十二月，为禁烟实行之期。

《中华民国临时政府新法令》减价每册一角五，已出至十九册，购十册以上再减。商务馆《民报全编》，二元四，洋装六册。《平民政治》四版出书。《玩共和党员》，收三元六角。大字本《古今医案》，十册，二元。嘉善俞惺斋撰，上海棋盘街会文堂。

江宁程先甲一夔所著各种：《选雅》、《选学管窥》、《〈文选古字通〉疏证》、《补〈文选校勘记〉》、《选学源流记》、《群雅札记》、《许慎〈淮南注〉钩沉》、《转注考》、《广方言》、《读〈方言〉小记》。《广方言》四卷已刻，尚有《金陵赋》一篇，傅春官刊入《金陵丛刻》内。陈作霖：《金陵通纪》、《养和轩随笔》。

毛轮衫裤每套五元，礼志卫生衣裤每套两元。

上元三碧木司令：离、震、巽三山受生旺气，吉。乾、兑二山值死气，平。坎山值退气，平。坤、艮二山值克煞气。凶。

先天：坤、艮老阴，乾、兑老阳，震、离少阴，坎巽少阳。

九星换转法河图，离巽卯兮次第求。二十四山寻对待，一星错杂即休囚。

不愿我请人，不愿人请我，但愿人请人，人人都有我。

开明墨汁可用，论打更好。

《本事词》、《三续本事诗》两种期以必成。《宋词金粉》。

常州人叶昌炽《藏书纪事诗》千馀首，其门人江标刊于湖南，又

---

① "诚"应为"城"。

有《语石》一书考究碑版。潘伯寅《广溎喜斋丛书》,江亦有《灵鹣馆丛书》。

"诗束牛腰藏旧稿,书讹马尾辨新雠。"宋人潘邠老赠贺方回句,可合所录诸句之有"新"、"旧"字面者为一类。

《京报》及西人报登有总统府梁姓合参议员九人私借法国银行一百六十万镑事,系盗用总统印。事发后,梁士诒以嫌疑回粤,论者纷纷。见阴历十二月廿三《民立报》。

三吉谓贪巨武也,本卦为贪狼生气,对卦为武曲延年。对卦所配为巨门天医,本宫左右为辅为弼,合成五吉,义见"贪狼原是发来迟,合辅而成五吉龙"等句。

本卦谓所下之卦也,贪武巨皆活泼泼,非呆局。假如坎一为本卦,贪狼对宫乾六为武曲,对宫所配坤二为巨门。

一肩行李逐蓝舆,破帽冲寒百里途。晓出郊原心乍爽,昏报邱店力先瘏。年来奔走成何事,依旧尘埃是故吾。苹老不死芦似雪,不知诗料拾来无。

荒村寥落少人烟,噪树林鸦有后先。渐短原知转岁晷,不寒还似小春天。临邛谒令重为客,彭泽辞官来买田。无定萍踪无定局,鸿泥聊法一重缘。

养得家鸡五母多,群雌粥粥共成窝。江鱼盈尺堪供馔,放下屠刀一任他。

征途无可纪,朴陋此邦风。吟事已成拙,山情谁与通?

熏炉茗碗度寒宵,幸有朋樽慰寂寥。共说无衣难卒岁,不妨有酒过今朝。月残街巷更筹尽,风闪窗棂烛影摇。共道清谈了无益,不谈长夜若何消。

# 民国二年癸丑（1913）

## 八 月

### 初一日，乙酉，九月一号　　晴
侵晨，陈大令来。

### 初二日，丙戌，二号　　晴
逃兵一事，传闻不一。夜四鼓，祭文庙，简率可唏。更深，稍凉。

### 初三日，丁亥，三号　　晴
接到护军使李纯布告六种，亦无甚警切动人处。发第十二号瓯信，汇洋伍拾元。

瓣香庐广嗣金丹，每瓶二元，每料一斤十六瓶，只收廿八元。总发行所在上海盆汤弄丝业会馆后宁波路口转角，五开间门面。中法大药房精神丸有假冒者，悬赏五千元缉拿。上海东亚公司药局敬送《妇人卫生参考书》，以邮片书明居址、姓名，内附邮票二分投递，即可邮寄，不取分文。

夜督兵、警巡防街市。四鼓祭武庙。洋信未寄，以汇票又用完也。

### 初四日，戊子，四号　　晴
邮局来七月廿九樵孙自棠阴信，云十八到家，即答一函，略告广昌近情。夜又派专差赴南城。

**初五日,己丑,五号**　　阴晴不定

为捐事大费唇舌。侦探及专差同时回。

**初六日,庚寅,六号**　　阴

邮局来七月廿三日彭儿沪信,云接到此间两函,现乘新铭轮船于廿四下午出口赴京,同行六人,并在章一山处借洋廿元。云温州亦接到六月十六、廿三两次所发信。《神州报》定半年,逐日寄。发九铭北京信,内附两纸与彭儿。

**初七日,辛卯,七号**　　雨

邮局来七月廿四日上海第五次信,知彭儿考取法律预科。报考者二十五人,取预科三人,别科八人,而彭儿冠军,亦可慰也。

夜雨。闻赣兵已到南丰,即日来,合邑大骇。三更后召集各绅商谈。

**初八日,壬辰,八号**　　阴雨

与各绅商办,无事不棘手。以罗、谢、黄三人赴甘竹接洽,午后去。

邮局来七月十八日瓯寓信,尚只接到六月内各函,七月以后去函均未收到。九铭八月十九号来信,云移居八角琉璃井豫章学堂。又云月内由京汇洋百元寄瓯。来《神州报》三纸。

**初九日,癸巳,九号**　　晴

下午赣兵来前站两人,入夜来副官及兵士数十人。

**初十日,甲午,十号**　　晴

午后总司令队伍到,约兵士数十人,兵官多于兵士,辎重多于军装。甘竹代表均同来。

**十一日,乙未,十一号**　　晴

所来秘书、执法等官均晤面。夜与总司令晤谈,见示来意,并出省电稿见示。闻宁都消息。

**十二日,丙申,十二号　　晴**

阅报纸三四张。以一函致此间邮局,为追询上海汇款事。

**十三日,丁酉,十三号　　晴**

邮局来硕卿、九铭北京明信片两纸,硕卿八月初一日信。云卅日抵京,初入九鸣寓,旋住太仆寺街北京法政学舍。已填入校愿书、证书,呈验文凭,八月初八开学。北京直辖法政专门学校即在太仆寺街,此信附来用项清单颇详。又来八月二日章一山上海信,又来初五日勋铭自九江信,又退回寄樵孙一信。发硕卿信,内附九铭信,寄北京,双挂号。夜雨。

**十四日,戊戌,十四号　　阴**

吴仲约赴南城,带护兵温炳照去。

邮局来七月廿八瓯信,此间所发五、六、七、八号信及两次汇洋均收到。又来九月四号九铭北京信,云上月杪代汇百元寄瓯。发第十三号瓯信。

**十五日,己亥,十五号　　雨**

中秋节。军队宴官绅、团体。

**十六日,庚子,十六号　　雨止日出**

赣兵于清晨六钟赴宁都。发吴仲约信。又发护军使、民政长呈文,报告情形。发九铭信,告以即日遣启泰带洋回宜。

**十七日,辛丑,十七号　　晴**

发章一山信,附诗;吴仲约信,附呈文稿;发十四号家信,并洋五十元,悉付邮。邮局来本月初八彭儿北京信,又同日章一山沪信,云汇票已收到,暂存伊处。

**十八日,壬寅,十八号　　晴**

清晨邮局来吴仲约十五日函,云暂止南丰县城,以沿途盘查危险也。午刻,又得南丰县署专足送来吴信,云与该县代表刘君十八日同行。当覆一函,并函致李谦六知事。诣宋馨山一谈。闻赣兵在宁都属之符岭嘴地方枪毙百姓二人,伤一人,给洋乙千乙百元了事。

夜赴连兰孙饮。雨作。

**十九日,癸卯,十九号**　　　晴

发樵孙信,寄宜黄。宴陈、宋、严、熊、连、张诸君。是日共和党人假自治所开会。

**二十日,甲辰,二十号**　　　阴,天陡凉,雨作

得初十日夏紫庭自九江复函,又以一函寄之。夜饮税局。

**廿一日,乙巳,廿一号**　　　雨,凉甚,可御棉衣

夜饮于课员处,盖公宴陈大令行也。樟树多处出鬶鬏,榕树多处出麻疯,皆以饮其水所致。

**廿二日,丙午,廿二号**　　　阴,凉

国民党分部解散。夜雨。

**廿三日,丁未,廿三号**　　　微雨

宋君来辞行,陈君亦来,即诣两处送行,并以瓯绸被面两条赠宋。下午,陈君启行,至江干送别。

派护兵万冯柱赴抚州拍电,带去寄吴仲约一函。护兵龚福开请假回省。护军使所派招抚黄尢之委员裘某转派代表裘通立由南丰持有公函来,一饭即赴宁都。

**廿四日,戊申,廿四号**　　　晴,天又热

至署内一看。

**廿五日,己酉,廿五号**　　　晴

邮局来八月十二日瓯信,内附九铭汇洋一信。下午启成带同吴、赵、万乘排由南丰回宜黄,带去致樵孙一函并洋三百零十元,吴

姓借款本利及九铭划汇之款一概还清。诣税局一坐，谈及买人一事。夜雨。

**廿六日，庚戌，廿六号**　　　阴

巳刻迁入署内。发彭儿、九铭两函。夜作瓯信。学务课长回署，去已四十馀天矣。

**廿七日，辛亥，廿七号**　　　晴

发十五号瓯信。邮局经管易一南丰丁姓。

**廿八日，壬子，廿八号**　　　晴

一等帮审员罗时才到署。夜护军使委员裘姓等四人到，住扬家祠。往谒，竟不为礼，恣睢谬妄，置不理之。邮局来十九号九铭信。

**廿九日，癸丑，廿九号**　　　晴，旋阴

发护军使、民政长呈文，报告委员行为，双挂号去。司法筹备处来五百十六号指令，为请领经费事办法。下午诣严隽叔一谈。据云，在京见有丛书，不记何名，中有《医心篇》一册，专讲采战之术，笔墨古奥，闻由东洋来之中华旧书。

邮局来十九日彭儿北京第三信。得廿四日吴仲约自省快信，属汇廿洋。

# 九　月

**初一日，甲寅，三十号**　　　晴

发吴仲约信，附去廿五元并呈稿。夜闻揭黄氏事颇悉。

**初二日，乙卯，十月一号**　　　晴

邮局退回七月十四、廿二寄上海信两缄。讯揭黄氏案，观者塞署。夜雨。

**初三日，丙辰，二号**　　阴

九钟时赴黎头嘴，三点钟时到。

**初四日，丁巳，三号**　　晴

命案拦验，情愿了结。三钟时回署。

**初五日，戊午，四号**　　晴

阅《国民新报》，廿五号有广昌人所登一段。得勋铭来信。

**初六日，己未，五号**　　晴，秋热颇甚

得吴仲约九月卅号省信，即答一函。得九月廿三号瓯信，云汇洋共收三次，尚有一次未到，北京汇洋已收讫。得彭儿九月廿七号京信。得廿四、廿七章一山沪信，云洋廿元收讫，馀寄京师。

**初七日，庚申，六号**　　阴

发第十六次瓯信。发北京彭儿信，又九铭信，单挂号去。邮局来廿三樵孙宜黄信。

**初八日，辛酉，七号**　　晴

启成回署，带来樵孙回信，寄洋已如数收到。

**初九日，壬戌，八号**　　晴

偕黄、严、熊至玉皇阁登高，归，拟就联语两付。

**初十日，癸亥，九号**　　晴

派黄燕宾赴千善乡。夜温炳照自省回，得吴仲约初三信并小帽、小刀、墨汁等物。邮局来九月卅号九铭信。夜三更雨。

**十一日，甲子，十号**　　雨

诣税局送行，托严隽叔带去报费两项文批代为投解，又致吴仲约一函。发北京九铭信，并彭儿信，汇洋五拾元去。

**十二日，乙丑，十一号**　　晴

**十三日，丙寅，十二号**　　晴

黄燕宾回署。傍晚出署一走。

**十四日,丁卯,十三号　　晴**

拟就清乡办法呈稿,付缮。得吴仲约初九信,云初十动身,陆路来。

**十五日,戊辰,十四号　　晴**

得省电,知大总统选定六号选。为袁项城,各国均正式承认矣。此第一可喜之事也。得本月初七彭儿京信。

**十六日,己巳,十五号　　晴**

发彭儿信。夜宴各课员,发清乡呈文三件。

**十七日,庚午,十六号　　晴**

以诗稿一册属余课员抄。

**十八日,辛未,十七号　　晴**

讯案两起。邮局来九月初七日瓯函,云汇款四次均收到。

**十九日,壬申,十八号　　阴**

千善议员余国寿月轩来见。吴仲约回署,连兰荪眷口亦至。

**二十日,癸酉,十九号　　阴**

发瓯江十七号信,并洋五十元。又发九铭北京信。

**廿一日,甲戌,二十号　　晴**

邮局来十月十号彭儿北京第六函。夜宴各公团绅、董及本署佐治员。

去城廿馀里有梯石砦,本名藤钓砦,用梯二十四五道始达山径,径系凿出,只有一二人行。其中有大坪,可以避寇,惟无水。该砦属头陂区。又西北廿馀里有□□,中可容万人。地属黄姓,欲在彼构屋者须向黄姓议定界址,岁出租金数千文。有水、有田,可以避兵。砦之下即村庄,现在黄姓及他人醵洋一百八十元在彼置一关以隔来往。

宁都郭姓所住村庄名黄石观,为赴赣州必由之路,广昌赴宁不由此也。广昌与闽之宁化、建宁皆接壤。

《江西通志》收堪舆书颇多,独不及杨益之书,奇极。李穆堂绂有《地理简解》三卷,未之见。

**廿二日,乙亥,廿一号**　　　晴

略翻《通志》。

**廿三日,丙子,廿二号**　　　晴

饶拜昌交来省城平安巷森记庄龙洋汇票贰千元一纸,解钱粮税契款也。该庄管事人裴荣祖,东家□□□,向在白水镇开森记庄,专汇广昌银洋出境。怡源钱庄在南昌□□城外,亦曾代县上兑。

**廿四日,丁丑,廿三号**　　　晴

感冒,失音。庶务处以洋千四百元先交饶拜昌,清乡局长举何绅元澂。

**廿五日,戊寅,廿四号**　　　晴

**廿六日,己卯,廿五号**　　　晴

两日借病少见客,颇清净。

**廿七日,庚辰,廿六号**　　　晴

邮局来九月十九号彭儿信,云移居松树胡同法校寄宿馆黄字十一号。发彭儿信。

**廿八日,辛巳,廿七号**　　　晴

诣熊韫石,同至长泰祥药店,与店东汪祥生一谈。汪,南城人也。以洋三元属其托头陂人买白鸭。据云广昌人喜吃附子,每吃数两或一斤不为奇,销场极大。其制法:用水浸三四日,每日换水三四次,约出水十四次,然后以火煨熟切片。其煨法:置于地面,上用灰盖,灰上炽炭,亦须两三天。煨熟,蒸去火气始堪用。肉桂系一种蒙自桂,色微黄,每分价银八钱,可云奇谈,每服不过一二分。鹿茸只三、四月间办货一次,以广昌人立夏日多有服者,平时不销。制茸,锯片、研末,用酒蒸过,始能入研。服者或以参汤、附子汤送下。价不甚昂,约每钱值银八钱。高丽参皆种参,每两不过二三元,若野参,每两须八两,且无有。

**廿九日,壬午,廿八号**　　晴

得六言诗十六章。

# 十　月

**初一日,癸未,廿九号**　　晴

发九铭信,附诗三纸,双挂号去。

**初二日,甲申,三十号**　　晴

赖星枢、魏蓉镜互诉家庭勃溪事。

**初三日,乙酉,卅一号**　　晴

讯案两起。黄燕宾赴甘竹、千善。

**初四日,丙戌,十一月一号**　　阴

下午赴甘竹,傍晚到,寓自治所。

**初五日,丁亥,二号**　　阴,微雨

**初六日,戊子,三号**　　阴

午刻回署,黄燕宾同回。昨日奉文,本月一号起,裁撤课员加薪公①,即部章也。邮局来九月廿三瓯信,云十四号去信未到,即汇洋信也。又得九月廿六彭儿京信,云汇款五十收到。又得九铭十月廿

---

① 此处疑有脱字。

三号来信。夜作二十号瓯函,告以新章,内附致荫涛一纸。

**初七日,己丑,四号**　　阴

发第二十次瓯信,双挂号去;第七次京信。又发廿乙次瓯信,告以温局收洋回条于九月初三到此。

**初八日,庚寅,五号**　　天气极暖

解散各课,要求一月薪赀,磋磨再三,送以半月始了。罗衮自甘竹来。

**初九日,辛卯,六号**　　晴,暖

发廿二号瓯信,内附致二女信。拟定请兵呈稿,发包封寄启成。夜派法警赴甘竹。

**初十日,壬辰,七号**　　雨

甘竹提解抢犯两名至。国税厅委员吴立群,字鹤桥,浙人,自南丰来,下榻署内。发启坤信,寄省城书街工业学校,发解组请队呈文。饶拜昌来,言及裁撤审判所京电已到省。

**十一日,癸巳,八号**　　阴

发廿三号瓯信,汇洋五十元去。发天民信。

**十二日,甲午,九号**　　阴

派警护弹压,近城抢犯拒捕被殴,拿获两人,而劣绅刘孔熙恃其前清举人,率众哄署,强将刘禄生一名索去,刘系伊继子。南丰绅士黄鸿烈来。

**十三日,乙未,十号**　　雨

法警伤重殒命,咨请南丰相验,拟定通报稿。答拜黄鸿烈,黄字卓群。

**十四日,丙申,十一号**　　雨

**十五日,丁酉,十二号**　　阴

吴委员赴白水,赣北观察使之委员许时,字柱臣,常州人,又到。

邮局来彭儿初六日第九号信。夜雨。

**十六日，戊戌，十三号**　　　雨

李谦六知事巳刻到，就署宴之。下午事毕，竹戏达旦。

**十七日，己亥，十四号**　　　雨

李、许二君同时乘舟去，吴君自白水来。发八号北京彭儿信，乙号九铭信。

李君传一伤科验方：百年旧石灰，每两入大黄三钱，炒熟、研末调酒敷。如不及百年之石灰，则倍用大黄。老石灰古圹、古城中皆有之。

**十八日，庚子，十五号**　　　阴，时逗日光

发樵孙信，邮寄宜黄。答田刘、谢两姓绅士五人来见，为殴警案也。吴委员回省。

**十九日，辛丑，十六号**　　　阴

得启成十三南昌来①，云十二始到。发九号彭儿信，汇洋五一元去，加汇水半元。

**二十日，壬寅，十七**　　　晴

得九铭信，云议员取消，现住香炉营头条胡同抚州新馆，即答一函。二号。发郭秘书一函，同付邮。

**廿乙日，癸卯，十八**　　　晴

严隽叔来。

**廿二日，甲辰，十九**　　　晴

邮局来初六瓯信，九月廿一汇款收到，知二女是日到家，又知何姨妹初四病殁，陈兰樵上月廿四故。得何寿安信。又得十三日彭儿

---

①　"来"下疑脱"信"或"函"字。

十号京信,附报两方。又得罗葛衫十二自省来信。

**廿三日,乙巳,二十号　　　晴**

发第廿四号瓯信,发罗葛衫信,发十号彭儿信。得启昆十三日回信。

**廿四日,丙午,廿一号　　　晴**

发《大江报》馆信,附票两千,该报系九月十三日起,每月六角,逐日寄。

**廿五日,丁未,廿二号　　　晴**

拟编《国会三案》一帙以诛议员:一、从逆案,一、废孔为国教案,一、宪法草案案。汇集各省电文及报章指斥嘲讽之文,合为一编。

**廿六日,戊申,廿三号　　　晴**

得七律四首。得启成十九日信。

**廿七日,己酉,廿四号　　　晴**

夜作九铭第三号信。

**廿八日,庚戌,廿五号　　　晴**

发九铭信,双挂号去。又发天民信。

**廿九日,辛亥,廿六号　　　晴**

天气转凉。

**三十日,壬子,廿七号　　　阴**

邮局来十七日瓯函,云汇款已收到,五次共二百五十元。

# 十一月

**初一日,癸丑,廿八号　　　阴寒**

得罗葛衫廿四来信。

湖南辰州有一种朱砂鸭,目珠红色,盖食朱砂及在朱砂水中长成者,每只价三四元,与火灵精力量不知何如。

拟以守成、志成、美成等名名诸孙,如立成、遂成、展成、巍成、斐成、天成等皆可用,秉成亦好。

**初二日,甲寅,廿九号　阴**

发廿五号瓯信,为达官取定名字。

**初三日,乙卯,卅号　阴**

发第十一次彭儿北京信。启成昨午自省回,解款已清,支款未到,并无日期。计往返用去洋七元,钱廿三千馀,买物十六千九百馀,送行政署收发廿千。除解支等项外,只存九五票洋四百四十一千四百卅一文,合足钱四百十九千三百六十文。

**初四日,丙辰,十一月一号　阴寒**

覆阅尹氏《四秘》书。南昌又戒严。

**初五日,丁巳,二号　阴寒**

起稍迟,因夜间失眠也。

**初六日,戊午,三号　阴寒**

腌猪肉,每斤用盐八钱,以花椒炒熟,并用牙硝擦肉皮,先擦后腌。牙硝系花爆店所售,每肉十斤用硝二两。

邮局来十月廿六日彭儿北京十一号信,又瓯寓十月廿二日信。

审检厅十二月一号停办,已得抚州地方审检厅抄电公函。

**初七日,己未,四号　晴**

堪舆之书,各有本法。必《青囊》、《天玉》、《宝照》,皆三合三卦法,《催官》、《玉尺》,皆纳甲净阴阳法,各不相同。不得本法,不能读其书也。至于山龙、水龙之应分别,更不待言。

于此时欲存古文之一脉,首以新名词及报纸文格为厉禁。古近人著作,则郑夹漈、叶水心、杭大宗、刘海峰、孙渊如之散文,胡天游、吴山尊、汪梅邨、李慈铭、姚梅伯之骈文,均不可不读。而昭明一《选》、《文心雕龙》、《史通》、《宣公奏议》,更当研究。彭芸楣所选《宋四六》、蒋心馀所评《四六法海》均好,《吴挚甫集》亦可阅,何杕之《悔馀集》才气亦大。

咸勒鱼有头水、二水之别,头水硬,二水腐。南京板鸭。

得天民初一回信。

**初八日,庚申,五号**　　晴而冷

用火盆一日。

**初九日,辛酉,六号**　　晴

发天民信。邮局来十月卅日彭儿十二号京信,汇款已到。

**初十日,壬戌,七号**　　晴

夜四更揭祠旁屋失火。

**十一日,癸亥,八号**　　晴

**十二日,甲子,九号**　　晴

一等帮审员罗某到署。

**十三日,乙丑,十号**　　晴

缮就廿六号汇信,交启承日内带省,由省汇洋二百元寄瓯。发廿七号瓯信,付邮。邮局来十月廿六瓯信,内附二女回信。又来十一月廿九号九铭信,多泛语。

**十四日,丙寅,十一号**　　雨

由启承向饶处买汇票。

**十五日,丁卯,十二号**　　阴

庶务处解款八千八百元赴省,带去致启昆信一件,汇温州洋信乙件,买物清单两纸及请领各项文件。

邮局来初五日瓯信,云荫婿已得玉环收运局差遣。

**十六日,戊辰,十三号**　　　晴

调查户口委员陈紫星来拜。是日讯僧坚修案。闻委员饶世燊亦到。

**十七日,己巳,十四号**　　　晴,暖

答拜陈委,未面。顺拜饶委,并诣税局。夜宴委员及严、熊、李、黄、连、邓诸君。邮局来初六樵孙复信。

**十八日,庚午,十五号**　　　雨,冷

邮到彭儿本月初十日第十三号京信,并剪报一张,盖《文官试验章程》也。得天民十号复函及剪报一方。

**十九日,辛未,十六号**　　　阴

南丰李知事送蜜橘一担,五十年不尝此味矣。闻种各不同,最佳者出于府学。

**二十日,壬申,十七号**　　　阴寒

答李谦六函。治杨梅毒疮,用珍珠、犀黄研末,内服外敷,据云甚验。统税委员严氏传与吴君者,名"珠黄散"。药店所售药珠,价较廉。得彭儿本月初十日京信,十四号。云初六来信附卫生丸十粒。

**廿乙日,癸酉,十八号**　　　阴寒

诣税局一坐。

**廿二日,甲戌,十九号**　　　晴,冷甚

发十二次北京彭儿信,告以部令送考事。

**廿三日,乙亥,二十号**　　　阴

发廿八次瓯信。

**廿四日,丙子,廿一号**　　　阴

长泰祥店来羊肉五斤。

**廿五日, 丁丑, 廿二号**　　阴。冬至

以洋四元四角邮寄上海广益书局, 购书两部。调查官有财产委员之代表来。

**廿六日, 戊寅, 廿三号**　　阴

阳宅重在收气, 然有水当收水, 有山当收山。蒋氏之说, 尹氏发明之, 然与各家之说不同, 须合观也。魏氏《大成》备矣,《八宅明镜》、《斗临经》不能争胜。

**廿七日, 己卯, 廿四号**　　阴

**廿八日, 庚辰, 廿五号**　　阴

连日讯僧案。

**廿九日, 辛巳, 廿六号**　　阴

以上甲子错一日。

# 十二月

**初一日, 壬午, 廿七号**　　晴

地绅来祭宾兴局, 并领去恤助何郭氏洋款五十元。系何天培、何元澂经手。

发廿九号瓯信, 汇洋五拾元去。

**初二日, 癸未, 廿八号**　　晴

邮局来十六日瓯信, 一号。知何寿安于初七作古, 亦可怜也。又得启承、启昆廿三号省信。

**初三日, 甲申, 廿九号**　　晴

诣裕聚行答候饶委员, 面交财政调查表及委任令。宁都佛教分会来议长等两僧, 未之见。夜诣长泰祥饮, 饶虔生云, 此间有福建来

之千张油鱼,小而薄,味颇佳;白水有一种虾干石枣虾,亦来自闽,均美。正月韭白亦可吃。

**初四日,乙酉,三十号　　晴,大风**

邮局来上月廿四日彭儿十五号信,即答一函。十三号。又得启承廿六省信,看不明白。

**初五日,丙戌,卅一号　　晴**

《蜕盦剩稿》抄竟,凡六卷。

**初六日,丁亥,三年一月一号　　晴**

夜赴税局饮,有国税厅委员蜀人周贡夫在坐。

**初七日,戊子,二号　　晴**

严、周二君来。

**初八日,己丑,三号　　晴**

罗葛衫自省回。夜宴周、饶诸公。

**初九日,庚寅,四号　　晴**

小不快。邮局来廿二九铭信。第二函。

**初十日,辛卯。五号　　晴**

仍不舒适。

**十一日,壬辰,六号　　晴,暖甚**

调查财政委员张铠字铁安者,偕一李姓同来拜。即往答拜。

**十二日,癸巳,七号　　晴**

招委员饮。夜赴议会宴。

**十三日,甲午,八号　　晴**

派罗葛衫下乡盘谷查烟。

**十四日,乙未,九号　　晴**

䉈上带到绍酒一坛。

**十五日，丙申，十号**　　阴

发三十号瓯函，汇洋五十元去。邮局来元旦京字元号彭儿信，又十二月廿三号秦婿玉环楚门收运局来信。

**十六日，丁酉，十一号**　　阴

邓恒勤明晨下乡。

**十七日，戊戌，十二号**　　阴

发北京彭儿一号信，又九铭一号信。邮局来十二月初二日吉字二号瓯信。

**十八日，己亥，十三号**　　晴

饶委员送来进步党证书。

**十九日，庚子，十四号**　　晴

发秦婿回信，寄楚门。邮局来初二日彭儿京字十六号信。饶虔生借去洋五十元。汪祥生经手。

**二十日，辛丑，十五号**　　晴

邮局来九铭三年第一函。

**廿一日，壬寅，十六号**　　晴

邮局来初八日瓯函，第三号。南昌汇款已收到矣。发章一山信，邮上海。

**廿二日，癸卯，十七号**　　晴

阅尹注《催官篇》，大有所得，盖宅、墓断验最确之书也。《四秘》一书，《省志》不收，与不收杨筠松各书同一不解之事。收到京城寄来丸药。

**廿三日，甲辰，十八号**　　晴

邓恒勤自西乡回，东乡未去。

**廿四日，乙巳，十九号**　　阴

发《大江报》馆信，附票两千，连前共寄六千矣。叶步瀛，瑞安知事为莫章道,湖州南门新开河,杭州上城金鱼弄。

**廿五日,丙午,廿号**　　　　阴

发上海广益书局信,促其寄书。

**廿六日,丁未,廿一号**　　　雨

得十二月十日第四号瓯信及二女信,月初汇洋五十元已收到。

**廿七日,戊申,廿二号**　　　阴

启承自省回,除买物及川赀、旅费外,带回九五票钱乙千串〇二百〇八文,又洋三元六角六分,吃亏了六七百元光景。启昆代购书三部,亦不堪入目。罗葛衫亦自乡间回署。

**廿八日,己酉,廿三号**　　　阴

发第二次九铭京信。约诸公小饮。

**廿九日,庚戌,廿四号**　　　阴

亲率兵警拘获佛教会代表喻建中入署。

**三十日,辛亥,廿五号**　　　晴。岁除

堪舆一道,由浅入深,应从《玉尺》、《催官》两书入手,而后及于《青囊》、《天玉》。盖双山三合与元空大卦法门不同,然能专精,各有妙用,正不必是丹非素。惟两书以纳甲净阴阳为主,贵阴龙,贱阳龙,只此稍偏,馀无可议。《玉尺》旧注尚可,《催官》则尹注较佳,于两书相同处每为拈出,于本术亦有发明,得其一兼得其二。惟云《玉尺》为山龙而非水龙,殊不尽然。此两书坊本恶劣不堪,当为合刻。纪慎斋《地理末学》关涉《玉尺》各条可采入注。

# 民国三年甲寅(1914)

## 正 月

**初一日,壬子,廿六号**　　阴,微雨,片刻即止

昨夜爆竹声达旦未已,非此不知其为新年。署中岑寂异常。去岁在浔,今岁在此,明年又不知在何处也。粗阅《玉尺经》一过,经文、注文真伪难知,而其术则自不可磨灭矣。

**初二日,癸丑,廿七号**　　阴

严、熊二君来,留之饭。

**初三日,甲寅,廿八号**　　阴,旋晴,天气甚暖

出门拜客三处。

**初四日,乙卯,廿九号**　　晴

夜得启昆廿五号来信,云民政长解职,以内务司代理。

**初五日,丙辰,三十号**　　晴

罗葛衫来税局抄来京电,知汪瑞闿以"昏庸不职,有负委任"字样去官,戚扬当日接印。

答启昆信,嘱其重购两书。邮局来十二月廿六彭儿二号信。

**初六日,丁巳,卅一号**　　雨

发第一号瓯信,第二号彭儿信。

**初七日,戊午,二月一号**　　阴

**初八日，己未，二号**　　　　阴，旋晴

夜诣税局饮，熊君所招也。

**初九日，庚申，三号**　　　晴

发樵孙信，寄棠阴。邮局来十二月廿五第四号瓯信，又十二月廿八日第三号彭儿信，又乙月廿三九铭二号信，云已得高等师范及国民大学教习。

**初十日，辛酉，四号**　　　雨

发第二号瓯信，附洋五十元去。发第三号彭儿信，附五十元。发三号九铭信。

**十一日，壬戌，五号**　　　雨

发启昆函，附单一纸。邮局来樵孙信，云书箱一只已由省运到，家属派人往取。

**十二日，癸亥，六号**　　　晴，入夜又雨

夜梦以所著一书寄汤蛰仙，得其评语，极奇。

**十三日，甲子，七号**　　　雨

启承回宜，给以四元。深于佛学之江宁人杨仁山，即易学名家杨朴庵之子，其尺牍大可阅。得章一山回信。

**十四日，乙丑，八号**　　　阴，时逗日光

诣税局略坐。

**十五日，丙寅，九号**　　　晴，旋阴

派人解佛教会代表喻建中暨伊从人王锦标赴南丰。夜集署友小饮。邮局丁君锡之在坐。连夜爆竹、箫鼓声达旦。

**十六日，丁卯，十号**　　　阴寒

杨仁山教人首读《大乘起信论》，以念佛为行门，以往生为归虚。《佛学丛报》。邮局来初六日彭儿四号信。

**十七日，戊辰，十一号**　　阴寒，旋晴

长泰祥店附子两种：一阳附，补脑，性较热；一煨附，散四支寒，力较平，价相若。关茸佳者，每架值银百廿两，茸①则不及乙两。磋研成末，用酒蒸过，以参汤或附子汤、桂圆汤下之。

邮局来十二月三十日第六号瓯信。

**十八日，己巳，十二号**　　晴，寒

发启昆信，附官票两千文。

**十九日，庚午，十三号**　　晴

傍晚付②谢绅荣宅饮。

**二十日，辛未，十四号**　　阴

拟就请兵呈文。夜奉电裁撤自治会。

**廿一日，壬申，十五号**　　晴

派人赴抚州打电，并发请兵文。调查员陈君紫星自宁都来，住署。

**廿二日，癸酉，十六号**　　晴，暖，下午微雨

宴委员及绅士。

**廿三日，甲戌，十七号**　　阴

发第三号瓯信，附洋五十元。

**廿四日，乙亥，十八号**　　阴

发民政长呈文，乞病辞职。发第四号彭儿信，又发启昆信。

邮局来正月初十日瓯信，乙号。并抄来浙民政长屈通令一纸，催送瑞安交代册。又得正月十四日彭儿第五号京信。

---

① "茸"上疑脱"清"字。
② "付"，疑为"赴"。

**廿五日,丙子,十九号**　　　晴

连日天气陡暖,如三月时。发第四号瓯信,内附致荫涛信及致徐小云、席善夫信,保险去。发浙江民政长屈映光呈一件,双挂号去。

**廿六日,丁丑,二十号**　　　晴

发第五号彭儿信,附抄稿三纸,双挂号去。夜风作,旋雨。

**廿七日,戊寅,廿一号**　　　雨,寒

发五号瓯信,附抄稿及洋五十元,双挂号去。

**廿八日,己卯,廿二号**　　　晴,天气仍寒

瓯信今日付邮。

**廿九日,庚辰,廿三号**　　　晴

夜得诗数首。

**三十日,辛巳,廿四号**　　　晴

核定解款各稿,发缮。饯严隽叔。

# 二　月

**初一日,壬午,廿五号**　　　晴,天色甚佳

知事试验,以朱启钤为主试委员长,朱家宝、赵惟熙、沈铭昌、许鼎霖、王丕煦、董鸿祎、陈懋鼎、孙培、马德润、雷光宇、方枢、夏曾佑充主试委员,以李杭文、马彝德、易恩侯、钱承钧充监试委员。

南昌有浙人为庄客者,汇款至浙颇便,汇水不甚大,惟银色须贴平耳。在江省付以银,至浙取洋。业此者不一家,如西大街裕丰恒最有名。吴仲约云。

江西银行九五官票定价以九三八纹五钱五分折,合银每两一千八百文,此两项永久不变。洋价亦以银论,随时涨落,相差甚远。

夜诣邮局饮。

**初二日,癸未,廿六号**　　晴,夜,雨

**初三日,甲申,廿七号**　　雨

得彭儿正月廿三日六号京信,款已收到。又得崇仁知事范君咏和信。夜,诣长泰祥饮。

**初四日,乙酉,廿八号**　　雨

诣严隽叔饮。夜诣模范小学饮。

**初五日,丙戌,三月一号**　　阴

付启泰手解款洋七千二百元,九五钱乙千五百十文;六号瓯信并汇洋一封,购物清单一纸,公文十馀件,由收发处点交。付会计处洋二百元,于本日起代理帐房。夜一句钟丁祭。

**初六日,丁亥,二号**

启泰、葛衫率巢鸿禧上排,午后即开,严隽叔眷口亦于本日行。熊韫石于昨日移至署内,接充庶务。棉花市豫章客栈皆抚建帮,外省人及官场多住西大街各栈。沈森泰南货店,浙人所开。

**初七日,戊子,三号**　　阴雨,夜,雨达旦

**初八日,己丑,四号**　　晴,天气骤暖

发七号瓯信,并洋五十元。发上海广益书局信。

**初九日,庚寅,五号**　　大风,夜大雨

**初十日,辛卯,六号**　　阴,风尚未息

邮局来正月廿六日第二号瓯信,秦婿仍赴玉环。来正月廿八彭儿七号京信,附剪报及知事名单。家书内附正月初九褚九云自台州中校来信。发六号彭儿信。发九云回信。

**十一日,壬辰,七号**　　晴,暖极,如三月末

续发乞病呈文。

**十二日,癸巳,八号**　　晴

连日公牍颇忙。发启泰信,寄南昌。

**十三日,甲午,九号**　　阴,天气转寒,夜雷雨

续发辞职文。

**十四日,乙未,十号**　　雨

得启泰抚州十一日书。

**十五日,丙申,十一号**　　雨

发章一山信,附诗一纸。发启泰信及包封一个,寄南昌。

**十六日,丁酉,十二号**　　阴雨

邮局来二月初五日彭儿八号京信,又秦荫涛自楚门二月廿四号复函,又启昆七号来信,并剪来《迅报》两三方。

**十七日,戊戌,十三号**　　雨,寒

**十八日,己亥,十四号**　　阴寒

拜客数处。邮局来初七日彭儿九号京信,收到抄稿。又得葛衫十四自李家渡来函。夜作七号彭儿信,告以又上一书辞职。

**十九日,庚子,十五号**　　雨,寒甚

黄蕴珊来谈宁都拔烟,兵民打仗事。

**二十日,辛丑,十六号**　　雨,寒甚

发启昆信,双挂号去。邮局来二月初七日第三号瓯函,并二女函。得诗三首。

**廿一日,壬寅,十七号**　　雨止,天寒

大版原刻《古事比》须觅一部。高文良公、李穆堂绂、汪稼门志伊、陈文恭公、陶文毅公、方恪敏公父子、温平叔葆琛、岑襄勤公、李若农文田、廖毅似寿丰,皆名臣大儒。显宦之精于堪舆,古之朱、蔡、二刘,更昭昭在人耳目矣。

**廿二日, 癸卯, 十八号**　　晴

找给审判所款项, 清讫。得启昆十三号快信, 云广昌委彭世芬, 于十二号挂牌, 启泰已于十三到省。即答一函, 双挂号去。

**廿三日, 甲辰, 十九号**　　晴, 天气融怡

发八号瓯信, 发八号彭儿信, 并汇洋五十元去。检出应办移交杂件四十四起, 饬录事预先办理。

**廿四日, 乙巳, 二十号**　　晴

邮局来十五号启泰省信, 云十二号晚到省, 款已解进。

**廿五日, 丙午, 廿一号**　　阴

双挂号发启泰信, 嘱其拨洋壹百元带交樵孙及九铭二娘子。发九铭六号信。邮局来二月初九日第四号瓯信, 云去信收至五号, 徐、席一函未投。又来十九号九铭信, 系第三函。

**廿六日, 丁未, 廿二号**　　晴

连兰薰挈眷回南城, 出城一送, 并诣税局。邮局来二月十五日彭儿十号信及剪报, 又来三月十二号浙民政长指令。

《解释现行法令》、《国际条约大要》、《新刑律》。

**廿七日, 戊申, 廿三**　　阴

发九号彭儿信, 附抄件。发广益书局信, 附洋一元。得启泰十九来信, 十八包封未到。

**廿八日, 己酉, 廿四**　　阴雨

发九号瓯信, 内附公文两件, 信乙缄, 信稿一纸, 双挂号去。夜诣税局饮。

**廿九日, 庚戌, 廿五**　　雨

拟以愼叟自署, 取遁甲术中六丁符, 缩刻一印章或摹古帖中押字亦妙。

三十日①，廿六　　阴

以《揭氏全书》十六册还揭沂笙。

# 三　月

初一日，壬子，廿七　　阴

干支全错。

初二日，癸丑，廿八　　雨

邮局来彭儿廿三所发十一号信，外书一包。又廿三号启昆省信，云启泰、罗葛衫廿五六起身。

初三日，甲寅，廿九　　雨

初四日，乙卯，三十　　阴，略有晴意

初五日，丙辰，卅一　　晴

得廿六启昆信，云启泰等廿五饭后起身，所去挂号一信未及收到。得启泰自李家渡廿七来信，云须回宜一走，各件均交葛衫。

初六日，丁巳，四月一号　　晴

饭后出门一览。得二月廿二日第五号瓯信。

初七日，戊午，二号　　晴

发十号瓯信，十号京信。

初八日，己未，三号　　阴寒，雨旋作

下午巢鸿禧赍罗葛衫自甘竹交来一信及收款证十九纸，即答以一函。

初九日，庚申，四号　　雨，大冷，御重裘，思向火

发启昆信。

———————————

① "日"下疑脱"辛亥"二字。

**初十日，辛酉，五号**　　阴寒。清明节

发十号瓯信，并洋五十元。

堪舆书分两派：《青囊》、《天玉》、《宝照》、《天元五歌》、《古镜歌》为一派，《玉尺》、《催官》、《一粒粟》、《七十二葬法》、《直指元真》、《地理末学》为一派。双峰并峙，各成大宗，馀皆附庸。

**十一日，壬戌，六号**　　阴寒

**十二日，癸亥，七号**　　晴

接三月初一日彭儿十二号京信及剪报，云九铭离京，不知何去。又接荫婿自玉环回信。发十一号京信，双挂号。得二月廿九六号瓯信，南昌洋已收到。

**十三日，甲子，八号**　　晴

邮局来三月初四日彭儿十三号信，汇款收到。

**十四日，乙丑，九号**　　阴晴不定，时而小雨

发启昆信。罗葛衫到，交来各件，多不完备。

**十五日，丙寅，十号**　　晴

发十二号京信，嘱购体操皮带。

**十六日，丁卯，十一号**　　晴

派帮审员下乡。发南丰李知事函。

**十七日，戊辰，十二号**　　晴

发启昆快信，内附清单。傍晚启泰到署。夜二更包封亦到。吴仲约发省信。

**十八日，己巳，十三号**　　阴

又发启昆信。得彭儿三月十一日所发第十三号信，云九铭并未出京，现兼充内务部行政讲习所讲员，移居琉璃厂高等师范附属中学内。得启昆一号信。

**十九日，庚午，十四号**　　晴

邮局来三月初九日第七号瓯信，云五、六、七、八四号去信均到，其九号去信并函件尚未收到。得南丰回信。答拜客。

**二十日，辛未，十五日**　　晴

新任彭君傍晚到，住自治局。

**二十一日，壬申，十六日**　　阴

发启昆信。新任彭世芳字筱圃来拜，下午答拜，定明日交接。赶办一切。夜得九铭四月八号信，云已付惩戒会。但来函草草，不知何字样也。黑海飘船，固应如此。卅一号信未到此。

**二十二日，癸酉，十七号**　　阴

八钟时送印。是日移交公牍，送去五十六角计六十馀件。

**二十三日，甲戌，十八号**　　阴

又移交公事多件。

**二十四日，乙亥，十九号**　　雨

发双挂号九铭信。

**廿五日，丙子，二十号**　　晴

**廿六日，丁丑，廿一号**　　晴

拜彭筱圃。夜宴新任及税局诸人。邮到三月十八日彭儿第十四号来信，又四月十六号启泰信并物件。

**廿七日，戊寅，廿二号**　　晴

发第十三号彭儿信，挂号；第十乙号瓯信，挂号，告以交卸日期。夜大风，雷，雨雹。

**廿八日，己卯，廿三号**

得启昆信，即答之。

**廿九日，庚辰，廿四号**　　晴

发十四号彭儿信。夜诣新任饮。五更雷雨。

# 四　月

**初一日，辛巳，廿五号**　　　雷雨

偶阅计氏《南北略》，徒增愤慨而已。此书应与《荆驼逸史》、《明季稗史》合观，沪上图书集成局排印三种均好。又新出《痛史》一部，亦可看。

**初二日，壬午，廿六号**　　　阴

罗寄尘置宴。夜三更大雷雨。

**初三日，癸未，廿七号**　　　晴

发第十二号瓯信。是日送交代清册两本及包封八个与新任。

**初四日，甲申，廿八号**　　　阴晴无定

罗君葛衫自甘竹来。夜雨一阵。

**初五日，乙酉，廿九**　　　阴

饶君虔生来，夜又来。

进步党党义：一、取国家主义，建设强善政府；二、尊人民公意，拥护法赋自由；三、应世界大势，增进平和实利。民国二年十二月二十六日，经饶君送来党证、愿书，与陈紫星两人介绍入党。

**初六日，丙戌，三十号**　　　阴

邮局来三月廿一日九号瓯信。双挂号发九铭京信。罗、邓二君说定局面。

**初七日，丁亥，五月一号**　　　雨

得彭儿三月廿六日十五号京信，即答一函，为第十五号。得四月廿六号启昆信。

**初八日，戊子，二号**　　　阴

清晨拜客三处。发第十三号瓯信。

**初九日，己丑，三号**　　阴

邮局来四月初一日彭儿十六号京信，抄来大总统批河南民政长田文烈请豁免前清知县欠缴交代银两呈文一件，已照准。李准住化石桥，给二等文虎章。夜，诣税局饮。

**初十日，甲寅，四号**　　晴

清晨诣吴慎乌，闻核放股属财政司第三科，科长汪某，皖人，主任科员金汉卿，浙人，最有权。吴仲约住赣州东门井，其子名毅，法政学生，南昌风神庙王文成公祠，则其胞兄住处也。

**十一日，辛卯，五号**　　晴，夜雨

翻阅《南北略》，使人愤激填膺。

**十二日，壬辰，六号**　　阴

发十六号京信。

**十三日，癸巳，七号**　　晴

江西局刻如《授时通考》、王本《墨子》、仿宋《黄山谷集》三种，皆不可不购。刻本《明季稗史》、《荆驼逸史》、《小腆纪年》亦要，排印本似佳，合新出《痛史》并阅之可也。

**十四日，甲午，八号**　　阴，时而小雨

诸君尽出，署内寂无一人。得诗两首。

**十五日，乙未，九号**　　阴雨

阅《直指原真》，无论其为杨曾的传与否，而反覆重叠，不惮再三，惟恐欺人、误人，其用心与云间之诡秘者霄壤矣。

**十六日，丙申，十号**　　晴

约诸君小饮。

**十七日，丁酉，十一号**　　晴

发十七号京信。夜月色颇佳。

**十八日,戊戌,十二号**　　　阴

发十四号瓯信。

阅吴县潘伟如中丞《韠园医书》,大有所悟。医家之稍读书者,好以经方炫人,此大误也。经方非不尊,然犹周公之制,作千圣百王之典章文物,岂后世所能外。如不问时势,强以施于今日,鲜不害事。经方亦然。曷若取近人所用有验易解之方,只求去病之实效,不贵慕古之高名。如宋明以来,理财、用人、治军、御寇之良法,有合于此时之措施者,举而行之,俾乱世粗安,徐图与古争胜,岂不甚善。故为适用计,如潘氏书、费氏书,如心悟一番,均于此道三折肱,宝而玩之,为用不尽。何必钻研《灵》《素》、《长沙》,如泛大海,渺无津涯,穷年无所得哉!

夜得彭儿四月初九京字十七号信,三月廿七、廿九所去两函已收到。

**十九日,己亥,十三号**　　　晴,天气热甚

诸友设席宴饮。邮局来四月初三日十号瓯信,云洋人到温踏勘烟苗,烟禁甚严,章、秦两君或避或罚。

**二十日,庚子,十四号**　　　晴,热甚

改定《诗序》,并将近作添入清本,以便到省排印。

徐世昌为国务卿,见五月二号任命。其左右丞则为钱能训、杨士琦二人,梁士诒改为税务督办。各部总长除学务任汤化龙、交通任梁敦彦外,馀照旧。此近日政府一新局面也。

夜赴罗君饮。

**廿一日,辛丑,十五号**　　　雨

成诗数篇。费君子赞处有抄本《纳兰成德诗》一册,世罕传本,须借抄。夜作十八号京信。

**廿二日,壬寅,十六号**　　　晴

以京信付邮,双挂号去,告以廿五六间起程。

**廿三日,癸卯,十七号**　　　晴

以纸张多件送新任。毛边纸有七刀、五刀之别,大约以粗细、白不白定也。夜雨。

**廿四日,甲辰,十八号**　　　阴雨,时漏日光

以附加税串捐乙千九百馀千文,移交新任讫。发启昆信,告以行期。夜诣彭公饮。发第十八号瓯信。

**廿五日,乙巳,十九号**　　　阴雨

警署长张秉钧、帮审员罗时才乙、二、三月及四月十六天薪洋均已垫付讫,罗一百四十七元,张七十六元。夜雷雨。

**廿六日,丙午,二十号**　　　阴雨

清晨各处辞行,均未面。发十九号京信,告以准定廿八开排。

上海虹口东有恒路德裕里五弄。

**廿七日,丁未,廿一号**　　　阴

邮局来四月十七日彭儿十八号信,云郭啸麓已得政事堂参议。又得五月十号九铭信,即去一函。下午上排。

**廿八日,戊申,廿二号**　　　晴

辰巳间开行。下午大风雨。

**廿九日,己酉,廿三号**　　　晴,天气渐热,晡时微雨

**三十日,庚戌,廿四号**　　　阴,时有小雨

午后抵抚州,雇定渔船两只。


# 五　月


**初一日,辛亥,廿五号**　　　晴

启泰回里,给以十元,又以四十元属交樵孙,随即开船。

**初二日,壬子,廿六号**　　晴,时有小雨,南北风间作

**初三日,癸丑,廿七号**　　阴

巳刻抵南昌,泊侍奉门外桐子桥下,熊、黄二人进城觅居,傍晚始回。

**初四日,甲寅,廿八号**　　阴

清晨熊君又入城,看定西大街中华旅馆。黄君眷口则住行政公署照壁后锦春客栈。午刻换小船划至章安门滕王阁马头上岸,雇车运行李进城,城门搜检极苛。下午启昆来,交来第十乙、十二号瓯信两封,一为四月十六,一为四月廿四所发。又四月十七日席善夫回信一械,知徐小云已故。下午吴仲约乃兄辛伯来。夜偕熊、黄诣严隽叔一谈。

**初五日,乙卯,廿九号**　　阴

端午节。发第二十号瓯信,汇洋两百元去。又发二十号京信。严俊叔来。

**初六日,丙辰,三十号**　　晴

清晨诣各署,并拜客数处。以汇洋等付邮。启昆送一条子来。许君秉良来。

**初七日,丁巳,卅一号**　　晴

清晨诣民政长,未见。诣国税厅,三人同见。诣吴慧公略坐。周君少猷来,吴亦来。廿五日新官制电令始登于报。邮局来五月初二日彭儿廿号信,云劳少林由金事记名观察使,惩戒知事一案,褫职者七人,免官者四人,降等者一人,与原案略有增减。夜诣酒馆小饮。

**初八日,戊午,六月一号**　　晴

清晨见戚扬,拜财政司收发蔡小香,湖州人。黄君叔清来,徐君干卿来。

**初九日,己未,二号**　　　晴

由吴仲约取来一、二、三、四月行政经费支付命令及一月分警署长薪水,一、二月孤贫口粮命令共七纸,余尚未核发。下午诣大街一走,答候徐君。夜徐君来谈。写就廿乙号京信、瓯信。

**初十日,庚申,三号**　　　晴

约财政司第三科科长、员饮西园,只金君汉卿未到。偕徐干卿至吴秉忠处一坐。

**十一日,辛酉,四号**　　　晴

发民政长、国税厅、省库三处解款文单等。得五月初六日彭儿京字廿一号信,已接广昌濒行一信。发王玫伯函,告以下月初至沪,汇款还之。

购来旧刻李乔伯《地理大全》十六册,分二集:初集三十卷,形势;二集廿五卷,理气。《青囊序》、《奥语》、《天玉经》皆原文,未经蒋氏节删,《玉尺经》亦完帙。《地理四家》七册,为张亘宗道《地理全书》、曹家甲《地理原本说》、李德贞《前后五十段》、陆应谷《地理或问》,同治十三年高安苏凤文词源书屋刊行,殊佳。

**十二日,壬戌,五号**　　　晴,天气炎热

解清地丁、营业税各款,即于应领行政费内扣抵,计找回洋二百七十五元,又钱十千六百文。夜诣严宅饮。买得石田山水立轴一幅。

**十三日,癸丑,六号**　　　晴

招人至西园饮。买得李龙眠《老子骑牛图》,赵仲穆、王石谷、文伯仁山水立轴各一幅,朱子八言对、赵扨叔七言对各一副。

**十四日,甲子,七号**　　　晴

在扫叶山房购得《梦溪笔谈》四册,《物理小识》六册,《海峰诗

文》六册,《藏书纪事诗》十二册,石印《疑云集》二册。石印《守山阁丛书》乙百本一箱,索价五十元,《山堂肆考》八十本,价八元,尚不贵,而纸板劣。《全唐诗》一百廿本,未问价。《路史》新刻本可看,索三元。五更雨作。

**十五日,乙丑,八号**　　雨,时逗日光

解二、三月状纸钱,三月分讼费洋讫。买得王麓台、吴历、张凤、吴炽昌山水立轴各一,金冬心犀牛一轴。夜大雨如注。

**十六日,丙寅,九号**　　雨竟日不止

买董玄宰山水直屏,任伯年松鹤直屏各一轴,汪文端八言对乙付。粗阅《海峰集》。

**十七日,丁卯,十号**　　雨竟日

程君泰孙来。

**十八日,戊辰,十一号**　　阴晴不定

发廿二号京、瓯各信。吴慧公来。启昆来,交来五月初三日瓯信,系十三号,甫接到广昌所去十八号信。又得五月卅一号九铭信。邮局来五月十三日京字廿二号信,系接到南昌信之回信也。发九铭信。慧公约往普云斋小饮,同坐许、周、吴,皆同邑人。

前刑部尚书薛允升,律学大家,著有《读律存疑》四十册,京师某家出售,价须十两,琉璃厂书坊则无之。继之者为沈家本,沈亦有著作,新学开山,许君秉良能道其详。

**十九日,己巳,十二号**　　晴

诣高等检察厅。徐、伍二人来。

**二十日,庚午,十三号**　　阴

清晨拜客数处,并取得决算书、囚粮册。买得钱澧古木人物,焦秉贞雪景人物直条两轴。魏仲融来,夏紫庭来。夜蔡小香来。

**廿一日,辛未,十四号**　　阴雨

在寓竟日,阅张宗道书。周、伍二人来。

**廿二日,壬申,十五号**　　雨

得诗两首。

**廿三日,癸酉,十六号**　　雨

缮就一、二、三、四月概算书、囚粮册,由吴仲约送财政司。小病经日,殊不爽快。吴直来。

**廿四日,甲戌,十七号**　　晴

同寓王君济川委信丰知事,为吴、熊两人作荐,此次挂牌者共三十五员。邮局来五月十七日京字廿三号信。吴鲁安来。

**廿五日,乙亥,十八号**　　雨止

吴防城来。下午诣普云斋,应吴鲁安之招,同座一蜀人,馀皆乡人。

本日,经吴仲约手取出支付命令十纸:计司法俸薪公杂费一、二、三月分三纸,旧监看守所费一、二、三月分三纸,地丁屯馀经征费一月分三纸,二月分一纸。此项即户饭。馀剩四月分十六天司法俸薪公杂费、旧监看守所费及一、二、三、四等月囚粮,二、三、四月孤贫粮,二、三、四月并上年十二月警署长薪俸等款尚未核发支付命令。

**廿六日,丙子,十九号**　　晴

发廿三号京、瓯两信,告以行期。缮就领款四联单十纸。午后由熊、黄二人赴库领款,计领回英洋四百〇二元,九五官票二百十五千六百馀文,均照领讫。又索取六月一日解兑地丁营业税等收款证四纸,因解兑时未取库收,借口库收未缴,不肯发证,补具印领,申明缘由,始获照发,已大费周章矣,此解款人之疏也。库中又出财政司通知单见示,有税契契纸、报经征费两纸,计钱五十馀千文,系一、二两月分者,日子亦系六月三号。通知书既到库,而支付命令尚未见给,不解何因。

由启昆交来五月十六日第十四号瓯信,汇款已收到。

### 廿七日,丁丑,二十号　　雨

清晨熊、吴二人与晋豫庄辜筱轩护商议汇款事。下午招客饮西园,三人未到。夜以洋三千五百元付晋豫,约明日开票。

### 廿八日,戊寅,廿一号　　雨

发廿四号京信,告以行期。发广昌彭知事信,内附收证四纸,收条两纸。发廿四号瓯信。

以洋三千五百元、九五官票贰百千文由晋豫庄买来万润泰庄七二规元汇票贰千五百两正,即所谓申票是也。各项杂洋换净英洋,计贴水乙百十三千乙百廿七文。除贴水外,找回英洋四十三元,钱乙千乙百九十三文。熊、黄两人经手。晋豫庄在南昌城内城隍庙边建德观,万润泰庄在上海法界紫来街。汇票系沪豫第乙百五十二号,五月廿八日起计半个月,阴历闰五月十四日期。

### 廿九日,己卯,廿二号　　晴,热甚

以借件送还高等厅。发温州电报。邮局来京字第四号信。以轿子、棕绷、灯笼、睡椅等送吴星伯。汇洋两百元还王玫伯,邮寄黄岩。

# 闰五月

### 初一日,庚辰,廿三号　　雨

送吴仲约交代脩及酬劳共乙百五十元。王玫伯款汇讫,只能到海门。午后答拜数客,均未面。

**初二日,辛巳,廿四号**　　晴

午刻招蔡小香、宋指南及吴、熊、黄、符诸人饮西园,蔡未到。以未领各款清单及领款回联单十二纸交启昆手。夜结算旅馆账,并付黄燕宾房、饭二十元。检点行装。

**初三日,壬午,廿五号**　　雨止

十句钟出城上祥霖小轮,黄燕宾已先到。熊就宁都馆,未同行,仅与吴上船一送。由程宅送来王玫伯函,属将洋款交上海十六铺台州永利轮船局账房杨伯藩转寄。云章一山已移居青岛,住小包岛礼贤书院前,寄信须邮票四分。一句钟开船,夜泊吴城。

**初四日,癸未,廿六号**　　晴

午刻抵九江,入春和栈。下午上街一走。

**初五日,甲申,廿七号**　　晴

十句钟上江孚船,一句钟开。夜泊安庆。

**初六日,乙酉,廿八号**　　晴

所过各埠多耽搁。

**初七日,丙戌,廿九号**　　晴

十二钟抵沪,入泰安栈,栈内几无空屋。夜作一山、玫伯各信,附诗。

**初八日,丁亥,三十号**　　晴

以章、王二函付邮。在寓竟日,颇不爽。夜始出街一走。

**初九日,戊子,七月一号**　　晴

清晨偕黄燕宾女眷诣邑庙一游,东园未开,仅至西园,购李鼎和笔数枝。

**初十日,己丑,二号**　　晴

**十一日,庚寅,三号**　　晴

黄燕宾去船局问船期。

**十二日，辛卯，四号**　　　晴

夜，彭儿自北京到，稍慰。陈毓陶来。

**十三日，壬辰，五号**　　　晴

彭儿偕燕宾诣万润泰。陈毓陶借去十元。

**十四日，癸巳，六号**　　　晴

九钟亲至万润泰取得元甡庄票，转向他铺取来汇款，另贴水一天，计吃亏五六十元之谱。吕文起新购一船，名宝铭，本日开。

**十五日，甲午，七号**　　　晴

午后上广济船，船极小，无可奈何。黄燕宾坐平安，同日开。

**十六日，乙未，八号**　　　晴

巳刻抵甬，停泊一日，夜三更始开。

**十七日，丙申，九号**　　　晴

发热，殊不适。过台州洋，风浪颠簸异常。夜泊口外。

**十八日，丁酉，十号**　　　晴

十钟抵瓯，秦婿荫涛率叶升出城来迓。即刻入寓，离家已两年矣。耳朵大痛，寒热并作。

**十九日，戊戌，十一号**　　　晴

章吉士约饮，不能去。

**二十日，己亥，十二号**　　　风雨

送各处人事。延医诊治。

**廿一日，庚子，十三号**　　　晴

耳痛益甚。陈毓陶以洋见还，并招饮，不能赴。

**廿二日，辛丑，十四号**　　　晴

诣西园女医诊治。陈叔咸来，不能起坐，招饮亦不能赴。

**廿三日，壬寅，十五号**　　　晴

陈毓陶赴杭。得王玫伯函并《默庵集》，云款未收到。即附回信，并函致南昌邮局，另以一函托程莲舫与邮局交涉。

廿四日，癸卯，十六号　　　晴

廿五日，甲辰，十七号　　　晴

廿六日，乙巳，十八号　　　晴

连日委顿不支。得七月七号启昆信，云款又领出百馀元，即答一函。

廿七日，丙午，十九号　　　晴

廿八日，丁未，二十号　　　晴

廿九日，戊申，廿一号　　　晴

三十日，己酉，廿二号　　　晴

耳痛稍止，闭塞不通。

# 六　月

初一日，庚戌，廿三号　　　晴

章吉士来略谈。

初二日，辛亥，廿四号　　　晴

普济进口。

初三日，壬子，廿五号　　　晴

程文焕来，盖随梅统自杭归也。

初四日，癸丑，廿六号　　　晴

连日暑热灼人，大不可耐。

初五日，甲寅，廿七号　　　晴

日光如火，几案、床榻皆热，为瓯江所未有。寒暑针高及百度，入夜亦不转凉。

**初六日，乙卯，廿八号**　　晴

晨起即热，流汗雨下，扇不停挥。大厦如斯，小家穷檐可想。阅《平等阁笔记》，于佛学殊有见地，诗话则所收尤杂，绝少佳篇。是日得诗三首。

**初七日，丙辰，廿九号**　　晴

**初八日，丁巳，三十号**　　晴

连日热甚，起居大不适。

**初九日，戊午，卅一号**　　晴

早凉，偶出门拜客数处，觉支不住，归即大惫。

**初十日，己未，八月一号**　　晴

发热竟日，殊不可耐。三更后始稍平。

**十一日，庚申，二号**　　晴

朱眉山来，不能接谈。

**十二日，辛酉，三号**　　晴，热极，大约在百度以上

方以智《物理小识》既不足施之实用，又不足以资博闻。不古不今，不雅不俗。其简涩处骤阅之几不能断句，引古处略无阐发，此书不足存也。重刊本讹舛叠出，如未尝校雠者，尤为可恨。《平等阁笔记》于佛理、画理皆有见地，较诗话为佳。

**十三日，壬戌，四号**　　晴，热甚

晤李庆三。

**十四日，癸亥，五号**　　晴

清晨拜客数处，晤者王雨亭、镇军。午后秦仲玉来。

**十五日，甲子，六号**　　阴

清晨又出拜客，晤余筱泉太史、王虎臣游戎及屈虞臣三人。王雨亭来，未遇。下午程、杨二人来谈。傍晚，雷作，微雨，入夜稍凉。

**十六日，乙丑，七号**　　阴晴不定

略检书箧。全椒马守愚字古虚，殚精术数堪舆之学，著《二五陈数启蒙》廿四卷，一名《儒门传家录》，又《素行居藏书目》十六卷，多收术家书。其子马征麟以学行有重名，为曾、李二相所器，《淡园文集》多经义，刻于光绪己丑八月，时在金陵主讲。

下午王辅臣来，杨伯畴逢春来。

**十七日，丙寅，八号**　　晴

杨小渔来，陈章平来。

**十八日，丁卯，九号**　　晴

清晨拜客三处，晤朱眉山，以《冒氏丛书》三册及《灵峰集》一册见示。梅统领来。

**十九日，戊辰，十号**　　晴

连日欲雨不雨，水泉枯竭。

**二十日，己巳，十一号**　　晴

发章一山信，寄青岛。拟定送册禀稿，并核定清册各款。下午雷作，飞雨数点。

**廿乙日，庚午，十二号**　　晴

道尹于本日到。

**廿二日，辛未，十三号**　　阴晴不定

邮局来八月五号启昆信，内附广昌咨文一角。夜飞雨几点。

**廿三日，壬申，十四号**　　晴

复启昆信，附抄稿一件，又附致吴仲约及彭筱圃信各一函。下午及夜小雨。

**廿四日，癸酉，十五号**　　晴

发王玫伯函。发杭州浙江公报馆函并洋两元，购报一季。昨日

地绅周仲明来,不知为何。发浙江巡按使屈禀一件,附清册一本,保险去。

**廿五日,甲戌,十六号**　　晴

清晨出门一走,流汗沾衣。

**廿六日,乙亥,十七号**　　晴,天又酷热

瑞安人李则民复来,即前充警官者。

**廿七日,丙子,十八号**　　晴,大热

清晨答诣周仲明,又诣梅统领,谈良久。发劳少林函,住京师参谋部隔壁酒醋胡同。

**廿八日,丁丑,十九号**　　晴

未刻赴梅统领处饮。下午飞雨数点。夜双门大街失火。

**廿九日,戊辰,二十号**　　晴,秋热不可当

# 七　月

**初一日,己卯,廿一号**　　晴,午后雷雨,一阵即止

得黄仲荃八月十三日复函及诗,并其太夫人《事略》,乞为《六十寿文》。潘念慈移居藩署内西公廨九十号,渠现署名为梓青,不知何时改。湖南益阳贡生姚炳奎字舸丞,所著《元合会通录》八卷,《山洋平洋会通录》十二卷,《地理辨正正解》不知卷数。《元合会通录》刻于光绪二十年,时年八十,最重赖盘即徽盘之十八层者。张九仪之《铅弹子砂水要诀》即《地理正义》,须觅原板大本,欲通《玉尺》、《催官》二书,非此不可。

**初二日,庚辰,廿二号**　　晴

秋暑益甚。

**初三日,辛巳,廿三号**　　晴

为黄仲荃构寿文,并成两诗。

**初四日,壬午,廿四号**　　晴,热甚

井水已竭,望雨极殷。

**初五日,癸未,廿五号**　　晴

发仲荃信,附去诗文稿件。

**初六日,甲申,廿六号**　　晴

阅叶九升《罗经解》一册,姚氏说悉本于此,纪说亦多采之。亦有胜纪处,盖蒋书未出之前,此学集旧说之大成也。

得玫伯函,款已收到。

**初七日,乙酉,廿七号**　　晴

程文焕来谈。

蜀局刻岳本《五经》,苏局刻《左传读本》,当补购。戴子高《论语注》,焦循《孟子正义》,黄式三《论语后案》皆不可少。黄书浙局有之,《韩文测蠡》、《韩文考异》,苏局仿东雅堂本,三者必得其一。

**初八日,丙戌,廿八号**　　雨,旋晴

昨夜雨竟夕。

**初九日,丁亥,廿九号**　　晴,下午雨一阵

以对联邮寄遂安。

**初十日,戊子,三十号**　　晴阴不定

以屏对、扇交信局寄瑞安李则民。以旧书五册交文华堂店东周笛秋装治。

检阅《夏小正注》,五家为宗:傅崧卿、近人梁章钜、顾凤藻、朱骏声、马麟征,合以孔广森凡六家。拟采其精华,别刊一集,亦巨观也。据重刻傅本李滨《跋》谓"国朝治《小正》者四十馀家",惜未详其人

与书也。道光间高安朱文端、孙芷汀孝廉舣有注四卷,未见。朱极博雅。《月令》及《周书》中《时月》、《时训》两篇与《管子》中所言月令事均应采附。

戴子高《论语注》大为张文虎所讥。刘才甫文,包安吴谓其"极事修饰而乏精华",曾文正则极称其才气,管缄若又绝重其诗,谓"朝野诸公无及之者"。

皖人程鸿诏著有《恒心斋集》,中有《夏小正》一种,程官江南知府,咸同间人,工骈文。

朱眉山来。得九铭函。午后、入夜时有小雨。

**十一日,己丑,卅一号**　　阴晴不定

王聘珍《大戴礼注》,粤局刻本。得六月廿八日章一山来信。

孙星衍校《夏小正》刻入《岱南阁》,又另刻巾箱本。毕沅《考经》一卷,经训堂本。洪震煊《夏小正疏义》四卷附《释音异字记》,传经堂本,学海堂本。顾凤藻《夏小正》四卷、《校录》一卷、《集解》四卷,士礼居本。王筠《夏小正正义》□①卷,鄂宰四种本。右皆收入《书目答问》。

朱彬《礼记训纂》四十九卷,《易学象数论》,广雅书局有之。

**十二日,庚寅,九月一号**　　阴,旋雨

得章一山青岛书及诗十绝。

**十三日,辛卯,二号**　　大雨数阵,时逗日光

**十四日,壬辰,三号**　　阴晴不定

写就劳少林信,托其代送郭春榆侍郎六十寿礼,渠京寓在酒醋胡同参谋部隔壁。

---

① "□"应为"四",见《清史稿》一百四十五《艺文志》《礼》类《大戴礼》之属。

**十五日,癸巳,四号**　　　晴

**十六日,甲午,五号**　　　雨时作时止

移书案于楼上。诣医院。

**十七日,乙未,六号**　　　晴雨相间

午后诣医院。下午雨,东风大作。

**十八日,丙申,七号**　　　雨

东南风作,日夜不止,水入街市。

**十九日,丁酉,八号**　　　雨

东南风盛,水已及门。闻小南门一带水高至肩项,人虞水灾。下午,风稍杀,雨未歇。

**二十日,戊戌,九号**　　　晴

水渐退,天气佳。彭儿入都,二更上普济船,带去郭、劳及九铭信件,同行者七八人。闻梅统领被匪困于缙云,毙二十馀勇,以营盘被劫也。得启昆信。

**廿一日,己亥,十号**　　　晴

南风颇厉,轮船午刻始开。

**廿二日,庚子,十一号**　　　晴

王雨亭来谈。下午诣隔壁汪松泉画士一谈。

**廿三日,辛丑,十二号**　　　晴

诣程文焕一坐。连日诣医院。下午乐清人黄式琳伯荃、张侯佐次镠来。张在永嘉署,黄为仲荃兄,并出仲荃函索《寿序》。

**廿四日,壬寅,十三号**　　　晴

**廿五日,癸卯,十四号**　　　晴

得黄仲荃函并和诗。汪松泉来。

**廿六日,甲辰,十五号**　　　晴

答候黄、张二君,均未面。诣张志澂,亦未晤。

**廿七日,乙巳,十六号**　晴

**廿八日,丙午,十七号**　晴

张志澂锡勋来。诣杨小渔一坐。为拟寿郭侍郎联两付。普济进口,新任知事到。

总统生辰,道署连日演戏,弁勇亦上台。

**廿九日,丁未,十八号**　晴

邮局来廿三日彭儿沪信,云廿五日附招商局船□□赴津,同行五人。又寄来笔四枝。诣王雨亭谈,秦仲玉亦至。王虎臣来,未面及。

**三十日,戊申,十九号**　晴

沪上寄来湖笔四枝。诣郭知事,未面,与吕文起略谈。诣王麻子。

# 八　月

**初一日,己酉,二十号**　晴

诣王虎臣。夜赴章吉士饮。

**初二日,庚戌,廿一号**　阴,微雨

诣徐班侯处拜寿。吕文起来,谈及秦荫涛事,云拟派入新组织之人寿保险公司,果尔良佳,但未敢信也。发瓯字壹号京信。

**初三日,辛亥,廿二号**　阴

下午闽人刘蓉洲、陈章平同来。刘本任松阳县,现充瑞安课员。传瑞知事林君钟琪意欲延往主持政务,力辞之,并偕刘诣秦仲玉,拟举以自代。

**初四日,壬子,廿三号**　晴

郭南云来。闽人吴宝琛号芗雅者来,即吴世德子也,现充海关录事。

**初五日,癸丑,廿四号** 阴晴不定

诣李大昌,未面。夜雨。杨俊臣自瑞安来,又谈馆事,复峻却之。

**初六日,甲寅,廿五号** 雨

答候刘、吴,刘已去,吴外出。邮局来七月三十日彭儿天津明信片,云六点钟到津。又来熊韫石七月十九宁都函。傍晚得瑞安署刘蓉洲函,云秦仲玉局面已定,即以原函示秦。

**初七日,乙卯,廿六号** 阴

秦仲玉来,云初十日去。发刘蓉洲回信。发启昆信,促其寄款寄书。

直隶霸县知事刘鼎锡赃案讯实,九月十七号枪毙。新章办法,此其开端,但未知于王治馨何如。山东掖县知事冯某以日兵临境,携眷先逃。《时报》十七、十八两日登有《封港要义》两篇。《清宫二年纪》,德菱撰;《慈禧外纪》,中华书局出售,皆外人记中国事者。《秋星阁笔记》。

**初八日,丙辰,廿七号** 晴

王麻子来。得瑞安杨俊臣信,为秦仲玉事,即答一函,告以行期。傍晚,邮局来劳少林信,云硕卿带去函件均收到。信系廿二号所发,而彭儿到京之信尚未来也。诣郭南云,未面。诣朱眉山略谈。

**初九日,丁巳,廿八号** 晴

陈章平来,代郭南云请代拟陈君寿诗,辞之不获,姑为作七律一首。

**初十日,戊午,廿九号** 晴

王辅臣来。出街,在支那书店买书三种。

**十一日,己未,三十号**　　晴

阅《韩诗外传》,多半出于《荀子》。

**十二日,庚申,十月一号**　　晴

连日天气凉爽,入夜月色尤佳。邮局来八月初二日彭儿京字元号信。

**十三日,辛酉,二号**　　晴

发瓯字二号信,答彭儿。诣郭、程、杨、章一坐。

**十四日,壬戌,三号**　　晴

得诗四首。夜月色大佳。

**十五日,癸亥,四号**　　晴。中秋节

午后率孙辈四人上街一玩,并诣曾氏花园。夜又得诗三章。

**十六日,甲子,五号**　　雨

夜诣朱眉山饮。归,得七律一首。

**十七日,乙丑,六号**　　晴

连日覆阅《癸巳存稿》

**十八日,丙寅,七号**　　晴

午后诣王辅臣,未晤,乃郎拉往陈君仙槎处一坐。陈善谈相,兼懂堪舆。

**十九日,丁卯,八号**　　晴

广济进口,得八月十五日彭儿京字二号信。劳少林现住刘蓝塑胡同。

**二十日,戊辰,九号**　　晴

午后诣谢秋圃一坐。程文焕来,未面。

**廿一日,己巳,十号**　　晴

诣席善夫,未面。

**廿二日,庚午,十一号**　　晴

高祝三、王辅臣来。

**廿三日,辛未,十二号**　　晴

发瓯字第三号京信。发启昆明信片。重定拟刻丛书,皆秘笈。秦婿继武附广济赴沪。梅统领来。

**廿四日,壬申,十三号**　　阴

检阅旧抄各件及丛残手稿。

**廿五日,癸酉,十四号**　　阴雨

**廿六日,甲戌,十五号**　　晴

邮局来中秋日启昆信,已移寓带子巷黄森和棉花夏布行。

**廿七日,乙亥,十六号**　　晴。连日天暖

**廿八日,丙子,十七号**　　晴

朱眉山来。信局来瑞安林知事函。

**廿九日,丁丑,十八号**　　晴

答林宝馨信。王辅臣来。

# 九　月

**初一日,戊寅,十九号**　　晴

得诗二首。发启昆信①。

**初三日,庚辰,廿一号**　　雨

阅吴炽昌《客窗闲话》,亦有可采。

**初四日,辛巳,廿二号**　　阴

邮局来十月十四号启昆信。夜诣秦仲玉饮。渠因母病,电促明

---

① 下文底本原缺初二日己卯。

日回洞庭山。

**初五日,壬午,廿三号**　　　阴

得荫涛来片并信,云事已有成,现暂住谦泰客栈,公司总理为黄少泉,云吕将赴杭。午后诣县署拜郭步銮、刘次饶二君,未面。诣朱眉山一谈。又诣梅统领,荐沈福。得七绝四首。

**初六日,癸未,廿四号**　　　晴

陈毓陶来。荫涛又来一明信片,云移入上海泗泾路华侨合众水火保险公司。

**初七日,甲申,廿五号**　　　阴

**初八日,乙酉,廿六号**　　　晴,天气骤暖

得七律二首。邮局来八月廿九京字三号信,又十月十八号九铭信,郭小鹿住东城大取灯胡同。发瓯字四号京信,又发秦婿回信。

商务印书馆石印《宋诗钞》四十册,定价白纸十元,预约七元;毛边七元,预约五元。《清代野史》三册,五角。

王治馨于廿三夜半枪毙,尚有前甘肃民政长张炳华卖缺案发审,江西财政厅长王纯卖差案正在委查,山东关监督安茂寅以短税四成饬巡按使拿讯,广东枪毙卸任连平知事。

**初九日,丙戌,廿七号**　　　晴,暖甚

不能登高。

**初十日,丁亥,廿八号**　　　晴

王元臣名勋阁来,即雨亭之子,现充永嘉署承审员。

**十一日,戊子,廿九号**　　　晴

答诣陈毓陶,未面,与乃翁及陈章平略谈。诣王虎臣。

**十二日,己丑,三十号**　　　晴

陈叔咸招饮,闻统领今夜赴南溪。得程莲舫南昌回信。

**十三日，庚寅，卅一号　　　晴**

发王玫伯信，附去《诗集》三本。答诣王元臣，闻代知事下乡，与乃翁一谈。诣高祝三。

**十四日，辛卯，十一月一号　　　晴**

朱眉山第二子仲衡娶室，诣贺，在彼竟日。上海棋盘街周虎臣店湖笔闻颇佳。二更回寓。

**十五日，壬辰，二号　　　阴，下午大雷雨，势极猛烈**

**十六日，癸巳，三号　　　晴**

发彭儿、九铭各明信片，附《诗集》两部。发褚九云信一函，《诗》一部；黄仲荃片一纸，《诗》两部。胡榕村大令调元来谈，赠《补学斋诗文钞》各一册。夜成七律二首。

**十七日，甲午，四号　　　阴**

清晨答诣胡君，赠以《诗集》一部，并送洪博卿、洪莱仙各一部。发瓯字五号信。

**十八日，乙未，五号　　　晴**

清晨诣陈墨农、胡榕村、朱眉山处一谈，在胡处遇瑞安人许翼仙，即前在赣者。发六号京信，又王、褚、黄三函。下午偕谢秋圃出街一走。

得四号京信，知彭儿已兼一教英文、汉文馆，月脩十五元。馆东为闽人李景铭，字石芝，任财政部赋税司司长兼任税务处帮办。学生二人，馆寓在正阳门外西柳树胡同，九月初九上课，距校五六里。又发第七号京信。

**十九日，丙申，六号　　　晴**

清晨诣许、刘、陈三处，只许处一晤。陈墨农来。池仲鳞来，并赠伊所撰文两册。

**二十日,丁酉,七号**　　晴

午刻王雨亭招饮。答诣池君,未面。

**廿乙日,戊戌,八号**　　晴

午后诣王辅臣,未面。黄昏闻闭城之说,盖匪氛迫近也。诣高祝三一坐。

**廿二日,己亥,九号**　　阴

各城门均闭,道尹、县知事纷纷巡城。

**廿三日,庚子,十号**　　阴

午后程文焕来。傍晚省兵五百到西门外,匪谋纵火,居民多入船避之。

**廿四日,辛丑,十一号**　　晴

发杭州潘梓青信。李庆三来。

**廿五日,壬寅,十二号**　　晴

**廿六日,癸卯,十三号**　　阴雨

偕李庆三至康乐坊看屋。得王玫伯复函,诗册收到。云章一山已回海游。发一山信,附《集》一部去。黄燕宾自台州来,云住海门西城内石公庙巷。夜雨。报登青岛于七号陷落。

**廿七日,甲辰,十四号**　　阴雨

黄君夜潮附原船去。

**廿八日,乙巳,十五号**　　晴

发瓯字八号京信。

**廿九日,丙午,十六号**　　晴

得京字五号信,九月二十日所发。又得廿二日荫涛上海信。无秩序之平等,无界说之自由。许一山炳藜来。

# 十 月

**初一日，丁未，十七号** 　晴

午后诣书坊一看。以《诗集》送杨园及隔壁汪画史，又陈子万孝廉。

**初二日，戊申，十八号** 　晴

诣李庆山，未晤。至杨园看花，遇杨伯畴，谈良久。回寓，成四绝句。

以《诗》一部送伯畴。下午汪香泉、叶仲诜两君来。叶宅多藏书及字画，并有菊百种，与曾姓酒店、杨园鼎峙，索去《诗集》一部。诣高祝三一坐。

**初三日，己酉，十九号** 　阴

**初四日，庚戌，二十号** 　雨

得褚九云复书，又启昆十号来信，又潘念慈信。许亦仙招饮醉乡楼。汪香泉来谈。以《诗集》送陈、余、周三人。

**初五日，辛亥，廿一号** 　晴

午后偕汪香泉诣曾森顺酒坊及三牌坊叶家看菊，各有数百盆，异种颇多，洵巨观也。叶君仲诜不在彼，未得纵观书画。夜成五古一首。

**初六日，壬子，廿二号** 　阴寒，可御裘

发褚九云及启昆信。

**初七日，癸丑，廿三号** 　雨

张选青焕绅来。邮局来黄仲荃回信并诗稿，又来黄燕宾信。夜诣郭南云。

**初八日，甲寅，廿四号**　　　晴

张选青来。午后程、杨二人来，偕往各处一走，夜饭后归。陈子万来，未面。送郭、王《诗集》各一部。陈雅堂来。

**初九日，乙卯，廿五号**　　　晴

午后偕陈叔咸看屋三处。诣前街林丛兰新居一坐，林即祥记店东，买得浮沚旧基建屋，故亦号"浮沚"。有三子，次曰襟宇，好吟咏而不佳。即日游学美国。

阅报，知宋育仁以上书请复辟枪毙。劳乃宣著《共和解释》，经前清恭王请究问，与王闿运均将不免。肃政史夏寿康呈请严禁。

**初十日，丙辰，廿六号**　　　晴

杨园主人招饮赏菊。

**十一日，丁巳，廿七号**　　　晴

邮局来十月初二日京字六号信，又明信片。发九号信。王哨官来，即王荫长统领子也。又以《诗》两部送杨园，送林襟宇、屈虞臣各一部。诣陈子万一谈。

**十二日，戊午，廿八号**　　　晴

清晨答诣陈雅堂，乃祖子周大令宗器年六十九，现居莆田之屏山，距城十三四里。雅堂常附建昌轮船回莆，据云一日夜即抵兴化，船赀不过四元馀。该轮由甬而瓯，装货至闽之兴化、泉州、厦门一带，每二十天行一次，不过上海。

又诣高祝山一谈。陈子万来，未晤。发一明信片致秦婿，寄上海泗泾路华侨合众保险公司，嘱其向周虎臣笔店索笔单。

**十三日，己未，廿九号**　　　晴

林襟宇来。

**十四日，庚申，三十号**　　　晴

上海二马路萃文书局书估朱甸城来，买去书两部。朱，南京人，系文华堂带来。

张楚宝之封翁所刻《本草纲目》四十八本，极佳，价约十元。石印之《守山阁丛书》售价约三十元。

# 民国四年乙卯(1915)

## 十二月

**初一日,辛丑,一月五号**　　晴

**初二日,壬寅,六**　　阴,微雨,寒

发章一山信,附文一篇。

吾于作字,生平历三境焉。始误于悬腕之说,一误十馀年。虽小楷亦以悬腕出之,自以为能,久久乃悟其失。盖腕悬则力易蹶,字求速成,结体不坚,运笔皆剽。改而伏腕,腕伏稍定而指犹僵,挥毫时用指运者少,用腕运者多,又久之始能运力于指间,使转自如,合于欧公所云"指运而腕不知之"一语。及弄笔之二字,盖执管不松断不能活,不活断不能圆。小技片长,得诀不易如此。若不知弄笔之诀而徒用力,是马已背驰而更加鞭,去之愈远矣。吾觉悟虽晚,犹胜于终身不悟与行之而不知其道者,聊记于此①。

有人传一治脚肿方:用闽糖、绍酒炖热,冲生鳖血服,云极验。

**初三日,癸卯,七**　　阴雨竟日

得九铭信,又黄燕宾十二②月三十日来信,去信均未到。

---

① "吾于作字"等底本用朱笔勾画,意欲删去,下文有勾画处文字均用楷体字。

② "二",疑为"一"。

**初四日,甲辰,八**　　雨

发黄燕宾复函。得七律两首,殊佳。因事与冒监督小有冲突。

**初五日,乙巳,九**　　雨

诣申报馆,定明年。看《新闻报》。诣杨小渔,消寒会。得念慈信,云暂不来。得十一月廿八日卅六号京信,云去信收至卅六号。夜写卅八号京信。

**初六日,丙午,十**　　阴

发卅八号京信。午后因牍稿讹错一字,监督下条罚薪,辩论冲突,辞职。下午由张华甫交来本月十天薪俸十六元六角六分七厘,四年分公债票五十一元,九扣洋四十五元。又保证金、公债票五十一元,六七折三十三元五角,共合九十五元乙角六分七厘。计在署七个月另十天,以诗相知,以文结怨,亦出意表。

**初七日,丁未,十一**　　晴,天寒

**初八日,戊申,十二**　　晴,寒

朱广文来。下午王录事来。报登元旦朝贺,分十四班,只黎黄陂、徐东海留膳。陈宝琛、伊坦布均赏给一等嘉禾章,系前数日事。

**初九日,己酉,十三**　　晴

**初十日,庚戌,十四**　　晴

阅《辍耕录》竟。

**十一日,辛亥,十五**　　晴

复阅《草木子》及《泊宅篇》。

**十二日,壬子,十六**　　晴

得念慈信。夜得吴慧公复函,嘱代鲁安调查永嘉统捐事,并保荐约用司巡。

**十三日,癸丑,十七**　　晴

清晨诣杨敏夫。午刻诣冯箴西。消寒会会散,同诣黄子芬命馆,又诣第一楼。

**十四日,甲寅,十八**　　晴

诣谢秋圃处,而谢墨如亦来。得章一山回书。又褚石桥寄来《故步集》,嘱为订正。发吴慧公信,双挂号去,明早船开。杨伯畴来,诣邱梅溪命馆。

**十五日,乙卯,十九**　　晴

诣黄子芬处。午后诣宋奉莪一谈。

**十六日,丙辰,廿日**　　晴

诣陈雅堂,携来破烂不完书两种。

**十七日,丁巳,廿一**　　晴

检点残书。

**十八日,戊午,廿二**　　阴

是日内子肝气陡发,几濒于危。

**十九日,己未,廿三**　　雪,寒甚

柯呦苹处消寒值会。

**二十日,庚申,廿四**　　晴,冻

得十二月十三日卅七号京信。又秦荫涛台州信。王辅臣送来橘子、山药。

**廿一日,辛酉,廿五**　　晴

发卅九号京信。华报登,总统府内破获一案,搜出炸弹多枚,牵连百馀人,可云胆大极矣。

诣水上警察陈谱孙常益,未晤。答诣周绅仲明,亦未面。诣二王处一谈。陈旋来答拜。

**廿二日,壬戌,廿六**　　阴

甘时望《五种秘窍》详于选择,九宫吊替立成,颇明白。解罗经不外旧说。

咸丰三年癸丑二月十四日酉时,十二日丁亥春分,日在室十度,月在星二度,寅巳。木尾十度,火危十八度,金危十六度,土胃初度,水壁十二度,孛胃六度,罗尾九度,计参初度,气井九度,立命午宫。

瑞安交代案:函牍簿据并为两包,民记款案另为一包。

**廿三日,癸亥,廿七　　晴**

陈雅堂送经折来,《六壬》书颇多,佳者绝少。如坊本张纯照之《寻源》、刘赤江之《粹言》各四册,均可取。能熟此二书,于斯术思过半矣,须觅旧刻置案头。月将过宫,应考俞理初说,见于代杨侯所定之《六壬》书。

**廿四日,甲子,廿八　　晴**

覆阅《香祖笔记》。

**廿五日,乙丑,廿九　　晴**

得汪香泉复信,云借款年内先还一半。

**廿六日,丙寅,三十　　晴**

**廿七日,丁卯,卅一　　阴**

陈芝人处值会。闻杨敏夫说,统捐委吴启璋,已得电。冯箴西、郭弼丞来。

**廿八日,戊辰,二月一号　　晴**

清晨诣王辅臣一谈。杨、屈二人来,未晤。午后屈又来,为伊子交条。下午黄漪菉、王辅臣各交一条来。成《小除》五律两首。发处州李祥即胡凤衍函。

**廿九日,己巳,二号　　阴**

陈雅堂处付来利钱十元。下午,向汪处索款,仅来十元。其言屡食,殊为可恨。除夜成七律两首。

# 民国五年丙辰(1916)

## 正 月

**初一日,庚午,三号**　　阴。元旦

阅《六壬粹言》,大有悟入,惜坊本漫漶,不复足观,《寻源》亦然。熟此两书,已尽其技,恨年衰,不能致力。出街一走。陈、陈、王、屈、童、王、郭、杨来。

**初二日,辛未,四号**　　阴,微雨

得吴慧公旧腊廿六信。诣杨敏夫,未面。水上警察长陈谱孙来。

**初三日,壬申,五**　　阴,连日暖甚

普济船到。得十二月廿七日三十九号京信。诣陈、余、陈、朱、朱、吕、陈数处。旬馀未见报纸,殊闷闷。

**初四日,癸酉,六**　　阴,微雨

两诣道署及王麻子,集杨敏夫寓。闻冯说电报事。朱、王二人来。

**初五日,甲戌,七**　　阴,稍寒

诣冯、谢、屈、陈等处。午后出门,雨作而回。

**初六日,乙亥,八**　　阴

答诣王、童,又诣王、钱、杨、黄四处,多未晤。陈叔咸交条子来,施、郭二人来。

**初七日,丙子,九**　　阴寒

发第一号京信。下午答诣施、郭,施已行,与郭恕斋一谈。得念慈信,云拟赴鄂一走。

**初八日,丁丑,十**　　晴,天气大佳

杨敏夫来。得正月二日第一号京信。

**初九日,戊寅,十一**　　晴

杨敏夫来,云部派员陈君已到。郭恕斋来。宜黄人吴朴字立妙者来,云与吴鲁安弟兄辈,与樵孙为中表,盖来调查统捐事。午后答诣吴某,未遇。诣陈雅堂处一谈。夜又诣吴,并诣杨敏夫。

**初十日,己卯,十二**　　阴

发王子澂信,附诗钟规条。

**十一日,庚辰,十三**　　晴

郭假陈处集会。下午胡榕村大令来。戴立夫统领来,为乃弟馆事。

**十二日,辛巳,十四**　　晴

屈虞臣来。午后答诣胡榕村,并诣谢宅。下午吴立妙来。陈子万来。得二月八日九铭信,内附吴信。

连日覆阅《元合会通录》。此书极平允通简,所采各诀皆必不可少者,解释赖盘、蒋盘极透,蒋之换星亦得其秘,信为理气纲领之书,读纪氏书更不可不读此书,惜《辨正》、《正解》未之见。

《紫白赋》先后天八卦断验及辅星断验均勿轻视,皆术家真传。纪亦极重辅星,天定卦、天父地母卦、五鬼、辅星、换星、源流变异,如数家珍,透地、穿山、分金、分经、三七、二八之类均明析。换星之说,言人人殊,刊本、钞本已数十家,无如此说之确,不得此坤壬乙巨门从头出一节,总不能了然也。三卦之说,吾已得之,无事再求,此编亦罕及之,或在《辨正》解内。

黄通甫来。

**十三日,壬午,十五**　　　晴

杨小渔来。

**十四日,癸未,十六**　　　阴,微雨

发郭啸麓函,附诗两首。李庆三来。陈毓陶来。

**十五日,甲申,十七**　　　阴寒

阅姚承舆《阴阳宅正宗》一册,虽简括,尚不及《元合会通录》。姚氏《择吉会要》一书亦佳,其《阴阳指正》四卷,似即《正宗》。沈氏《通德类情》及坊刻本《金光斗临经》皆可传,但苦无佳印原本耳。

朱晓崖大令来。得黄楚卿、刘次饶回信及章一山信。章索诗,附去岁尾近作并《无题》作,即答一函。诸公多赴蒲州看大龙。答诣毓陶,未见。

**十六日,乙酉,十八**　　　雨

瑞安林知事来,谈部派员报告关局事,并属拟送人寿对。午后答诣林,遇陈、叶、陈三君。又与吴立妙略谈。诣朱晓崖饮。诣秦仲玉。

**十七日,丙戌,十九**　　　雨

发刘次饶信。

**十八日,丁亥,二十**　　　雨

陈圃孙处会集。模范小学开校。

**十九日,戊子,廿一**　　　晴

撰书寿联,送瑞安薛同老翁双寿,交林宝馨带去。陈、杨、冯来。王辅臣来。

《张宗道地理全书》九分峦头、一分理气,平正详实,绝无一语欺人,惟平洋及水龙坐空朝满之说未之及,须以幕讲杜陵之书补之。

**二十日,己丑,廿二**　　　阴

以函致陈雅堂,嘱其归款。渠旋来。

**廿一日，庚寅，廿三** 阴

交诗钟卷。

**廿二日，辛卯，廿四** 雨

由柯处交来第一门卷约千馀分。午后许乙仙来，为熊韫石说项。得正月十六日二号京信。又刘次饶信。

**廿三日，壬辰，廿五** 阴

发二号京信，详叙一切。统捐局长吴鲁安到，朱晓崖托交冬子。下午诣鲁安，谈良①，所来名条一概交讫。夜雨。

**廿四日，癸巳，廿六** 阴

求荐者多来问信，殊可厌。午后吴鲁安来，稍顷，吴立妙亦来。晡时胡榕村来。诣天后宫。发诗钟榜，观者如山，为瓯江向来所无。十一钟散。

**廿五日，甲午，廿七** 阴

清晨诣席、王两处。至天后宫支取诗钟赠品。午刻至陈章民处拜寿，至夜始回。

**廿六日，乙未，廿八** 阴

午刻宴吴鲁安、吴立妙、陈、胡、朱、黄、杨、陈诸人，宋未到。得章一山函。

**廿七日，丙申，廿九** 晴

天色大佳。午刻诣吴鲁安处一谈。许乙仙来，为徐班侯转托林姓事。又诣吴一谈。黄漪蓘来。

**廿八日，丁酉，三月一号** 晴

发不列号京信乙函并洋乙百元，托陈章民带京，据云三十日上

---

① "良"下疑脱"久"字。

船。李、王二人来谈。得吴立妙回信,云秦荫涛派西门分局,即发一信寄台州。得林、秦二君函及代购《墨商》一部两本,九角,即分答之,并寄缴课卷,附答姚次言一函,由局去。朱小崖来。

鼓楼下厝泰钱庄汇洋至京,每百元费二元,至多三元。

**廿九日,戊戌,二号**　晴

发第三号京信。发章一山函。

**三十日,己亥,三号**　阴

清晨赴平阳,四句钟时到。

# 二　月

**初一日,庚子,四**　阴寒

志事纷糅殊甚,姑任"经籍"一门,着手编排。

**初二日,辛丑,五**　阴

经籍编录拟定大体,属书记缮写。

**初三日,壬寅,六**　微雨,甚寒

粗阅《图书集成目录》。王、刘、鲍诸君均他去。

**初四日,癸卯,七**　雨,冷

阅《湖海文传》,多可取者,征实之文大半诂经。

**初五日,甲辰,八**　雨竟日不已

**初六日,乙巳,九**　雨止,入夜又作

发家书,取眼镜。

**初七日,丙午,十**　雨

发第四号京信。刘次饶到局。

**初八日,丁未,十一**　阴

清晨诣县知事,未晤。午后来拜。

《图书集成》所收《景祐遁甲符应经纂》即家藏抄元《奇门元览》内所有者,是无甚秘妙。《烟波钓叟歌解》上下两卷,即池本理注,坊刻名《五总龟》。六壬《金匮》、《龙首》二经,虽系古书,别无秘奥,以入用论,不如坊行之《粹言寻源》,至《毕法》则太烦。观此数书,足悟泥古之失。

**初九日,戊申,十二**　　　阴

抄书数叶。

**初十日,己酉,十三**　　　阴,午后雨

王志澂回局。阅《西湖游览志》。

**十一日,庚戌,十四**　　　阴,下午雨

得家中书及眼镜、小菜。

**十二日,辛亥,十五**　　　阴,寒甚

阅《齐东野语》、《癸辛杂识》两书,《杂识》较胜。

**十三日,壬子,十六**　　　阴

借得《稗海》,可资翻阅。

**十四日,癸丑,十七**　　　阴

得家信,知荫涛一时未能来。夜黄枚生宴于局内。雨,天寒,免得出门,亦殊便也。

**十五日,甲寅,十八**　　　阴

发家信,嘱寄报纸。

**十六日,乙卯,十九**　　　雨

《石林燕语》详于宋朝官制,读史之助良多。

**十七日,丙辰,二十**　　　阴

寓中寄来报纸一束。午后雨彻夜。

**十八日,丁巳,廿一**　　　雨

小不适意。王楙《野客丛书》多采古事相类者比而论之,略与史

论同,而笔力透彻。

**十九日,戊午,廿二**　　阴

**二十日,己未,廿三**　　晴

清晨诣县署及浦南。午后偕次饶出东门,诣黄、姜二君一谈。魏泰《东轩笔录》三卷皆要。

**廿一日,庚申,廿四**　　晴

得十五日第四号京信。陈章平尚未到都。又收到报纸一束。发郡寓信,附致陈伊志一函。

**廿二日,辛酉,廿五**　　晴

同诸公赴钱仓,陆行五里至浦南,上船水行廿馀里始到。在一学校午饭,饭后诸公登山,吾以足弱未去。三钟后,雇轿先回,到已上灯,颇不适意。得瑞安林知事回函。

**廿三日,壬戌,廿六**　　晴

午后答诣张毅夫,已改名靖。并诣张知事。又诣蔡笑秋一谈,出示近日画幅。乃翁声甫讷于语言。

**廿四日,癸亥,廿七**　　阴

午后,出北门一散步。下午微雨。

**廿五日,甲子,廿八**　　晴

清晨为同人写屏对十馀件。得十七日五号京信,云陈章民尚未到。即发郡信,邮局去,并附第五号京信,汇洋五十元去济用。

**廿六日,乙丑,廿九**　　晴

午后偕刘、鲍二君出西门一走。有一包姓洋楼,略坐。得寓中信,附来陈伊志一函,并诗钟印本五册。又高稚舲、锦甫昆仲来信。发第六号京信,告以陈章民尚在沪。阅报,见廿二日命令,取消帝制及洪宪年号,仍以本年为民国五年。徐世昌为国务卿,段祺瑞为参谋总长。

**廿七日,丙寅,三十**　　雨

**廿八日,丁卯,三十一**　　雨

发陶石泉大令函,为高稚舲绍介。并复高函,均付邮。

**廿九日,戊辰,四月一号**　　阴

得寓中信及报纸,即答一函。

**三十日,己巳,二号**　　晴

得寓中信,附来六号京信。又黄通甫自镇海来信。杨子恺、游越生来。

# 三　月

**初一日,庚午,三号**　　雨止

刘、夏二人回去,鲍前两日去,周前五日去。《云溪友议》多唐诗本事。

**初二日,辛未,四号**　　阴

王志澂回去。有蒲门人林、郑二君介郑梓怀来见,乞字。云该地去此百六十里,中过大岭三道,极险峻,距闽之沙埕只三十里,福鼎县属也。由县城赴蒲门须过古鳌头、赤溪,到赤溪约半程,来彳均饭于彼。过赤溪后止岭一道,据此,则赤溪亦不好走也。由古鳌头大路赴沙埕路稍远而平,无山岭。由沙埕附轮船至闽省止须九角云云。得二月廿四日六号京信,云陈章民带去洋信已于廿三收到。由会计处送来本年三月份脩洋伍拾元,除扣伙食大洋六元七角外,实收四十三元又小洋十角、钱三十文。给以收条一纸。

**初三日,壬申,五**　　晴

游越生约赴伊宅,在西门外,傍山而居。至则杨子恺先在。顷之黄枚生亦至,又来一阮伯陶慕咸。小饮后诣阮宅,观诸僮演连环阵戏,约三十馀人,所演刀叉棍牌,盖绿营旧法也。据云某帅校阅时,温处两府以平阳为最,故至今传习。又诣大街一走。是日城隍出巡,装演鬼役犯人颇多,台阁亦不少,沿街张幔悬灯,大似郡垣拦街福光景。阮亦住西门,十年前曾在江西、江苏充管带、统领,盖军界中人。现居浙将军参谋。得寓信,只京都收洋一信,无别话。《神州国光集》全套各年买齐,只须廿四元,比定价减多,游君所说。

**初四日,癸酉,六**　　晴

成《清明纪游》七古一首。为游越生撰乃翁志庵六十寿序一篇。与同事陶瓯群出街一走。下午寓中寄来报纸、腊肉。王子澂到局。

**初五日,甲戌,七**　　晴

发寓信,内附致陈伊志一函。午后得陈伊志来信,以其太夫人冥寿索诗,寄来事略一纸,又七律四首。下午偕诸公诣西门外郑梓怀宅看连环阵会。夜又出南门看烟火。刘、鲍二君来局。

**初六日,乙亥,八**　　晴

发陈伊志函,附诗八首。夜饮于黄宅。

**初七日,丙子,九**　　晴

写屏对多件。为人撰观音堂联云:"随地慈云依紫竹;诸天甘露现青莲。"又得两句云:"烦恼众生登乐国;慈悲我佛出灵山。"夜三鼓雨。

淫书《双梅影》、《房中奇术》,湘教育会长请愿代表叶德辉所撰,在京出售,内部示禁。

**初八日,丁丑,十**　　雨,旋止

得《纪事》七律四首。

**初九日,戊寅,十一**　　阴雨

由姜绅处借来廿三至廿九《时事新报》一看,康函、岑文及袁世彤家信均在焉，世彤，袁六也。

大典筹备处所需二千馀万元，檀香龙座一架四十万，御用袜一双六十元。处长顾鳌。黄文魁笔店在大街。商浚《稗海》所收书七十一种，分十函，脱简讹字极多，且任意删削，惟字大悦目耳。夏克庵所藏只五十九本，缺六七种。

**初十日，己卯，十二　　阴**

得寓信，附来三月初三日第七号京信，知邮汇一款尚未到。华报现不能邮寄。

发七号京信，又寓信，内附致谢秋圃函、《申报》馆条。

**十一日，庚辰，十三　　晴**

杨琏真伽发宋陵事，《元史》不纪，仅《世祖本纪》至元二十一年九月丙申，"以江南总摄杨琏真加发宋陵冢，所收金银宝器修天衣寺"一语。元人笔记习见者只《辍耕录》、《七修类稿》等，欲求他书，当考补《元史·艺文志》。

《天岳山馆文集》选本一册，《庸盦笔记》一册，均在刘次饶处。

局内书记四人：苏达夫、王子久、陶铸民、郭□□。

黄萃新广货店双料貂毫笔每角两枝，尚可用。王志澂到局，带来甘蔗三十根。夜雨。

**十二日，辛巳，十四　　风**

夜交来脩洋五十元。传闻杭、甬各地风声甚紧。二更大雷雨。

**十三日，壬午，十五　　雨止，忽日忽阴**

买舟行，四钟到郡，郡中已于昨夜宣布独立矣。诣冯宅吃喜酒，略闻诸人所谈大概，京、沪、杭电已不通。

**十四日，癸未，十六　　阴**

发八号京信。诣王、钱、李三处，又诣陈处。冯箴斋值会，来约午饭。闻商会提议诸事及冒监督被拦截事,该会所议,闻理由颇正。发王函。闻郭少鹿升右丞。

**十五日,甲申,十七　　晴**

午后诣吴鲁安略谈。诣宋,未面。刘、鲍二君来。夜间,借得《新闻报》两张,所言十二杭州事与所闻之说微异。又云九江独立。

**十六日,乙酉,十八　　晴**

答诣刘、鲍,未遇。诣朱晓崖、朱眉山一谈。许乙仙未面。次饶来。吴鲁安来。

**十七日,丙戌,十九　　晴**

午后诣次饶,未面。许乙仙来,云山东、江西均已独立。陈子曼来,陈伊志来,朱眉山来。

**十八日,丁亥,二十　　晴**

诣杨园一坐。下午朱晓崖来,吴、王来。

**十九日,戊子,廿一　　晴**

普济进口。得三月十一第八号京信。云初十夜已传浙江不靖信。阅《申报》十三至十六,江西、山东之独立尚未确。刘次饶来,云明晨回平。夜至冯簌西小坐。

**二十日,己丑,廿二　　阴**

冯普观来。发九号京信。

**廿一日,庚寅,廿三　　晴**

覆阅《人天共宝》。夜二更后大雨。洪、赵二人来。

**廿二日,辛卯,廿四　　阴**

诣水警署一谈。下午出街,至陈雅堂店看画四轴。得三月十六日九号京信。黄昏雨作。陈伊志丈人林秀生来谈。

**廿三日,壬辰,廿五　　晴,旋雨**

阅《道法双谭》而悟医学重切脉,地学重认脉,能于脉上用功,两者皆无馀蕴矣。

**廿四日,癸巳,廿六　　阴**

午刻全闽会馆观剧两出,即回。得洪博卿来函及诗册、曲本。

**廿五日,甲午,廿七　　阴晴不定**

清晨诣木杓巷答诣赵鹏洲。赵,台州黄岩人,三世皆武职。其女通文墨,上海学校毕业,嫁洪博卿次子锦骢。赵亦解吟咏。答诣林秀生,谈良久。午后李庆三来。答诣赖可恒,未晤。

**廿六日,乙未,廿八　　晴**

闻统捐局与塘西局互调信。下午诣王不晤。发洪博卿回信。

**廿七日,丙申,廿九　　晴**

以诗集赠赵鹏洲。王甫臣来,偕诣李庆三,遇赖可恒,同至醉乡楼小饮。

**廿八日,丁酉,三十　　雨**

杨宅会期。得洪博卿函。

**廿九日,戊戌,五月一号　　雨**

得三月廿一日十号京信,又章一山信。即答章函,并发十号京信。黄漪荄借去《归浪合刻》十二册、《庸盦笔记》五册、《清朝全史》两册。

# 四①月

**初一日,己亥,二号　　雨**

发吴伯琴、吴慧公函。诣吴鲁安。夜饮于陈圃孙处,为其夫人

---

① "四",原作"三",笔误径改。

寿也。在陈雅堂处取来帖一部。

**初二日,庚子,三号**　　雨

吴鲁安来。傍晚诣陈伊志处夜饮,假去《南北略》廿二本。

**初三日,辛丑,四号**　　阴

清晨赴平阳,三句钟到。王、刘、鲍均在局。以东洋织画赠王,墨盒赠刘。闻蔡笑秋女士于上月廿四日嫁黄枚生,诸公多以诗贺,亦作四首。

**初四日,壬寅,五号**　　阴

以诗册及文一篇送游越生。以花烛词送黄。

**初五日,癸卯,六号**　　晴,暖甚

**初六日,甲辰,七**　　阴

午后偕郑梓万、郑孟达诣黄枚生处,与蔡女士道贺。并诣姜啸桥。孟达名汝璋,能诗,皖省候补知事。现将赴沪,沪上有人召之也。夜成七律四首赠王志澂。

**初七日,乙巳,八**　　阴

天气至佳。午后出街一走。登北城城楼眺望。江西万载人卢檠木来局晤谈,此人现充盐局局长。

**初八日,丙午,九**　　晴,天色大佳

昨闻有省电至,屈映光去职,吕公望为都督。据志澂云,屈以枪毙夏次岩报私怨为民党所切齿,不能不去,即此次宣布中三人之一也。

**初九日,丁未,十**　　晴暖

夜月色朦胧,出街一走。

**初十日,戊申,十一**　　晴,甚暖

买得鲥鱼一尾,王子澂约宋、项、姜三君同啖,王和诗颇佳。

《图书集成》内《海角经》四卷,世罕传本,须钞出印行,图极佳,但讹字多。尹一勺所编《三字经》出于此。其三般卦系相传古说,与蒋注《天玉经》三大卦不同,与纪说亦异,而翻卦法则颇详明,吕用贪、巨九星,别无换星字样也。

夜,与宋仲明、郑梓怀至老妓梅花处及他处一游。二鼓后回,风雷而雨。子澂回乡。

**十一日,己酉,十二　　晴**

发寓信。代郑作诗八绝句送黄枚生、蔡笑秋。又四绝纪游。夜复偕宋、郑诣第一楼一坐,主人胡蕙香姚冶多姿,似为曲中之冠。遇一张明生者,同诣阿凤处一坐,即前日所见者。二鼓归,为蕙香成四绝并一联。

**十二日,庚戌,十三　　阴**

闻省电招王子澂充秘书,盖各官有更动也。午后出门一走。沈福带来家信一封,报纸一束。夜刘次饶到。发十一号京信。下午出门一走。过西门女校,得诗一首。盖与次饶同作而稍异也。

**十三日,辛亥,十四　　晴**

清晨与次饶剧谈,知杭地三党各不相下:一为保定武备学堂生,一为金陵武备生,一为浙江武备生。现保定、浙江两派联合,而金陵势孤,此朱瑞所以不能安也。另有弁目学堂一派附属于两派,而不自成党,外此则浙西、浙东党派亦分。交沈福带回一信。

**十四日,壬子,十五　　晴**

游越生送鲥鱼一尾。王志澂到局。夜拟出街,微雨而止。

**十五日,癸丑,十六　　阴郁**

志澂买鲥饱啖,项、宋二君同集。宋君送茶叶稍许来,颇佳。寓中来报纸及吴慧公复函。

十六日，**甲寅**，十七　　　阴，午后微雨

阅《南疆绎史》颇佳。闻次饶说杨氏有《七修类稿》。下午张知事来。

十七日，**乙卯**，十八　　　阴

午后出门一走，雨作即回。闻永、瑞两缺均动，皆浙人。发十二号京信及寓信。

十八日，**丙辰**，十九　　　雨竟日，天冷

得五绝三十馀首，以阅《南疆绎史》有所感触也。

十九日，**丁巳**，二十　　　雨止

志澂回家，云廿五来。

二十日，**戊午**，廿一　　　晴暖

午刻饮黄枚生处，出示《与笑拈①女士偶和》诗。接四月十一日十二号京信。云阴历廿外放暑假。

廿一日，**己未**，廿二　　　晴

借来《树人堂读杜诗》一部，廿四卷，附文一卷，休宁汪灏紫沧辑，诠释详，笺注略，不出兔园陋习。据凡例，字句用钦定及仇氏本，则在雍乾间，而各家目录未收，姑留翻阅。

廿二日，**庚申**，廿三　　　晴，阴

午后出街一走，至黄文魁店购笔，未得。

廿三日，**辛酉**，廿四　　　阴，微雨

翻阅《浙江通志》官制、兵制门。

廿四日，**壬戌**，廿五　　　阴雨连日

翻覆《南疆绎史》，此书殊不劣也。

---

①　"拈"疑为"秋"。

**廿五日，癸亥，廿六**　阴雨

午刻公钱王志澂，项、宋、陈三公同在座。席系瑞安郭姓庖人所制，宋仲明招来，价贵而馔颇佳。宋为乞联，集两语应之，曰："林间暖酒烧红叶；竹里行厨洗玉盘。"志澂四鼓去，吾已睡矣。

**廿六日，甲子，廿七**　雨

**廿七日，乙丑，廿八**　忽雨忽晴，黄梅时节也

《明史》应补列传甚多，非《遗民录》之所能该，与其撰《遗民录》，不如撰《明史纪传补》之为正大。近人六合徐氏鼐《小腆纪年》之外，别有《小腆纪传》，未之见，似即此意。若《浙江通志》人物门之应补，更不待言，甚有《明史·忠义列传》已收而《志》反遗之，不可怪欤！纪明末事，卷帙稍大各书，如《荆驼逸史》、《南北略》、《明季稗史》、《南疆绎史》、《小腆纪年》、《小腆纪传》皆是，且易得；其短书小记，则名目烦多，绝少流传，不如求之国初诸老文集。

**廿八日，丙寅，廿九**　阴，霉天

小不适，偃卧骤起，忽然倾跌，稍顷发热，夜出冷汗，颇委顿。寓中寄来京信、报纸，知念慈廿七到寓。

**廿九日，丁卯，三十**　晴

发十三号京信。次饶代约一王君来诊。

**三十日，戊辰，卅一**　晴

连日均不甚适，服药两剂。傍晚送束乙月。

# 五　月

**初一日，己巳**　阴晴不定

侵晨买舟回寓，四钟到，人颇倦。夜与家人及潘婿略谈。

**初二日，庚午**　　晴

得洪博卿函并《破除诗戒说》一篇，颇佳。

**初三日，辛未**　　晴

清晨诣王、陈、陈、林四处。答洪博卿信，附文一首去。发十四号京信。汪香泉来，面说款项事。

帝出三江口，嘉湖作战场。血流潋浦去，末劫在钱唐。

**初四日，壬申**　　雨

接四月廿七日十四号京信。姚次言回处，为作一函与陈知事。王虎臣乃郎借去四元，云乃翁暂挪。

**初五日，癸酉**　　雨

杨伯畴来。

**初六日，甲戌**　　雨

王虎臣来，谓不知借洋事。下午雨势至急。

**初七日，乙亥**　　雨

林宝馨来。云道尹于本日行。

阅蜀人孙澂选本《国朝古文》一册四十五篇讫，颇好。拟仿此意，别选近人骈散文百篇，凡论学、论政、论文、论艺以及纪事之作，博观约取，撷极精练者以资诵读，不但学文，即以求学，较泛览诸书，茫无涯涘者为得捷径。再选汉至宋习见佳文百篇，分为正附两集，馀可从缓矣。记此以便着手。

**初八日，丙子**　　雨

连日天气寒，雨不住点。

闻各机关接电，袁大总统初六去世，黎副总统就职。下午诣汪、朱二处，又赴林宝馨招饮。

**初九日，丁丑**　　晴

诣李、杨二处，均未晤。朱眉山来。发十五号京信。得诗一首。

诣督销局长卢贞木纲处一谈，江西万载人也。为念慈说项，许以稽查桐处。夜集林处，同乡为伊做寿也。

**初十日，戊寅** 阴

杨敏夫来。卢贞木来，送以诗集一部。

**十一日，己卯** 阴

作一函交念慈。交卢局长名条，为潘振华字梓青，杭州府学附生，许派青田稽查。得彭儿初五明信片，云即请假南旋。下午答诣叶可安，未晤。

**十二日，庚辰** 晴

知念慈调西门。

**十三日，辛巳** 晴

阅九、十两日《申报》，知项城实殂于初六日十钟时，黄陂初七就任。致各处电及覆电并贺电多登报，内徐州一电独异。

秦仲玉乃郎寓上海孟德兰兆芳里廿二号，又造屋于法界白尔。寄王子澂信，由杭州模范警队长张叔玉君转交。志局录事为苏达夫、王子久、陶铸民、郭□□四人。

**十四日，壬午** 晴

《蜕盦续稿》一册抄成，手校一过。计三百三十首，可分两卷，拟付石印。此后有作，归之《戒后诗存》。

**十五日，癸未** 晴，闷甚，午后雷雨

黄漪菉送还书三种，又借去《池北偶谈》、《池上草堂笔记》、《梦园丛说》共三部。发刘次饶函。

报登秦、蜀、湘、浙均取销独立，而湘、浙电尚未登报，未独立各省贺电亦未登齐。初七至十二所发命令无一新人耳目处，足见国是尚未定也。两粤军官誓师四义，至为正大公平。

　　黎黄陂生于同治三年,宣统三年八月十九日首举义于武昌,旬日间响应者十四省,全国海军均表同情。讲和事宜由伍廷芳、唐绍仪在沪定议,清室于十月三十日承诺。交通银行亏八千馀万,中国银行亏乙千三百馀万。江苏公民电段总理扣留梁士诒,清算以债①国债。夜,雨达晨。

**十六日,甲申**　　晴

重阅《世说新语》一过毕。

**十七日,乙酉**　　晴

觅得《周易指》一部,拟看一遍。

**十八日,丙戌**　　晴

午后王辅丞来,云赴黄岩。陈雅堂偕梅、谢二人来,谢立斋即篆刻图章者。彭儿附普济回家,初六从京城走,尚平安。闻九铭同行,送眷到沪。

**十九日,丁亥**　　晴

**二十日,戊子**　　晴

两日检书晒晾,颇辛劳。念慈赴西门查验卡。

**廿一日,己丑**　　晴

**廿二日,庚寅**　　晴

连日偶翻端木氏《周易指》,卷首"易例"卅一条,真能以《十翼》说《易》,其例有古人已言者,有未言者,发明透彻,无以复加。虽间有穿凿处,而精允者多矣。其妇在葬,不通解是编,则《周易·葬说》一编亦不能通。三十年前见此书,未竟三五页即掷去,今渐能解,然精力衰苶,不能毕览。

---

①　"债",疑为"偿"。

**廿三日,辛卯**　　晴

兼阅《古文苑》。以帖一部、茶瓶一对送卢贞木,附画两件。

**廿四日,壬辰**　　晴。夏至节

得刘次饶回信,云王志澂充民政秘书。得卢君回信,云画轴已为转寄。

**廿五日,癸巳**　　晴,下午蒸闷殊甚

**廿六日,甲午**　　阴,时逗日光

陈伊志送还《南北略》,又借去《贰臣传》、《觚賸》、《香祖笔记》三种。夜,得七律一篇。

**廿七日,乙未**　　晴,日光忽隐忽现

和刘次饶《铜权歌》七古一首,函寄平阳。

**廿八日,丙申**　　晴

覆阅《容斋随笔》

**廿九日,丁酉**　　晴

# 六　月

**初一日,戊戌,六月三十号**　　晴,下午雷作不雨

郑梓怀寄来王志澂廿三省信,云住清泰第二旅馆。汪香泉交来钱票廿元,尚欠二十元。

**初二日,己亥,七月一号**　　晴

发志澂回信,附诗两纸。

**初三日,庚子,二号**　　晴

阅报,前总统于上月廿八出殡回彰德。川中周骏、陈宧交战,陈败周胜,占取成都。海军总司令李鼎新宣告独立。唐、梁为龙济光及约

法事两电极透切。上海议员定七月初十开会。帝制派三项人物。

佛孙本日初等小学毕业,丙等第四名。

**初四日,辛丑,三号**　　阴,下午雷雨一阵,不甚大

**初五日,壬寅,四**　　晴,下午雷作不雨

水警署为祖老太做寿,送以礼物。

**初六日,癸卯,五**　　晴

王氏《东华录》虽芜漫,而典章制度沿革可稽,此书亦不可少。

**初七日,甲辰,六**　　晴

发郑梓怀复函。得上月廿七黄仲荃闽中来信,云充巡按使教育科长,并诗一纸。规复旧约法,召集国会,裁撤参政院、肃政厅及任命新阁员,均见上月廿九、三十日命令。盖廿八袁项城出殡后所发也,差强人意。惟龙济光之恶经粤东士绅、议会再三电陈,穷形尽相,几于泣血,而迄不少动。公论之不值钱如此,殊可异也。

**初八日,乙巳,七**　　晴

得五律一首。答黄仲荃信,又成一律附去。夜二鼓,大风雨。成《新旧篇》七古一章。

**初九日,丙午,八**　　晴

发九铭信,邮沪。傍晚大雷电风雨。夜得七律一首。

**初十日,丁未,九**　　晴,下午雷而不雨

夜,被窃贼挖墙入后厅,失其衣服、食物多件。宋仲明君自平阳赴杭,来此一谈。

**十一日,戊申,十**　　晴

答拜宋,并诣李,均未面。房东唤一马快来看。下午以一函致永嘉警察所长徐锡之,请其派探一查。

**十二日,己酉,十一**　　晴

警所派一人来看。

**十三日,庚戌,十二　　晴**

是日入伏,甚热。各省最高级武官改称督军,文官改称省长,普加命令,已于初六日发表。改龙济光两粤矿务员,以陆荣廷继任。《封爵条例》废止,惟惩办祸首尚无闻。

**十四日,辛亥,十三　　晴**

下午,程文焕来。

**十五日,壬子,十四　　晴**

下午程又来。风起,微雨。

**十六日,癸丑,十五　　晴,下午大雷雨**

**十七日,甲寅,十六　　晴**

清晨答诣程,并诣杨敏夫。下午以《宋四六》两册交陈雅堂付匠重装。傍晚大雨,随止。连日阅孙梅《四六丛话》,多可取处。陈章民来,云即进京。

**十八日,乙卯,十七　　阴,旋晴**

改阅《时事新报》。

**十九日,丙辰,十八　　晴**

连日午后皆有雨意而不雨。

**二十日,丁巳,十九　　晴**

选出《古文苑》、《续文苑》凡二十四篇,拟选历朝骈文,自汉至宋,每体只限二三篇,命曰《举隅》或曰《箧中集》,再以此法选近人为一编。潘念慈调往楠溪。

**廿一日,戊午,二十　　晴**

肇庆军务院已取消,龙、周抗命如故。

**廿二日,己未,廿一　　晴**

任公衡袖诗见示,云现在处州某校。

**廿三日,庚申,廿二**　　晴

天气蒸闷,小不适意。赖可恒来。

**廿四日,辛酉,廿三**　　晴,傍晚大雷雨

拟以"竹风"二字为园名,寓"笑"字也。

**廿五日,壬戌,廿四**　　阴,微雨,旋晴

答诣任公衡,误至姜伯韩家一谈。沈勉志赴杭,便给一函致王志澂。

**廿六日,癸亥,廿五**　　日出,旋阴

连日阅《宋四六选》,其佳者有突过前人处,但恃才华而乏韵味。

**廿七日,甲子,廿六**　　晴

拟剌取六经及秦汉古子中有合于民国制度语汇为一编,其防遏君权之说附之。孔子君臣礼忠之说,孟子土芥寇仇、手足腹心之说,意皆同,孔只说一半,孟则全说,孔只说正面,孟并说反面。曾子芸瓜受杖说,桃应瞽瞍杀人说,皆法治案之大者,不犯国法,虽严父不能死其子,如犯国法,虽天子不能庇其父,法之重于君父,不可见乎,诸如此类,曲为引申。

**廿八日,乙丑,廿七**　　晴

得姚次言信,即答之。属买蒿把,渠寓城内文敦街。

**廿九日,丙寅,廿八**　　晴

**三十日,丁卯,廿九**　　晴,下午欲雨而止

念慈自南溪来。

# 七　月

**初一日,戊辰,三十**　　晴

清晨诣卢君贞木,未面。诣赵君瀛舟,借《武缙绅》未得。发章

一山信。

**初二日，己巳，卅一日**　　　晴

陈雅堂来。下午雨旋止。借来庚戌年《缙绅》一部。

**初三日，庚午，八月一号**　　　晴

清晨诣熊韫石，已移居锡祥巷。午后念慈来一信，述伊局长所说画件书籍事。即作一函致卢君贞木，附新城杨铁佣中翰希闵《水经注汇校》四十卷十六册、《十三家年谱》十六册，又先公《卓峰草堂诗钞正集》廿四卷六册正廿卷，外编四卷，属其寄赣，以赣省方搜刻《豫章丛书》也。

**初四日，辛未，二**　　　晴，天气极闷

阅董帖及近人李申耆字，大悟笔法。

**初五日，壬申，三**　　　晴

阅李雨村《赋话》，颇佳。得洪博卿信，即答之。

**初六日，癸酉，四**　　　晴

傍晚饮卢君贞木寓，同坐八九人。夜作念慈信及杭信。卢处有朱墨本大板《陶诗》四册颇佳。

**初七日，甲戌，五**　　　晴

夜买河乡船赴平阳。

**初八日，乙亥，六**　　　晴

日出抵瑞安，即过江。十钟许到局。发一明信片。《壬子文澜阁①存书目》四册颇好。局中又借得杨宅《知不足斋丛书》。

**初九日，丙子，七**　　　晴，热极，因昨夜雨太小也

得寓中书，附来洪博卿函。

---

①　"阁"下疑脱"所"字。

**初十日,丁丑,八**　　晴,热甚

发家信,取葛布衣裤。夜雨。

**十一日,戊寅,九**　　晴,热极

得家书并洪博卿函及《白桃花》传奇。

**十二日,己卯,十**　　热极

为《白桃花》传奇题七古一篇,寄答洪君。为同事周君井庐喟跋其所著《船屯渔唱笺释》,盖张君潜斋綦母所作绝句百三首,专咏风土,诗颇佳,注尤详。夜小雨。

**十三日,庚辰,十一**　　晴

得洪博卿来函。

**十四日,辛巳,十二**　　晴,热极

答洪函。夜月色朦胧,方拟出门而雨骤至。

**十五日,壬午,十三**　　晴,夜雨一阵,旋止

**十六日,癸未,十四**　　晴,热极

午后出街一走。

**十七日,甲申,十五**　　晴

下午得寓中信及报纸。彭儿下班普济行。

**十八日,乙酉,十六**　　晴

昨夜之热为今夏第一,至清晨犹然。夜三更后西北风起。

**十九日,丙戌,十七**　　晴,旋阴,西北风未息

《武备志》初稿编讫付抄。发家信。

**二十日,丁亥,十八**　　阴,风尚未息,而天气沉闷异常

得寓信并报两纸。

**廿一日,戊子,十九**　　晴

**廿二日,己丑,二十**　　晴,连日稍凉

得洪博卿函,附来所撰《天水碧》、《孝子坊》、《木鹿居》传奇三

种乞诗，为各题一绝寄还。

**廿三日，庚寅，廿一**　　晴

发家信，附致九铭一函，付邮寄郡。得廿二寓信，云戴统领撤差，委一朱姓青田人，即答一函，由局寄。得洪博卿复函，由次饶处来。

**廿四日，辛卯，廿二**　　晴

发洪博卿函，附七律一首。

**廿五日，壬辰，廿三**　　晴

得廿四寓信，云普济廿六到，廿九开。即答一函付邮。

**廿六日，癸巳，廿四**　　晴

得洪博卿回信。

**廿七日，甲午，廿五**　　晴，天又炎热

发明信片一纸。

**廿八日，乙未，廿六**　　晴

得寓信，云普济已到。买来梨十九斤，装一篓。

**廿九日，丙申，廿七**　　晴

**三十日，丁酉，廿八**　　晴

三日皆大热。得寓信及报纸。彭儿今夜上船，明早开行。

# 八　月

**初一日，戊戌，廿九**　　晴

买来蛐蛐四个。下午风作。

**初二日，己亥，三十**　　晴

发寓信，嘱老汤来。黄枚生招饮，未赴。夜雷雨，风起。

**初三日，庚子，卅一号**　　晴

为人书屏对，殊不惬意。夜雨。

**初四日，辛丑，九月一号**　　晴

发王志澄信，付邮。

**初五日，壬寅，二号**　　晴，连日大热不可当

闻王志澄移住西湖大佛寺，有归来之意。老汤到局。夜，送来上月分阳历八月分。薪洋。三更后买小舟行，五鼓抵埠。

**初六日，癸卯，三号**　　晴

天明过江，即上小轮。到寓，适雨作。得彭儿到沪片信，云一二日内北行。又得章一山回信。夜念慈来，切责一顿。

**初七日，甲辰，四**　　晴

觅宣统辛亥文武《搢绅》一部，将现任民国各员履历详注，即为作传底本，内官至部曹、中书，外官至知府为限。午后雨一阵。得彭儿上海信两函，云初五十钟坐火车行，初七夜可到京。寓来烟筒、墨锭、药粉、香胰四物。以上干支讹，改者亦错。

**初八日，乙巳，五**　　阴

发北京信。夜三鼓，林公度损自瑞安来，云明晨赴京，索去诗集两部。雨作。

**初九日，丙午，六**　　大似梅天，晴雨相间

卢贞木来，云《豫章丛书》分甲乙丙丁四集，甲集五十种已付刊，主其事者为胡思敬小堂、魏元□①两人，允代索《凡例》。

**初十日，丁未，七**　　晴

顾荩臣来，云杭州又有举都督之说。出街一走。陈雅堂来洋

_____

① "□"，疑为"旷"。

五元。

**十一日，戊申，八**　　晴

广济进口。得八月三十号九铭来信，云为设法于上海道署图一席。徐元诰，字鹤仙，前江西司法司长。

**十二日，己酉，九**　　晴

发九铭回信。陈子曼以六十自寿诗乞和，勉应一律。

**十三日，庚戌，十**　　晴，天大炎热

顾芠臣来。三钟后雷作，四钟大雨一阵。相传前五六日夜十钟时见天开裂，口约丈馀，其中焰焰如火光，别无他物，良久始隐，见者甚多。

**十四日，辛亥，十一**　　阴

开发账目讫。覆阅《韩非子》，知前此删节之本极当，可传为秘笈，但须重抄一过，再去十之一二耳。《说林》、《说储》皆可单行。诸葛公劝后主读之，诚对症药也。下午，大雨。

**十五日，壬子，十二**　　阴

得初七日北京片，知彭儿初六夜已到京，火车诚速。

**十六日，癸丑，十三**　　阴，微雨

两日陡凉，穿夹衣。得彭儿初九日京信元号，云已晤九铭。诣陈子曼。答诣顾芠臣，顾旋来寓。

**十七日，甲寅，十四**　　阴

得八月十一日二号京信，又九铭信，并附致沪道一函。即答二号彭儿及九铭信，快班去。陈子曼来，陈伊志来。又发第三号京信。

**十八日，乙卯，十五**　　阴

清晨诣杨、程两处一谈。

**十九日，丙辰，十六**　　晴，天热

午后上街一走。赖可恒来谈盐局事。《时事新报》九月分所登吴贯因《从军日记》可看。

**二十日，丁巳，十七**　　晴

清晨忽大雨一阵，旋日光如灼。

**廿一日，戊午，十八**　　晴

王念孙《荀子》三册极精，当依所校改正本文及杨注，再参王先谦《集解》，应可读矣。时下人文字，有两三种须看，新派莫过梁启超，旧派莫过樊云门、吴挚甫。

**廿二日，己未，十九**　　晴

午后诣卢、李、朱三处一坐。得刘次饶十九日函，云议会已传单召集，并云王志澂有书来。大雨一阵。冯箴西来。即答刘函。

**廿三日，庚申，二十**　　晴，午后大雨一阵

**廿四日，辛亥，廿一**　　阴，下午雨

夜得第三号京信。另有物件未到。

**廿五日，壬戌，廿二**　　晴

发四号京信。得屈应洛建阳来信。

**廿六日，癸亥，廿三**　　晴

阅《泰西新史揽要》，极觉其佳。

**廿七日，甲子，廿四**　　晴

午后率孙男女四人至曾园。晚晡雨。

**廿八日，乙丑，廿五**　　晴

得次饶九月廿三号信及《自寿》五排百韵。为作一跋，并撰寿文一篇寄回。文颇自喜。卢贞木交回画两幅。

**廿九日，丙寅，廿六**　　晴

陈伊志来。得八月廿三日四号京信，又九铭回信。即发五号京

信。又收到参药等物一包。

# 九　月

**初一日，丁卯，廿七**　　晴

**初二日，戊辰，廿八**　　晴

陈伊志交回《香祖笔记》、《贰臣传》两书，尚有《觚賸》一书。又借去《清代全史》两巨册。

**初三日，己巳，廿九**　　阴

**初四日，庚午，三十**　　晴

赖可恒来，同诣杨敏夫一坐。陈伊志来，以《恢庐》第六集诗册见示，续又将各集送阅。得刘次饶信，即答。

**初五日，辛未，十月一号**　　晴，天又暖

为陈伊志点定诗册，题五古一首，七绝二首，并原稿还之，亦甚有佳句也。

**初六日，壬申，二**　　晴

陈四来。

**初七日，癸酉，三**　　晴

杨、赖二人来，同诣高祝三一坐。撰书刘次饶五十双寿联，函属郑梓怀代配蜡烛转交。

**初八日，甲戌，四**　　晴

诣答陈伊志。

**初九日，乙亥，五**　　晴

天气甚佳，人稍不适。

**初十日，丙子，六**　　晴

发六号京信。高、赖二人来。

好谀恶直,不独贵人,常流亦然;忌贤嫉能,非但小人,君子尤甚。

**十一日,丁丑,七**　　晴

小不适。陈雅堂处取来墨一盒,只七条。

**十二日,戊寅,八**　　晴

陈老四来。连日复阅心灵学、心理学讲义,颇多精语,与《治心免病法》均要书也。

**十三日,己卯,九**　　晴

得五号京信。夜诣陈伊志处饭。《顺天时报》由报馆直接寄瓯,连邮费全年七元。

**十四日,庚辰,十**　　晴,热甚

王志濂来,云委松阳知事,略谈省门近状。午刻答候,为荫涛交一条子,尚未邃允。云夜舟回平。

**十五日,辛巳,十一**　　阴

发七号京信。下午小雨。

**十六日,壬午,十二**　　晴

小不爽快。发荫涛信。夜买小舟赴平。

**十七日,癸未,十三**　　晴

十钟时到局,王已回家,刘、周、鲍诸公皆在。发明信片两纸。

**十八日,甲申,十四**　　晴

感冒,颇不适。

**十九日,乙酉,十五**　　晴

频伽精舍刊本《大藏经》,字小而清析,点句精审,颇佳。系犹太人所刻,平邑有两部:一为金晦戣甫所藏,一藏南门外某寺。与杨子恺之石印《图书集成》均可谓难得也。

**二十日，丙戌，十六**　　晴

得寓中信及报纸。又朱君复勘处州寄来诗函，即答以三首寄去。

**廿一日，丁亥，十七**　　晴

**廿二日，戊子，十八**　　晴

得诗一首。

**廿三日，己丑，十九**　　晴

和刘次饶《五十自寿》一诗，又成绝句四首。

**廿四日，庚寅，二十**　　晴

寓中来报纸五张，附来九月十五所发第六号京信。午后诣仙坛寺，题诗一首于壁。

**廿五日，辛卯，廿一**　　阴

永嘉人王佐臣来说事，拒之。发第八号北京快信。午后偕郑子怀诣警署长董平章一坐，并遇一刘姓前官千总者，谈及九华楼首饰店失窃八百多金一事，案全破，赃全获。系用一老偷某得力，遂破获于瑞安，殊为难得。

又诣西门外兰生楼上一坐，并于商会乞得全红高种老少年子、涂紫矮种鸡冠花子各一包。

柚子出三十六、七都者佳，三十七都更佳，子细而稀，以此分别。梨出龙潭，味清脆甜嫩而无渣，较胜松阳梨及市上所售山东梨，皮带青色，不甚好看。二三月间之鱼子、斑鸠皆佳品。

杨诗，字范园，《瓯海遗珠》抄本廿馀册，古今书籍涉及瓯江者无不采录，较孙氏《瓯海轶闻》、黄氏汉《瓯乘补》详备。

**廿六日，壬辰，廿二**　　阴。夜雨

**廿七日，癸巳。廿三**　　阴，微雨

《盐法》一门编辑粗就。

**廿八日,甲午,廿四**　　晴,天又暖

王志澂来,云不日赴任。午后得第七号京信。光绪《定海厅志》三十卷,附《续志》十二卷,廿八年壬寅刊成,计十册,于军政、物产两门极详。下午雷作而雨。

**廿九日,乙未,廿五**　　阴

发家信。鲍回去,项雨农回。

**三十日,丙申,廿六**　　阴

夏回去,刘回。夜饯王志澂,同座为项、黄、刘、郑诸人。微雨,买来柚子四十四枚,洋一元,不知佳否。

# 十　月

**初一日,丁酉,廿七**　　雨

志澂回里,午后闻调鄞县。

**初二日,戊戌,廿八**　　雨

得家书、报纸及洪博卿函并诗册,即答一缄。

**初三日,己亥,廿九**　　晴

为洪广文题图五首。

**初四日,庚子,三十**　　阴

发洪博卿函,附去诗五首。

**初五日,辛丑,卅乙**　　阴

成五言杂诗十二首,颇惬意。

**初六日,壬寅,十一月一号**　　阴

《蒲褐山房诗话》殊佳,须阅完本。《湖海诗传》所录,不过一斑也。送十月分脩羊。

**初七日,癸卯,二号**　　阴

午后买舟回寓。抵瑞,雨作,不复入城。

**初八日,甲辰,三号**　　雨

清晨到家。发瑞安洪博卿函,附去堪舆书《山洋指迷》、《大地学》、《辨正疏》、《地理末学》共四部十二册。又答李浚则民函,附书屏对四件。发九号京信。

**初九日,乙巳,四号**　　晴。暖甚

**初十日,丙午,五号**　　晴

清晨率佛、达两孙诣江心寺,题壁一首。得洪广文收书回信。郑梓怀寄来对蠏一双。闻秦仲玉住上海松山路打铁棚四百三十九号,父子均赋闲。

**十一日,丁未,六号**　　晴

得北京初四日名信片。阅报,知冯国璋选为副总统;黄兴以呕血死于沪;国史馆馆长王闿运亦殁,年八十五。报纪其初入馆时一对云:"民犹是也,国犹是也,何分南北;总而言之,统而言之,不是东西。"与颂徐世昌以"清风徐来"同一滑稽。湖北杨惺吾守敬则殁于去年春,张勋请查办诬告一电,颇快人意。

**十二日,戊申,七号**　　晴

清晨诣朱、陈两处,陈未晤。偶翻《竹书纪年》,于羿从少康及共伯和事得其大概。

**十三日,己酉,八号**　　晴

清晨在千顷堂买得书三种。光绪辛丑滁州李氏重刊本《古文辞类纂》二十册,纸板宽大,字肥悦目,略如《李文忠全集》款式,须购备。

午后诣陈子万,同往杨氏园、叶森顺酒坊看菊花。杨淡风云,老少年直根土中,不可有石阻碍,且宜湿地有水处。

**十四日,庚戌,九号** 晴,西风,稍寒,天色殊佳

得《杨园看花诗》三首,又《柬陈子曼》一首。得十月初六北京九号快信。午后,偶诣林崇兰,为撰生圹一联。杨园送来菊花两盆,并约明夕小饮。

**十五日,辛亥,十号** 晴

夜饮杨园。

**十六日,壬子,十一** 晴

连日阅《陶集》,所得颇多。夜饮屈宅。

**十七日,癸丑,十二** 晴,稍暖

午刻饮黄漪菉处,闻杨远峰说此间所有元绍、膏粱均不宜多饮。膏粱以辣蓼为主,元绍以石膏为主,而皆有他药品百许种,性多相反,使其激斗,服之流弊颇深。转不如老酒之仅用米而不用药味者之平和。老酒至三年后,其醲可以胶杯,颇益人,即所谓无灰酒也。据云先世开酒坊,故深知其秘。黄、柯、陈诸君谈及闽省卖蜜枣之风气,四角子即上阳台,兼捶背。近虽略增,亦属无多。但见钱即强取以去,习气殊恶。有一部人专执其业,不以为奇。接十月初十日第十号京信。

**十八日,甲寅,十三** 晴

编陶诗应分三段:自太元十八年癸巳二十九岁起为州祭酒至义熙二年丙午四十二岁彭泽退归为一段,自彭泽退归至恭帝元熙二年庚申五十六岁宋武帝践祚为一段,自宋武践祚至元嘉四年丁卯六十三岁殁为一段。

九铭现暂移寓顺治门大街南昌燕宅。下午林浮沚偕至银业公所,与一木和尚一谈,据云此僧颇通禅理,以语言格磔,未能畅谈。

夜饮林处，座客皆酣饮，渠架上有汲古阁本《乐府诗集》及《东坡全集》、《张太岳集》、《武备志》、《登坛必究》各书，又新刊本彭绍升、罗有高、汪大绅三家文集。与钱伯吹谈养生术，谓取坎填离系以神交气，即火下水上，心肾相交，为地天泰象。据云每日只须静坐行功一时许，一月外即见效，见效则丹田气动，遍身皆暖，阳道翘举，毛孔尽开。此固一宗，其于后还先天之秘旨未能悟也。有《佛尔雅》两册。

**十九日，乙卯，十四　　　阴**

发北京明信片。

借来《二林居集》廿四卷六册，光①七年辛巳从孙彭祖贤重刻本，跋称《一行居集》、《测海集》、《观河集》吴中别有刊本。《尊闻居士集》八卷两册，尺木所录，亦彭祖贤光绪壬午刊行，跋云江右韩聪甫刺史刻本，末附手札七通，为此本所无。汪氏大绅《遗书》亦彭所刻，未见。下午钱伯吹来，并以周松霭《佛尔雅》八卷一册见赠，尚系原刻本。朱眉生乞得《明秋馆集》两册见贻，前嘉兴令秦鹿苹太守之室广陵裘凌仙筱芸女士所著，文、诗、词皆备。

**二十日，丙辰，十五　　　阴，西风颇厉**

清晨赴瑞安，午刻到，暂停福来馆。诣洪博卿，不晤，闻观各校运动会。夜阅《一贯真机》一卷，大有所得。三更就寝。

**廿一日，丁巳，十六　　　阴晴不定，西南风厉**

将行而洪广文来谈，约后会。旋登舟，到平已一句钟矣。扆中阒无一人。

**廿二日，戊午，十七　　　晴**

《千金方》中有《房中补益论》一篇，《古今医统》中《多男三炼

---

① “光”下疑脱“绪”字，光绪七年为辛巳年。

法》十许则,均收入《图书集成·艺术部·种子门》,应与《外台秘要》、《素女论》合钞成帙。午后诣黄枚生,以《明秋馆集》贻其室蔡小秋。又出南门一走。

**廿三日,己未,十八**　　晴,天气甚佳

皖人程鸿诏有《恒心斋集》,内有夏小正一种,忘其名,须觅之。此书光绪初年出。相传前闽督香山何小宋璟每晨以煮熟鸡卵两枚去壳膜旋转于面部,冷则再煮用,谓可去斑垢黑黶而发光彩。此法甚验且便,应仿行。得家信及报四纸,又十月十三日十号京信。

**廿四日,庚申,十九**　　晴

阅《一贯真机》,得火候之诀。

**廿五日,辛酉,二十**　　晴

周分纂到局。以印泥一盒赠郑会计。夜姜啸桥来,云仙坛寺后山问丹台侧新建禅房一所,属撰柱联,为拟三副:

若问灵山,上方便是;忽开异境,前日所无。

罗刹国,梵王宫,佛家絮果;弥勒龛,维摩室,禅榻茶烟。

石尚点头,难为宰官说法;丹如得诀,定然仙佛同宗。

**廿六日,壬戌,廿一**　　晴

发明信片一纸回郡。

**廿七日,癸亥,廿二**　　阴,稍冷

《吉凶时日善恶宿曜经》,西域推命选择书也。以七政为曜,廿七星为宿,不用牛宿论其相值,又与命宫相值而判吉凶。以黑白分纪月,月从二月起。二十七宿分为三项,每项九宿,谓之三九秘术,恐即唐之《九执历》,须考《开元占经》,又不用牛宿,亦必有说,《协纪辨方》似应载之。

刘次饶到局。

**廿八日,甲子,廿三**　　晴

得家信并熏豆一罐,又屈虞臣一函,为乃郎馆事,当将名条交刘次饶。选彭、罗二集讫,以文事论,彭不及罗多矣,以并无大篇也;而罗之聱牙作态处亦不甚惬人意,但才较雄,且有三五大篇为不刊之文耳。

**廿九日,乙丑,廿四**　　阴,天气蒸闷

得家信并帽子、银朱、虾干、报纸、十二日京信。又二女来信,云伊姑抱病,不日回湖。发回信,并附致卢局长一函,交局去。徐世昌由卫辉县于阳历十六日到京,住东四牌楼五条胡同本宅。

# 十一月

**初一日,丙寅,廿五**　　阴雨

发十号京信。又发寓信,答屈、杨两缄。

**初二日,丁卯,廿六**　　阴,雾气迷漫

集成语为门对二联:

三径就荒,斯是陋室;众人皆醉,如登春台。

归去来兮,风尘下吏;无能为也,江湖散人。

夜王志澂到局。刘次饶宴客。西北风达旦。

**初三日,戊辰,廿七**　　阴,寒风尚未息

拟撰五、七古十馀篇,以斋中读书为大题,而所读各书标于每篇之末,略仿陶诗《读山①经》例而变通之,约如读《竹书纪年》、《史记·货殖传》、《后汉·党锢传》、《晋书·八王传》、《五代·冯道传》、

---

① "山"下疑脱"海"字。

《罗江东集》、《杨铁崖集》之类。紫阳《参同契考异》。夜,周幼康宴客。

**初四日,己巳,廿八**　　　阴,寒风未息

为周幼康撰其伯父启沣字海楼、父启良字康甫《家传》。得初三日家信及二女信,云初六附广济船行。又九铭信一函,说话简率。王志澂仍回里。

**初五日,庚午,廿九**　　　晴,西北风尚时作

孙仲容《周礼正义》搜罗详博,是一部绝好大类书,散行文取材于此不少。务置巾箱中,如蔡邕之于《论衡》。《周官精华》闽中陈氏本亦可取。《汪氏藏书目录注》,阆原所编,以宋、元本分编各一册,顾千里序之。江阴何杖《悔馀庵集》尺牍最佳,有单本。

**初六日,辛未,三十**　　　晴

覆阅《养一斋文集》,束阁者十馀年矣,偶一翻之,如遇故人。李氏渊懿凝炼,取径东京,不屑意欧、曾、熙甫一流,不驰骋以炫才,不摇曳以取姿,随物赋形,泽以经术,所以谓之常州派也。考据既非所屑,亦无大关系之议论、叙事,以此微逊恽氏;但恽气矜而李语挚,一则雄鸷自恣,一则勤恳诲人,此其不同。至于隐义微文,旨寄言外,恽偶一见之,李则不尔,盖光明磊落,表里洞然之德人也。

**初七日,壬申,十二月一号**　　　晴

得寓信及报纸,知二女初五起身。又卢贞木回信,附来书目。又得李庆三函。

**初八日,癸酉,二号**　　　晴

发十乙号京信,内附致九铭信。又发李庆三回信,发家信,托警察长董平章带郡。送十一月分脩洋。

**初九日,甲戌,三**　　　晴

王志澂来,刘次饶去。次饶以诗文稿三册属为审定。

**初十日,乙亥,四**　　晴

王志澂起程,由杭赴任。

**十一日,丙子,五**　　晴

为刘次饶撰集序一篇。夜得诗一首。

**十二日,丁丑。六**　　晴

董警长交来皮袍乙件。

**十三日,戊寅,七**　　晴

虞仲翔以纳甲说《易》,魏伯阳以纳甲作丹入地眼,铅弹子以纳甲看地,如能精究,亦云学有统类。

**十四日,己卯,八**　　阴晴不定,西北风作

**十五日,庚辰,九**　　阴

寓中来报纸一包。《湖海文传》内韦协梦《原气》三篇极佳,能贯通群言,使《学》、《庸》、《孟子》、周、朱等说及释、老之说无不言下了了,毫无障碍,有工夫,有效验,易知易从,虽寥寥短篇,包括秘义。读者不知宝贵,殊可悯也。从事呼吸调息养气者,必先读此。

北港绅士陈承绂筱文送来雁山香鱼一包。

**十六日,辛巳,十**　　晴

刘次饶自灵溪回,赠柚子廿三枚。

**十七日,壬午,十一**　　晴

**十八日,癸未,十二**　　晴

刘又回家。拟补续《五行大义》,偶翻《周易郑注》可采者颇多。得十一月十一日十三号京信,又报一卷。夜偕郑梓怀出门一走。二更后雨。

**十九日,甲申,十三**　　阴

发家信。《湖海楼丛书》所收《尸子》、《尹文子》、《潜夫论》,皆

汪继培校注本,疏证极详,注周秦古书,此法至妙,勿轻视也。

**廿日,乙酉,十四　　晴**

略阅《潜夫论》汪笺本一过,笺注甚佳,王符尚不及王充,何论《荀子》。九流诸子,虽宗旨不同,而论议出入者多,一切话头,翻来覆去,只须择其最先出、最完全与校勘、笺释之最精者读两三部可矣。儒家以荀为主,而贾谊《新书》,桓宽《盐铁论》、《论衡》、《昌言》、《中论》、《潜夫论》、《说苑》、《新序》附焉;道家以老为主,《列子》、《文子》附焉,《庄子》别论;名法家以管为主,《韩》、《商》、《尸子》、《尹文》附焉;兵家以孙为主,《司马法》、《吴子》、《尉缭》附焉;杂家只重《吕览》、《淮南》两种;阴阳五行家,不能不属《董子》。《潜夫论》所引据,只《诗》、《书》及孔子、老子,其他均不之及,孟则似未之见,盖当时不之重,王充且有《刺孟》之篇也。

读汉以前子书,于援引各书字句,与今本异同及义理解说不合处最须留意,所谓以子校经,即此是也。

**廿一日,丙戌,十五　　晴**

古人学术,所见不同,有尊之者,即有辟之者,如河洛、太极、先天、分野、堪舆、丹诀,皆是辨驳纷纠,无可折衷。拟辑各家论著,分类为编,或辟或尊,各归其类,听读者研覃考究而不为左右袒,久之自有通贯之一日也。鬼神因果之事亦然。

**廿二日,丁亥,十六　　晴**

王君珵如来。夏、刘两君回局。代夏克庵撰头陀寺大殿联云:

西方号不二门,合掌契拈花,脱众生万劫轮回,旃檀中见释迦文佛;东土启大千界,顽心回点石,随长老六时梵诵,瓯海上涌兜率陀天。

又自拟一联云:

丈六身好相仰庄严,熏沐瓣香来,问他信女善男,谁树精进幢,谁磨智慧刃;三千界大家尽欢喜,□□□□□,欲到祇园竺国,请编普渡筏,请布檀越金。

又为人撰社庙戏台联云:"枌社农桑幽国俗;梨园歌舞汉官仪。"

又云:"迎神送神,春秋祀典;唱戏看戏,热闹排场。"

**廿三日,戊子,十七    晴,天暖**

是日选举教育会长,仍属刘次饶。午后出街一走。

**廿四日,己丑,十八    阴**

刘次饶回家。得家信及报纸、花生、橘子,知二女安稳抵湖。老汤仍来温。

**廿五日,庚寅,十九    晴**

选《湖海文传》文二百九篇,皆佳者,拟选《吾好录》,分三大类:一曰义理类,皆性道事;二曰考证类,皆学问事;三曰经济类,皆家国事。另一类曰传译,皆东西人说。专辑本朝人撰著,如能广搜,即名《清文略》。

发十二号京信,又寓中信。

**廿六日,辛卯,二十    阴**

《周礼》所云冢人墓大夫,似为赐葬及无主而掩骼埋胔者设,非通制也,若必拘拘于此,则与七月、五月、三月之葬期矛盾而不可行矣,当作一论详辨之。《周官》各职,多不见于传记,拟集秦以前书,考证其制度之异同废置,命曰《读周官札记》。是亦为政何必读书,不如无书。

**廿七日,壬辰,廿一    晴**

为郑梓怀乃翁撰家传一篇。夜送阳历十二月分脩洋。

**廿八日,癸巳,廿二    晴**

清晨买舟回郡,午刻抵瑞,雇小舟行,二更到家。

**廿九日,甲午,廿三**　晴

以柚子分送杨、林两处,又顾处。

**三十日,乙未,二十四**　晴

顾荩臣来。林崇兰来。

# 十二月

**初一日,丙申,廿五**　阴

王辅臣送来山药、蜜橘。

**初二日,丁酉,廿六**　晴,天冷

清晨诣王一谈。

**初三日,戊戌,廿七**　晴,冷

**初四日,己亥,廿八**　阴

王辅臣来,杨敏夫来。夜微雨。

**初五日,庚子,廿九**　阴雨

遍阅《参同契》各家注。

**初六日,辛丑,三十**　阴

发十三号京信。又答绍兴督销局稽查员赵橶函,寅臣太守之侄,不知其字,函来索诗,寄一部去。

**初七日,壬寅,卅一**　阴

王辅臣来,云拔疔所用药末系瑙砂,聚毒拔根非此不可,记之。拟仿仇沧柱少宰《悟真集注》为《参同集解》,两书合刊。大板卧一子《西游记》须备一部,金圣叹批本,从来未见。《红楼梦》则以宁波刻本为佳,系王香雪校刊,有姚梅伯评。汪香泉来洋十元,原券给还。

**初八日,癸卯,六年一月一号**　雨

腊八,为民国六年矣。夜雨。

**初九日，甲辰，二**　　　阴

赖可恒来，谈盐局风潮。得十二月初二日十四号京信。阅报，知阳历十二月廿六杭州之变，另举督军、省长。

**初十日，乙巳，三**　　　晴，连日颇冷

由鼓楼前镇泰庄刘姓经手汇洋乙百元至京，附信一封去。汇水两元，取回收条乙纸。又发十四号京信，付邮。诣林浮沚一谈，并诣王辅丞。

**十一日，丙午，四**　　　晴

午后七圣庙火发，焚死及重伤者廿馀人。因经手售卖炮弹火药之人不慎药爆之故。

**十二日，丁未，五**　　　阴

林宅借来《武备志》五十七册，缺三册，全书二百四十卷，在《登坛必究》后。《必究》四十八卷，四十八册，纸板稍佳，王鸣鹤纂，多引谭、戚、俞诸公及邱浚之说。俞大猷《剑经》收入茅元仪《武备志》，较详，而占候门观星及三式之术颇备。夜雪。

**十三日，戊申，六**　　　大雪

得诗一首。林浮沚以诗索和，答之。夜雪益甚。

**十四日，己酉，七**　　　雪止，瓦背高三四寸，日出

发九铭快信。下午得九铭来信。

**十五日，庚戌，八**　　　晴，雪渐消融，天气甚冷

**十六日，辛亥，九**　　　晴，冷

午后林崇兰约诣三角门外护国寺一游，李、洪、郑三人同往。寺僧虚舟，又号则颜，乐清人。主持头陀寺方丈廿年，今年来此。颇究佛学，自云为天台宗。云《金刚经》以憨山大师注一册为合法，他皆讹而不全。咒以《楞严》、《大悲》、《往生》三种为要，《楞严》最多最

难诵。宁波灵桥门内三宝公司，系近三年普陀及各寺僧人出赀所设，专售经典，各种甚备。有价目，购者不问何人，均接待殷勤。

　　**十七日，壬子，十**　晴

　　清晨诣朱、席二处一谈。诣卢，未面。在涵瀛店借来《戊笈谈兵》八册，甲午年浙刊本也。买得《性命圭旨》两本。午后赖、王、程先后来。

　　**十八日，癸丑，十一**　晴

　　发三宝公司信，索佛经书目。午后诣卢，未面。复李庆三函。

　　**十九日，甲寅，十二**　晴

　　午后出街，在支那书局购书两种。姜啸桥自甬归，借去《课民植牧讲义》四册；云王志澂议于今日接事，尚无十分把握。

　　**二十日，乙卯，十三**　晴

　　卢贞木来。发九铭信，双挂号去，附十五号家信。

　　**廿一日，丙辰，十四**　晴

　　发杭州玛瑙寺经房信，又楚门北盐场信。

　　**廿二日，丁巳，十五**　晴

　　拟撰《玄学名象类释》一书，将《道德》、《参同》及以下各丹书所有譬喻、名色，或按次，或分类，逐项解释，博证群书，义例略如《佛尔雅》，附以道学源流故实、诸书目录、旁门邪说。

　　下午诣冯处一坐。诣程，未遇。夜得十四日京信。陈雅堂交来十元。李庆三来，未晤。

　　**廿三日，戊午，十六**　晴

　　答候李庆三。发十六号京信。

　　**廿四日，己未，十七**　晴

　　得黄燕宾自黄岩场来函，云就会计在彼，并附致硕卿信。

**廿五日，庚申，十八** 晴

复黄燕宾信。

**廿六日，辛酉，十九** 晴

得二女湖州来信。

**廿七日，壬戌，二十** 晴

王辅臣云，辣椒汤洗冻疮甚验。潘念慈来，云在大树地。

**廿八日，癸亥，廿一** 晴

**廿九日，甲子，廿二** 阴

岁除。出街购《四书帖》各一种。覆阅《四十二章经》、《遗教经》一过。成七律一首。

# 民国六年丁巳（1917）

丁巳复旦民国六年　北京复辟　温州独立　普济失事

黄嬭者，黄婆也。黄婆者，媒也。何取于此？欲为天地作合也，又欲为天地与人作合也，又欲为人与人及一身坎离乾坤作合也。义蕴闳深，非易轻语。自号偵叟，偵者，颠也。凡配合阴阳，非颠倒不可。又偵者，真人也。

## 正　月

### 初一日，乙丑，乙月廿三　　晴

元旦。清晨盥沐拈香，祀天拜神。阅王注《庄子·内篇》，见解超妙，洵佳笈也。明陆西星《南华副墨》六册，道家丹经，亦不可少，沪上蟫隐庐有之。闽同乡黄、陈、郭三人来。午后出街观戏法，上海来者，约廿馀人，走马踩竿，技艺颇好。答诣黄漪箓，与杨、陈、陈、柯、杨、郭诸人遇。杨敏夫来。

### 初二日，丙寅，廿四　　晴

清晨诣杨、钱、王三处，钱伯吹未遇。朱、陈、郭诸君来，不相值。陈子曼来谈诗。卢贞木来。

### 初三日，丁卯，廿五　　阴

王、陈、王诸人来。得刘次饶十二月廿五平阳信，云款罄，志局暂停，与王志澂商定再议。发第一号北京信。

**初四日,戊辰,廿六　　阴**

发京信、湖信。诣警察署。朱、卢及统领、谢氏叔侄、冯君先后来。

**初五日,己巳,廿七　　阴**

发九铭快信,二号家信。屈、钱二君来。钱云,他家无活子时,只有正子时,正子时即五千四十八日。又云,《仙佛合宗》、《金仙证论》皆北宗,非南宗。南宗之说,吕纯阳《指元篇》最明,即全书中之一种,次则张三丰。

陈谱孙来。雨作。

**初六日,庚午,廿八　　阴,旋晴**

吕文起来拜,未晤。程文焕来。杨淡峰来。

**初七日,辛未,廿九　　阴**

诣冯、谢二处小坐。朱晓崖来。

**初八日,壬申,三十　　晴**

午刻诣朱眉山饮,出示和王君寿诗五首,并以所撰《富阳新志补正》稿一册属订。谈次,知吴祁甫广文初六殁于平阳。吕文起邕谈广东事,并索取简明履历,颇有推荐之意。席散,诣彼一谈。

**初九日,癸酉,卅一　　晴**

清晨诣屈、程、陈、余、林、朱各处,陈、林未面。杨淡峰又以诗来,不相遇。傍晚吕文起来,又谈粤事,并属秦荫涛去。宝华进口。得十二月廿四北京收洋回信。

**初十日,甲戌,二月一号　　晴**

发湖州信。杨伯畴来,谈田事颇悉。诣杨园一走。和瑞安王小牧七十自寿诗五首。林崇兰来,程文焕来。

**十一日,乙亥,二号　　晴**

朱眉山来。下午阴寒,颇有雪意。得七绝两首。。

**十二日丙子,三号**　　　晴

陈子曼来。卢贞木招饮,却之。李、赖两人来,闻前财政厅长吴伯琴随省长到浙。王小牧来,云即回瑞。

**十三日,丁丑,四**　　　晴

立春。清晨诣徐班侯一谈,并诣王辅臣。省城通志局现在吴山赵公祠。吕文起充广东官银号总办,该局在西门外濠畔街。

**十四日,戊寅,五**　　　晴

沪船进口,接正月初八北京元号信。

**十五日,己卯,六**　　　阴

发吴伯琴信,托徐班老带杭探交。发吴鲁安信,双挂号寄塘栖统捐局。发第三号京信。酒捐局长王君镛昨日忽然招饮,却之。谢、王二人来。夜雨。

庆王殁于天津,经徐世昌请求恤典,以为有功民国,赏洋乙万元治丧,见三十号命令,即正月初八也。《神州日报》时评一段颇妙。其洋式住宅以十一万元售予张勋。《神州日报》正月初六起。

**十六日,庚辰,七**　　　雨

发四号京信,保险去,内附致郭小麓函。

**十七日,辛巳,八**　　　阴,旋晴

正月十三日为宣统皇帝生辰,《神州日报》有金鹤望所撰《清室优待条件入宪之商榷》一篇颇合。京师图书馆开幕,地在安定门大街方家胡同,藏有文津阁《四库全书》六千乙百四十四函,敦煌石室唐人写经八千卷,宋元精椠暨旧抄本乙万二千册,普通书八万册,阅览券仅售铜元十枚,学生免费。

频伽精舍校刊《大藏经》,载有哈同夫人小像。注云:“频伽精舍主人哈同·罗诗氏,字迦陵,父为法罗西人路易君,久在支那,娶七闽沈氏,生主人。"上海发刊之《女学报》尝登有《罗迦陵女士小传》。
女士现拟刊《四库全书》,见于《全浙公报》记者马汤楹《致廉南湖
书》,愿力可谓宏矣。张弧谈话两则,一为借款与币制,一为税人与
贸易,皆见地极透。

**十八日,壬午,九**　　晴
诣冯箴西,未面。

**十九日,癸未,十**　　晴
冯箴西来,王佐臣来。

**二十日,甲申,十一**　　晴
王、陈来。洪博卿来。

**廿一日,己酉,十二**　　晴
朱眉山索回《富阳志》及《补正》稿件。傍晚得二月五号九铭信,
又湖州正月十三日信。

**廿二日,丙戌,十三**　　晴
冯箴西来,云已复入海关。发九铭信。海晏进口。得十六日京
信及秦荫涛信,云廿外赴沪。发五号京信,内附九铭原信。王、王二
人来。

**廿三日,丁亥,十四**　　晴
堪舆中理气约分三大派,双山三合一也,纳甲净阴阳二也,三元
三卦三也。三合莫妙于《玉尺》,纳甲莫妙于《入地眼》,三卦莫妙于
《天玉经》。近人如蒋大鸿,三卦大宗也,张九仪,纳甲大宗也,纪慎
斋,三合大宗也,皆为名师,纪又大儒。此三宗互相诋毁,各自矜诩,
迄无定论,合于此,辄迕于彼。欲会其通,世无其人,即有其人,而人
亦未必尽信。三宗各有独得不可磨灭处,用者能守一宗、不杂他家
而休咎听之于天,庶乎可矣,依违两可,无有是处。张九仪之《铅弹

子》、《砂水要诀》、《穿透真传》三书，用《入地眼》法，习者较三合家少，三卦专家，已成绝学。三合知者虽多，然皆江湖鬻技、粗得皮毛者流，求如纪氏之精醇，万中无一，杨公之学，继之者无人矣。

**廿四日，戊子，十五** 晴，阴

陈雅堂来。高金甫自云和来，云赴武康。以《武备志》、《登坛必究》还林浮沚。

**廿五日，己丑，十六** 晴

卢贞木来，谈及团拜事，云瓯关案委员宜兴人王姓已到。

**廿六日，庚寅，十七** 晴

清晨在千顷堂购得石印王先谦《庄子集解》，讹字触目，不堪入览。书成于宣统元年，于王壬秋说一字未采。

**廿七日，辛卯，十八** 阴

发五号京信。午后诣程、王二处。王来。

**廿八日，壬辰，十九** 晴，天冷

陈子曼来。汪东亭居上海杨树浦美兴论①东首长安里一弄七百六十七号新安方第。新出《三教一贯》，一元。《道统大成》附《女丹诀》，三元六角。《原本仙佛合宗》，一元六角。《性命合编》，一元。《体真心易》，八角。邮资全购外加四角，分购照书价加一角。王乔松《六壬课》。

法国宪法更易九次，革命八次，亘延至八十馀年。

**廿九日，癸巳，二十** 晴

陈雅堂来。编定《蜕盦续稿》两卷，抄成两册，起甲寅夏，讫丙辰冬，除删去外，存诗六百四十馀首。申刻，诣东门外万寿宫团拜，约

① “论”应为“街”，见戊午年九月廿五日下文。

十六七人,二更初先回。

**三十日,甲午,廿一** 晴

清晨检点手边各书。午后诣大庙一看,至小庙测字,殊佳。便至高祝三处一谈,高日内回京应试,渠住前门内銮仪卫夹道,乃郎现官内务部主事。

# 二 月

**初一日,乙未,廿二** 雨

得正月廿四日三号京信,去信甫收到三号,尚有两函未到。普通文官不合格不报考。又十二号即廿一日九铭信,云由燕善达、朱念祖、卢式楷三君函致浙运使。高等分厅章推事招饮卢宅,同座八九人。郑知事甫从杭归,云吕文起尚在沪振华旅馆。

**初二日,丙申,廿三** 阴

发六号京信。

正月廿六日《神州日报》登有孙矅猿《论中国加入协约问题》一篇,持论明通。外交后援会、外交商榷会、外交后盾会、外交研究会,政府亦特设外交办事处。政府收买存土二千一百箱,每箱二千八百两,用国库券作价。预算每箱可净赚银二万元,故一千箱除国库券之代价外,可净赚二千万元。谓此事主于冯副总统之两电。十六日英文《京报》社论题曰《贩卖鸦片烟之副总统》,极其诟詈。见正月廿八日《神州报》。陈、黄二人来。

**初三日,丁酉,廿四** 阴

陈、王两人来。

**初四日,戊戌,廿五** 雨竟日

得廿七日四号京信,十六挂号去信尚未到。又得蜀人赵鲁侯增橛自杭垣来信。

**初五日,己亥,廿六**　　雨

选唐诗律绝三百首、古体三百首、宋元三百首为一集,命曰《诗小子学》以课儿孙,必取脍炙人口、不能不读之篇,附以评注。得徐班侯杭州来信。

**初六日,庚子,廿七**　　雨竟日,入夜更猛

得刘次饶信。

**初七日,辛丑,廿八**　　雨

得诗一首。王某来。

**初八日,壬寅,一号**　　雨

黄菊初来。得秦荫涛信。

**初九日,癸卯,二号**　　雨止

卢贞木以《独游头陀寺》诗见示,剧谈良久。冯箴斋来。夜成五律四首柬卢。

**初十日,甲辰,三号**　　晴

赖可恒来。

**十一日,乙巳,四**　　晴,旋阴

得二月初六日五号京信,说话甚多。即发七号信。得杭垣玛瑙经房寄来目录两纸,发该经房信,附洋三角购《慧命经》、《吕祖指玄篇》、《入火镜》三种。

**十二日,丙午,五**　　阴

发八号京信,内附致劳少林函。

取"诗外大有事在"及"工夫在诗外"意,为《诗外别录》以纪纂杂事。卢贞木来,云接宋章茇函,询及资格。魏斯逸比部名元旷,闻江西图书馆月支二百元,议会以不急之务议裁。

**十三日，丁未，六**　　阴雨

以一函致卢贞木。陈某来。由屈宅交来屈应洛闽省来函，即答之，并托访书两种。

**十四日，戊申，七**　　晴和

杨淡峰袖诗来。

**十五日，己酉，八**　　雨

魏仲融墫自杭来温，就督销局文牍，见过一谈。

**十六日，庚戌，九**　　雨

二月十一二日《神州日报》登有《对德外交之根本研究》一篇，深明大势，笔曲而达。段总理四日谒元首，拟实行对德第二步，黎颇不赞成，谓我惟有退让贤路，不做亡国总统。段与内务总长范氏当日辞职赴津。

另一说，黎总统谓须先镇抚北洋派军人及各省军人之反对后再决，段谓协约国方面要求甚急，故须迅速解决。黎曰，然则外交非由自发。于是段愤然与范同去。伟哉，黎公之言！段、冯声望甚隆，一败于存土，一败于外交，难逃国人之公议矣。马君武谓梁任公包办外交，系属妄人，须请政府驱逐出京云云。此亦世人所不及料之一说。

十二日报内《均势》一篇亦好，引摩洛哥、朝鲜为鉴。谓法、德争于摩，势均，摩犹可存；法得全势，而摩随灭。中、日、俄争于韩，势均，韩存；日得全势，而韩即并。均势，平等交谊。十一日报内《加入问题之研究》一篇，举朱异之纳侯景、杨国忠之对安南、童贯之连金元以取燕山，又举李德裕之不听退浑，党项请击乌介可汗，黠戛斯请攻安西北庭，比拟亦切。

采传记中凡阴阳、果报、神鬼、占卜、堪舆、谣谶之有实验而显著，汇成一编，命曰《确证》，以存古学。

**十七日，辛亥，十**　　晴，暖极

**十八日，壬子，十一**　　雨，天稍冷

**十九日，癸丑，十二**　　雨，下午晴

程文焕来。

**二十日，甲寅，十三**　　晴，暖极

午后诣蕠局答候魏仲融。

**廿一日，乙卯，十四**　　阴

普济人口。闻新任道尹到。阅报纸，至十一号所登各论、各电皆反对加入协约，而议院多数与阁议同，可望通过。议员代表民意，今民意十七八反对加入，电音纷纷，而置若罔闻，然则无所谓民意也。既不代表民意，是代表政府矣，要此议员何为？连日得诗十馀首。外交方针，总理全听梁启超一人之说，报纸已明言。

**廿二日，丙辰，十五**　　晴，又阴

发九号京信，内附致九铭信。

**廿三日，丁巳，十六**　　晴

午后诣算命人黄子芬处一谈。

**廿四日，戊午，十七**　　阴

王辅臣来，章吉士来。夜程文焕来。

**廿五日，己未，十八**　　阴

得刘次饶信，附来抄稿，即答之。姜啸桥来，出示王志澂函。拟辑七排佳篇，别为一集。又拟采常用之字七八千，仿《急就章》例，以三言、四言、七言分类韵之，以便蒙童。编成，仿王伯厚作注，其原文则觅善书者书之。事稍繁难，聊志吾愿。夜雷作，大雨如注。

**廿六日，庚申，十九**　　阴

德国正式答覆阳历三月初十日到京，十四日遂宣布与德绝交之

明令。廿二日《神州报》登康南海电及英报社论,均不可不熟读。张、倪电不中与康作仆。又上海姚文栋、孙铁舟两电亦佳,孙亦略有诘责议员之说,不如康之痛骂也。浙省裁撤各县审、检,仍归知事,复袁总统时制度,十六日为始。洪博卿寄回《山洋指迷》、《辨正疏》二种,又联一付索书。玛瑙经房来书三种。

**廿七日,辛酉,廿**　　阴晴不定

发九铭信,内附十号家信。

**廿八日,壬戌,廿一**　　阴

得二月廿一日六号京信,即发十一号京信。午后出大街一走。答诣陈、王二人。

**廿九日,癸亥,廿二**　　晴

清晨诣涵瀛店取来《渔洋精华录》六本,价六角。又《地理探源》三本,系瓯人叶承如字星台所辑,即开择日馆于府东巷者。光绪廿六年板行,其人已殁。其书发明蒋法颇显豁平实,甚可取。阅报,知俄京革命,俄皇退位,风潮剧烈,事在阳历三月初十内外。冯副绒出京时有大演说一篇,亦殊动听。西报观察一段亦极要。高锦甫来信,云调长兴监狱员。

# 闰二月

**初一日,甲子,廿三**　　晴

李庆三来,云移居康乐坊。

**初二日,乙丑,廿四**　　阴

发十二号京信。又由镇泰庄汇洋乙百元入京,取来收据一纸。得次饶廿三信,即答之。诣钱伯吹、林崇兰。答诣章吉士。

**初三日，丙寅，廿五**　　晴

午后诣黄漪菉处略谈。偕王辅臣看轿店房东。

**初四日，丁卯，廿六**　　晴

午后偕文华堂书店张某至吴宅问书籍，云现拟印刷。诣李庆三、顾苊臣。

**初五日，戊辰，廿七**　　晴

顾苊臣来，谈及银行情形。据云温州分行内分五项，为会计、文书、营业、兑换、金库，月薪即主任者亦仅四十元，助理员更少；花红名"奖励金"，提四成分。管理银行月薪只一百廿元，系省垣分派，不能与京城总行直接。张成谦办营业事。

地书中如《搜地灵》、《透山光》等书，但能占地中土色砂石，已葬之坟中人数男女，最能欣动世人，看之果如神见。此书但能占此数事，至其地之吉凶、坟之休咎久暂，不能有从验矣，不过是江湖游食之徒挟此惑人，拐钱之法，切不可信。

平阳志局苏君送来存局物件四种及郑梓怀一函。

**初六日，己巳，廿八**　　晴

清晨答诣苏君，则已行矣。诣王辅臣一坐。二女突由湖州来。

**初七日，庚午，廿九**　　晴

心神不宁者竟日。

**初八日，辛未，三十**　　晴

阅报，知京师考官已举甄录试。

**初九日，壬申，卅乙**　　晴

是日为中国烟禁期满末日。

**初十日，癸酉，四月一号**　　晴

谢、程二人先后来。

**十一日,甲戌,二**　　　阴

得闰月初四日七号京信。发徐班侯回信。

**十二日,乙亥,三**　　　晴

《蜕盦续稿》四卷,无论石印、排印,约可七十页,每页廿六行,行三十字。发十三号京信。

**十三日,丙子,四**　　　晴,寒食

发吕文起函。

**十四日,丁丑,五**　　　晴

清明节,天气暖甚。

刘次饶来。午后答诣刘次饶。平阳本委林钟琪,行至沪调回,改委严伟。林之撤任,尚以瑞安案未了也。

国务院通告绝德缘由,有"吾国所负义务,仅以华工及物料之供给为限,既无征兵筹饷之烦,于内地治安并无妨碍,亦预为扩张实业、救济金融起见,不得不急起直追"云云。

广东督军陆到京,曾见宣统帝,送礼十二种,钱六千元。所欲向政府办到者四事,一为必达全省开赌之目的。冯副总统收买存土合同,众议院议取消。

段总理在国际政务评议会演说,略谓"中国既行第三步,比较利益,自以加入协约为宜;既加入协约,则先美宣战;若在美国之后,不特坐失应享利益,且亦决无价值"云云。住宅在京城府学胡同。

广东收入最多月份仅一百廿万元,出款两倍,收入短少一百五十万元有奇。陆军月饷五十四万元,地方军队五十五万三千元,特别军队十四万四千元,在粤滇军十五万元,龙济光部下九万三千元,水陆警队并海军十五万元,均月饷。纸币折扣一项损失在四十万元以上。至于地方政费、外交费以及教育、实业等费总计每月不过四十万。

全国军费年计乙万万四千馀万,占出款百分之六十。德国军费至多,尚不过百分之二十。见议员□□□质问。

日本吉村亮道氏豫言本年世界休咎,谓中国八九月间将有大乱勃发,宗社党得势,遂促进宣统之复辟。十二月政体有大变动,中日之亲善自此实现。

以上见二月初九、初十、十一日《神州报》。

**十五日,戊寅,六　　晴,暖甚**

诣东门外裕源盐行谢某,未晤,即刻图章者。得屈应洛信并建茶、建莲,闻其已就黄君仲荃科员。夜雨。

**十六日,己卯,七　　阴**

得七律一首。

**十七日,庚辰,八　　阴雨**

**十八日,辛巳,九　　阴**

康南海三上书,指政府大逆不道,丧心病狂。

阳宅游年,一本河洛,其生气、延年、天医三吉方,皆先天合,后天合,五数合,其不合者皆凶,有本有源,义蕴深奥,以此为体,参以三元,尽其道矣。紫白飞宫,占测及修造所用,亦不可废。装卦起例,《阳宅三要》与《斗临经》小有异同,无关宏恉。阴阳二宅,根柢相同,不解交媾玄机,无有是处。贪巨等九星,生延等八星,皆代名词,秘藏其真,示人以捷诀,如《玉尺经》之以三合双山隐三卦也。窥破此窍,可扫却百家,亦可贯通群言矣。

**十九日,壬午,十　　阴**

阴阳宅两家,皆有抵牾不能全通处。八宅家西四命人应开乾、坤、艮、兑西四门,则西命人不宜住衙署矣。天下衙署,无不向南开离门者。三元家上元应开坎、坤、震、巽门，则上元九十年内不宜住衙署矣。有是理乎？两者似八宅较胜一筹。《八宅明镜》原刻大本须觅，此书出《斗临经》后，而在《阳宅三要》之先，一未及元运家说。元运家说，倡于蒋而演于尹氏、姚氏，骎骎欲胜前人，盖好奇喜新，世情然也。

**二十日，癸未，十一**　　阴，细雨

阅《归厚录》大有悟入，成《换星说》一篇。

**廿一日，甲申，十二**　　晴

写细楷渐有工夫，手能运笔，笔能伏纸，一除旧病。为定两言以示学人，曰：小字在得窍，大字在有力。得本月十四日八号京信，款已汇到。入夜又雨。

**廿二日，乙酉，十三**　　阴雨

翻阅地理各书，换星之说，至为纠纷，《小补》中所举四十馀诀之外，尚层出不穷。瓯江吴星台所传阴阳四十八盘，法殊简妙，但未知所出。最奥赜诡幻者，莫过于飞星夺位、此乘彼消一诀。蒋国之后，和之者必欧阳纯《风水一书》，许青选《地理点睛》皆是，许书未刻完，桐乡朱莼《辨正补》用法又别，此数诀为《小补》中所未及。姚舸丞《元合会通录》，朱某《辨正参解》又各有诀。各书所识极琐屑，应分门录出，为《质疑篇》以便考稽。

**廿三日，丙戌，十四**　　阴

**廿四日，丁亥，十五**　　阴，时逗日光

顾君莨臣来，谈及杨园喜事，送礼两元。诣陈子曼略谈。阅报，谢强公者，不知何许人，为外交事电京，请驱逐梁妖。财政、交通总长陈锦涛、许世英受贿案，报中大书不一。书新出《八十三日皇帝趣谈》一册，殊堪排闷。又《袁世凯轶事》一册，未见。夜，杨园招饮，未

赴。得四月八号九铭信。

**廿五日,戊子,十六**　　晴

发十四号京信。

**廿六日,己丑,十七**　　阴晴不定

阅周梅梁氏《仁孝必读》,卓然可传,凡三卦、四大水口、经四位起父母等说,均明,所注之《天玉经》度越诸家,《金口诀》及《天元五歌》之《水龙》三篇,至精善,《灵城精义注》亦有纠正朱氏处。

**廿七日,庚寅,十八**　　阴

买书两种。

**廿八日,辛卯,十九**　　阴晴不定,旋雨

诣谢、王两处一转。

**廿九日,壬辰,二十**　　阴

# 三　月

**初一日,癸巳,廿一**　　晴

在涵瀛买来《读左补义》一部,五角。

**初二日,甲午,廿二**　　阴雨

阅《周季编略》,此书大佳,前此悔未用功。

**初三日,乙未,廿三**　　雨

卢贞木招往面商接手事,漫应之。渠率同小妻本日赴沪入杭。得闰二月廿四日九号京信。阅报,云财政总、次长陈锦涛、殷汝骊及参事某、局长某均以炼铜厂得贿事于十八号奉令免职,交付法庭。民国官吏,可谓无奇不有矣。得塘栖统捐局吴鲁安十四号所发复函,事隔两月馀矣。

**初四日，丙申，廿四**　　阴

下午陈、郭两人来。

**初五日，丁酉，廿五**　　阴晴不定

魏仲融来。

**初六日，戊戌，廿六**　　雨

欲出门而未果。

**初七日，己亥，廿七**　　晴

阅堪舆诸书竟。因思除江湖术士不论外，一代名臣巨公如高文良公其倬、方恪敏公观承、张文敏公照、李穆堂总宪绂、陈文恭公宏谋、汪稼门督部志伊、陶文毅公澍、姚文僖公文田、梁棨亭京兆同新、温明叔宫保葆琛、李若农侍郎文田、廖毅士抚部寿丰，皆其卓著而多有撰述者。其他通儒显宦以及山林隐逸，尤指不胜屈，经学大家如戴东原亦有□□之刻，殊出意表。足见此学必有精诣，非俗士所能轻谈。前朝名人如宋朱、蔡之理学大儒、辽耶律文正、元刘太保、元吴文正澄、明刘青田之社稷元勋，人人习知，不待言矣。

**初八日，庚子，廿八**　　晴

**初九日，辛丑，廿九**　　晴

午刻诣黄漪荣饮。

**初十日，壬寅，三十**　　晴

清晨诣魏仲融，未晤。诣裕源盐行伙计谢烈斋处一谈。午后仲融来。刘次饶、夏克庵自平阳来。陈子曼来。黄仲荃乃弟幼荃投屈应洛信来，屈随黄赴泰宁。

**十一日，癸卯，五月一号**　　晴

清晨答诣刘、夏二君。

**十二日，甲辰，二**　　晴

黄漪荣来，交还书三种，并以纸索字。下午魏仲融来函，录示省电，系代理督销局事。

**十三日，乙巳，三**　　阴雨，旋晴

魏仲融来。发十五号京信。

**十四日，丙午，四**　　晴

外海第一号缉私船警弁兼勤务督察长朱长裕来见，字子馀，安徽舒城人。下午，林甄宇以游记来乞诗。陈叔咸来，谢墨士来。

**十五日，丁未，五**　　阴雨

为林甄宇作五古一篇交去。午后晴。谢墨士来，姜啸桥偕同帆游查验盐税卡司事方礽云慎生来见。方亦平阳人。李祥自处州来。

**十六日，戊申，六**　　晴

清晨诣黄漪荄，未面。午后杨小渔来，言西门盐卡朱司事事。韩埠陆路缉私弁警杨时瑞来见，字福生，湖南人。陈老二来。仲恒。

**十七日，己酉，七**　　晴

永川船到。得三月初九十后京信及对号单。又得姚次言处州信。午后□门查验卡委员朱鼎铭来见，字侠夫，永嘉人，即为卢贞木作媒者。陈雅堂来。熊韫石来。杨伯畴来谈从前十家盐行及盐公所事。《神州报》十三日已登温处督销局更委事。魏仲融来。

**十八日，庚戌，八**　　晴

林崇兰来荐人，王佐臣求派事，均却之。午后程文焕来。夜诣顾荩臣一谈。朱晓崖来荐人。

**十九日，辛亥，九**　　晴

王辅臣来。郭小麓住东城取登胡同，劳少林在国务院附近新开路胡同。

**二十日，壬子，十**　　晴

得刘次饶来信荐人。姚次言来信求荐。

**廿一日,癸丑,十一**　　晴

魏仲融送来卢电,云在宁候广济船回。十三号交卸。夜大雷雨。

**廿二日,甲寅,十二**　　晴,潮湿蒸热,午后雨

又得刘次饶荐信。陈伊志来。好谀恶直,党同伐异,妒贤嫉能,乐祸幸灾,四言足蔽当道人物。夜大雨。

**廿三日,乙卯,十三**　　雨

徐端甫象严来托其弟象熙事。谢秋圃来荐许某,谢墨士来托伊戚潘某。魏仲融函询接手事,答以数言。谢秋圃来荐人。复刘次饶函,付邮。广济闻明日到。

丹徒陈庆年所撰《兵法史略学》两卷,熟于《春秋》形势,处处以《管子》证之,为讲义中有实用之佳书,不可不三复而奉为枕秘。书成于庚子拳祸以后,特多激励讽刺之言,切合时宜,不同书迂腐论、策士剿说也。

夜雨屡作。楠溪查验卡委员徐象熙缉夫、本局书记吴鑫子雯来见。

**廿四日,丙辰,十四**　　阴雨

午刻广济进口。得三月十八日十一号京信。卢贞木自杭归,旋送来胡运使思义委任代理温处督销局局长文一件,系四百二十九号,五月二日所发,并订明日交接。招屈虞臣来,面告一切。陈伊志来,云欲发起诗钟,嘱拟小序,即为草一短启交去。闽会馆约饮,未赴。夜缮就十六号京信,告以接手督销事。

**廿五日,丁巳,十五**　　雨

清晨诣卢贞木、李收税官。午刻接督销事,与本局及外卡并税官各员晤面。得刘、郑二人函。派定各盐警、公役。李庆三来。

**廿六日，戊午，十六**　　雨

清晨诣县、道署，诣卢、刘，即赴局。李质斋来。陈伊志以诗钟广告来。午刻饮飞霞洞。盖各员公钱卢也。诣章科长、章推事、戴统领。夜赴道署及统部饮。答郑梓怀函。得三月十九日十二号京信。

**廿七日，己未，十七**　　晴

许亦仙来说乃弟事。清晨，拜客两处。至局，得省文十二号，已委陆思圻。午刻，饮福聚园，刘博存所招。又饮花柳塘杨雨农宅，许、朱、胡、杨公局。夜饮福聚园，叶文侯招。席散，留伊会计娄君缓走。至局，与卢贞木接洽，即送其行，赠以茶船四个、建莲、肉松并张风山水画一轴。叶文侯来拜，未遇。阅报，知十一号众议院议员被请愿团所殴者十馀人，风潮恶甚。又得姚次言信，答以一函。

**廿八日，庚申，十八**　　晴

清晨答拜周、许、朱、叶四人，钟、欧二人未面。新旧上望场来，总稽查喻□辞职，委韦□萧接充，皖人也。韦旋即来见。加委二号外海巡船警弁许□补充该差。陈稿工来。普济进口。夜接三月廿二日十三号京信。即写就十七号信及九鸣信，时已三鼓矣。

**廿九日，辛酉，十九**　　晴

清晨诣审判厅，拜袁、章二人，未面。午刻诣四明公所饮，以系夜席，折回寓，即赴局。周仲明又函招，却之。夜饮收税官宅。以十七号京信赴邮，保险去。

**三十日，壬戌，二十**　　晴

招屈密之来帮乃翁忙，点验运照等，午后去。夜诣县署饮后赴局。

# 四　月

**初一日，癸亥，廿一**　　晴

派总稽查韦承鼎查点局中器物，核定会衔呈稿。得三月廿五日十四号京信。夜，诣陈伊志饮。仍赴局。

**初二日，甲子，廿二**　　晴

发不列号京信一封。拜客数处。夜雨。

**初三日，乙丑，廿三**　　雨

以会衔呈文付邮。复卢贞木一函。委宋琅声查盐警长赵俊控案及前北盐场知事谢宗楷案。

**初四日，丙寅，廿四**　　晴

广济进口。得三月廿六日十五号京信。答拜一二客，四钟回寓。

**初五日，丁卯，廿五**　　晴

发十八号京信。在局。

**初六日，戊辰，廿六**　　晴

在局。下午回寓。诣叶文侯，未面。

**初七日，己巳，廿七**　　阴

清晨诣周仲明、朱眉山、陈谱孙、陈子万。夜饭后赴局。诗钟共作五十卷。

**初八日，庚午，廿八**　　晴

新局长陆思圻，字师琦，有函由伊友胡味斋赍投谒见，与之接洽大概。下午诣叶三宝店答拜之。

**初九日，辛未，廿九**　　雨

在局。闻段总理免职，京师戒严。

**初十日,壬申,三十**　　　阴

在局。

**十一日,癸酉,卅一**　　　晴,骤暖

闻陆局长已到,住宝华轮局。午后往拜,与谈一切。陆旋来局,订定明晨交接。是夜赶办移交至三更。

**十二日,甲戌,六月一号**　　　阴晴微雨,大蒸闷

巳初陆局长莅局接事。当交关防、案卷、照票、簿册等物及现洋六百元,计咨文九件,发呈报交卸文乙件。得四月初四日十五号京信。发十九号京信。夜饮收税官寓。闻道尹得省电独立。

**十三日,乙亥,二号**　　　晴

清晨至镇泰庄汇洋五十元寄京。随至局,又补发呈、咨文各一件。与新任略谈。午后阅县署一号公函,确已奉电,浙江宣布独立。不由道尹公函而由知事,殊不可解。独立凡几省,尚未得明文,大概督军团即独立团也。局中各物移回寓斋。发李庆三函。

**十四日,丙子,三**　　　阴

清晨和卢贞木《留别诗》。诣县知事、道尹一谈。发十二号京信。以致卢函托魏仲融转交。

**十五日,丁丑,四**　　　阴

诣郑知事。谒赵道尹,谈良久,出家藏石印诗一册见赠,皆其曾祖、祖父手泽也。又赠《思贻堂集》两册,乃秀水金衍宗岱峰撰,盖金桧门总宪曾孙也。夜雨。

**十六日,戊寅,五**　　　阴

得初九日所来十六号京信,云十八日停课,端午前后可以考毕。娄稚伯、魏仲融来,云傍晚登舟。发廿一号京信。夜诣普济送行。魏仲融云暂不走。雨作。平阳人叶、林二君持周幼康、夏克庵公函

来,为盐牙事。

**十七日,己卯,六**　　雨

答周、夏信,并为致一函南盐场知事,交信局去。得黄燕宾函,即答之,寄海门陈公祠隔壁施宅。独立约有十馀省。

**十八日,庚辰,七**　　雨

诣韦协丞、朱晓崖、陈章民、陈伊志处一谈。陈谱孙来。得四月十二日十八号京信。又得李庆三回信及履历一纸,即转交陆局长。夜饮陈可品寓,以续娶也。诣章、魏,未面。

**十九日,辛巳,八**　　雨

老屈以计算书送来盖章。魏、宋、王三人来。昨日取到新任各种印收。又买诗钟卷一元,共成七十馀首,限以六十五首为度,合卷资两元也。

**二十日,壬午,九**　　晴雨不时,黄梅天也

**廿一日,癸未,十**　　阴

王、程二人先后来。

**廿二日,甲申,十一**　　晴

得四月十五日十九号京信。朱晓崖来。发廿二号京信。

**廿三日,乙酉,十二**　　阴,旋晴

陆局长来。陈伊志来。刘次饶、夏克庵来。夜大雨,雷作。

**廿四日,丙戌,十三**　　阴

阿宜迁去。下午大雨一阵。得诗三首。

**廿五日,丁亥,十四**　　阴

诗钟共成九十卷,不再思索矣。交谢秋团校。

**廿六日,戊子,十五**　　阴

雾气迷漫,几几不见天日,旋晴。顾苓臣来,诗钟又成十卷,合成

百卷。

**廿七日，己丑，十六**　　　晴

天气异常郁蒸。陈伊志来。得四月廿一十九号京信，款已收到。

**廿八日，庚寅，十七**　　　晴，午后雨

晒晾字画。

**廿九日，辛卯，十八**　　　晴，旋阴

十三日，以命令解散两院，副署者代理内阁总理、步军统领江朝宗也。张勋、李经羲十四到京。

# 五　月

**初一日，壬辰，十九**　　　晴

陈章民来，陈子曼又以诗来，信笔和之。夜雨。

**初二日，癸巳，二十**　　　阴

得洪博卿函，以《七十征诗启》来，为成五古一首。夜雨。

**初三日，甲午，廿一**　　　阴旋晴

答洪博卿函。十九日之内阁总理伍廷芳也，十三十①之众院议长吴景濂也。浙江首先取消独立。夜，督销局收发鲁启云送文书两件来，盖交卸呈文批回之例件也。

**初四日，乙未，廿二**　　　阴

得四月廿六日二十号京信，云初七上午可以试毕，京师已炎热异常。得卢贞木淮安来函，即答之。程文焕来。前二日复屈应洛一函，邮泰宁。阅报，见广东省长朱庆澜合未独立各省誓师北伐，欲复

---

① "十"疑误，或为"日"字。

国会。康南海一电极痛切。

**初五日,丙申,廿三**　　阴。端午节

顾荩臣来,午后诣恢庐看诗钟,有某某甚得意。及榜出,唾骂者纷纷,前三名尤为离奇,其情不问可知,不料一至于此。得九铭十号信。

**初六日,丁酉,廿四**　　　晴

清晨程文焕来,谓诗钟一事,物议沸腾,无不谓借此牟利,而渠亦极愤激。午刻饮宝华船局,盖陆师琦所招也。答诣顾君。下午诣林崇兰略谈。又诣程、冯,均未面。发九铭信。冯电颇佳,美人论调,殊能窥见真际,皆可阅。

**初七日,戊戌,廿五**　　　晴

冯箴西来,陈伊志来。诣李剑青。胡榕村来,龚鸣孙来。下午答拜之。又诣收税官,未面。

**初八日,己亥,廿六**　　　晴,天气炎热

**初九日,庚子,廿七**　　　晴

发廿三号京信,寄香炉营二条胡同。

**初十日,辛丑,廿八**　　　晴

发九铭信。

**十一日,壬寅,廿九**　　　晴

清晨诣王虎臣,未面。重翻《随园随笔》,此翁不以考据名,而考据甚精密,其官制、科举尤为读唐宋史所不可无。

正统之说,元杨铁崖,明方正学、杨升庵,近储同人《七论》均不可不览记,鲁一同集内亦有此等文字。夜微雨。

**十二日,癸卯,三十**　　　晴

杨君子恺来,盖交卸上虞知事归也。

**十三日,甲辰,七月一号**　　晴

得端午日廿二号京信,云仍住寄宿舍。

**十四日,乙巳,二号**　　阴

发廿四号京信,说话甚多。又由镇泰庄汇洋五十元至京。又发章一山函。李京羲于廿四号即初六日就总理职,廿六就财政总长职。阁员尚未全数提出,于黑龙江许兰洲之擅为都督、绥远王丕焕之攫取都统、闽赣与粤之兵事、山西之内讧,均不识如何处分。诣答杨子恺、陆师琦,并晤李质斋,据李云,瓯监督换一吴姓,然仍未见明文。屈密之本日辰刻殁,闻有鬼祟,壮年殒逝,亦可怆也。夜诣顾荩臣,未面。

**十五日,丙午,三号**　　晴

得五绝四首、五律一首。顾荩臣来。

**十六日,丁未,四号**　　晴

程文焕来,云前夜省电,有"张皖督吁恳复辟,万难承认,已派人赴沪密探"等语。警备队统带单名复电,有"逆贼张勋"之称,并有"大张挞伐"之语,且将电文送各报馆云云。京城如何举动,无从测知。程又云,新军来者三连,事由丽水,盖警备队有两哨扎处州城内,昨调回一哨,知事遽以危言电省,谓大乱在即,若不派兵,地方阽危,是以有此一举。新军既到,警队仍回处州,退伍兵因停发年饷滋事之说,言者亦不一人。夜诣水警处,未面。

**十七日,戊申,五**　　晴

清晨得诗三首。得初十日廿三号京信,云一二礼拜后迁居抚州馆。夜,发廿五号京信,双挂号去。

阅二号《神州报》,云京师有复辟之举,主其事者,康、张二人最显著,报所云,似一号午前四时复位。

**十八日,己酉,六**　　阴,时漏日光

清晨诣程,遇诸涂,偕至新开茶馆一谈。午后大雨,雷作,雷不

甚大。傍晚闻道署后公街有新造七开间洋房一坐将毕工,忽全屋倾坍,压死三人,伤一人。闻为雷击,然雷击未有全屋尽陷者,莫知其由。又三号所到由杭派来新兵分驻大庙、小庙,其在小庙有对神像便溺者,随死三人。有一人复苏,云为神殛,面白者尚好说话,面红者极凶云云,盖即忠靖王两傍神将也。

**十九日,庚戌,七** 雨,天凉
夜顾荩臣来。

**二十日,辛亥,八** 雨,天凉
得《无题》七律两首。程文焕来。王培之来。

**廿一日,壬子,九** 晴
王辅臣来。下午得十四日彭儿明信片,云即日出京。

**廿二日,癸丑,十** 晴
王辅臣来,李剑青来。阅报,所言多不足信。得《纪事》七律四首。

**廿三日,甲寅,十一** 晴,日光不烈
清晨诣顾荩臣一转。午刻谒道尹,并饮浮沚,盖林襟宇所招也。便诣二陈一谈。《瓯海潮》馆送十三期报一册。周玉山尚书住天津英界孟庄。

**廿四日,乙卯,十二** 晴
诣陈子曼一坐。夜大风雨。

**廿五日,丙辰,十三** 风雨交作,天陡凉
傍晚,顾荩臣云,电报今日不通。

**廿六日,丁巳,十四** 风雨如昨
成五律二首。

**廿七日,戊午,十五** 雨时作,风稍止
晨起,成七言律、绝各一篇。

**廿八日，己未，十六**　　晴

得七律一首。巳初，普济进口，彭儿平安到家。云于十六日出京，再迟两钟火车即不开矣。不但行李无失，又提前取得毕业证书。兼有同学借以川赀，可谓大幸之至。毕业系乙等第七名，于总榜为第八名，盖甲等只一人也。

阅报，见瞿鸿玑辨明未曾疏请复辟电及梁士诒、李经羲反对复辟，痛詈张勋各电，旧官僚之人格无不毕见。不有上年袁氏之帝制、本年清廷之复辟，尚不能尽见旧官僚之为人。又云清廷拟取消复辟之文无人办理，盖已鼠窜一空。如是情形而欲举事，岂非儿戏。又云屡次恳邀，徐世昌拒绝不理，其于清帝如是，何况张勋。冯国璋于七号就代理总统职，段祺瑞为内阁总理。下午顾荩臣来，云省电，北京于十二号完全收复，已布告。

**廿九日，庚申，十七**　　晴

初入伏。得七律一首。

**三十日，辛酉，十八**　　阴晴不定，时而雨作

# 六　月

**初一日，壬戌，十九**　　阴雨竟日

**初二日，癸亥，二十**　　阴雨如梅天，又如秋霖

某处送来《飞霞报》两纸。

**初三日，甲子，廿一**　　雨

**初四日，乙丑，廿二**　　雨

陈谱孙老太寿，送礼四色，未赴饮。陈雅堂、屈虞臣来。由镇泰取回汇款。温处各地戒严，不知何因，见十八日警备统带通告。

**初五日，丙寅，廿三** 雨

得五律两首。

重翻《广博物志》毕，十五册以前所采颇佳，以后则繁芜不堪，须分别观之，多录二氏言，尤可厌。近人程维周《人镜类纂》十六册，虽兔园册子，而专重人事，略于天、地、物三门，颇便采用。

**初六日，丁卯，廿四** 雨，偶见日光

得南盐场知事函，催取寿文。

**初七日，戊辰，廿五** 雨阵甚大

得七律、五律各一首。为龚母刘太孺人撰寿序一篇，由信局寄平阳。

**初八日，己巳，廿六** 雨，午后雨止

滇军第六师师长张开儒单衔发电，不认冯、段为总统、总理，于冯诟詈尤甚，理由极足，可谓敢言。海军程璧光、林葆怿通电反对政府，率舰入粤。两电均佳。《神州报》廿一日登有李经羲见宣统一则，极趣。

**初九日，庚午，廿七** 雨晴不定

以函致程，询问王应常军门住址。寄书由安徽庐江金牛镇王义兴宝号王善云兄查收，转送柯家坦王军门宅。

**初十日，辛未，廿八** 晴

发王应常信，保险去。

**十一日，壬申。廿九** 晴

陈子曼以七律两首见示，偶答之。

**十二日，癸酉，三十** 晴

帆游卡员方君来，云黄枚生病颇重。爰得一诗。

**十三日，甲戌，卅一** 晴

顾、屈二人先后来。

**十四日,乙亥,八月一号　　　晴**

得俳体七律一章。阅《春秋繁露》竟,不见此三十馀年矣,欲言公羊学者,必究此书。

**十五日,丙子,二号　　　晴**

程文焕来。

**十六日,丁丑,三号　　　阴晴不定,午后雷雨大作**

**十七日,戊寅,四　　　阴,微雨**

诣陈子曼一谈。

**十八日,己卯,五　　　晴**

冯国璋一号就总统职。

**十九日,庚辰,六　　　晴**

受暑,小不快,发热,咳嗽,腹痛,作泻,服药一剂。

**二十日,辛巳,七　　　晴**

**廿一日,壬午,八　　　晴**

连日呼医服方,已小愈,乃入夜又大发热,浑身如火,竟曙不眠。

**廿二日,癸未,九　　　晴**

午后发热微轻,夜不得眠。

**廿三日,甲申,十　　　晴**

稍见清爽。午后睡一觉。下午发安徽黟县缄一件。夜复安眠。

**廿四日,乙酉,十一　　　晴**

发南通县、广德县各一函。得洪博卿函,云陈介石死状颇悉。

**廿五日,丙戌,十二　　　晴,热极**

**廿六日,丁亥,十三　　　晴,热甚不可支**

林浮沚以诗来。

**廿七日,戊子,十四　　　晴**

和浮沚一诗。下午颇有雨意而未雨。

**廿八日,己丑,十五** 　　阴

发上海卢由凤①、兴化许笑予各一函,皆应征诗钟卷也。寄陈醉石挽联去。

**廿九日,庚寅,十六** 　　阴

王虎臣来。大有雨意而不雨。

**三十日,辛卯,十七** 　　晴

顾、程、赖三人先后来。

# 七 月

**初一日,壬辰,十八** 　　阴

发庐江、上海两诗钟信。

前明赵养葵《医贯》、国初高鼓峰《心法》、吕高《医案》及明人薛成《医案》,皆害人之书,可勿寓目。明人陶节庵《伤寒六书》、吴绶《蕴要》二书,《医贯》推之,徐灵胎谓二书却是自开简便门户,不足以发明仲景,仲景书细读,本自了然。汪切庵谓陶节庵《伤寒六书》参合后贤之治法,尽更仲景之方名,究未尝有片言只字发挥仲景一症一方者,又变前法,不复分经论治。仲景之书奥渺难穷,节庵之书显浅易读,世人奉为蓍蔡,故识见愈卑猥也。自成无己注后,近人如方中行、喻嘉言、程郊倩皆有《伤寒论》辨②。按:陈修园极重柯琴韵伯注本。

**初二日,癸巳,十九** 　　雨时作而不大

**初三日,甲午,二十** 　　雨意已止

---

①　"凤",应为"凤"。

②　指方中行《伤寒论辨》、喻嘉言《尚论张仲景伤寒论重编三百九十七法》、程郊倩《伤寒论后条辨》。

**初四日,乙未,廿一**　　晴

晒书。

**初五日,丙申,廿二**　　晴

晒书。《伤寒论》,张隐庵、张令韶、陈修园所注为原本,各家多移易为别本,原本无如陈氏,别本则《金鉴》所定较明。然各家之解释论辨,中多有见,仍须博观也。《金匮》同此。方论之书,亦以《金鉴》所采为详,然习见之《医方集解》、《古方选注》均不可废。读汪切庵书,而以费伯雄《方论》逐条附入,再参以陈修园《时方妙用》,会通澈悟,亦足以应人之求矣。陈氏各种凡例读法,可合抄一帙,他家亦然,此亦捷法。陈子万来。

**初六日,丁酉,廿三**　　晴

宣战命令见于十四日,由是日十钟为始。浙运使胡彤恩免职,简袁思永。午后雨一阵即止。

**初七日,戊戌,廿四**　　晴

发安徽巢县诗钟函。得王应常复书。发洪博卿复信。午后微雨。

**初八日,己亥,廿五**　　晴

发南京屈蠖文社、巢县高林学校、汤溪孙慎斋诗钟函各一封,连前共发此等函十一处矣。

**初九日,庚子,廿六**　　晴,下午雷电作而不甚大

**初十日,辛丑,廿七**　　晴,午后雨

**十一日,壬寅,廿八**　　阴晴不定

程端礼《读书分年日程》、唐翼修《读书作文谱》、欧阳省堂《点勘记》三种均为初学成学所不可无之书。自张南皮《𬨎轩语》出而三种废,加以《𬨎轩今语》及康、梁各读书法流行,益无人过问矣。

偶阅《利济报》残本一册,而后知陈志三之学未易及也。陈君名
虬,乐清人,光绪丙申、丁酉创利济学堂于瑞安,讲学授徒。虽注重
在医,而各门兼习。以保种强国之道首在医学,凡一切术数、方技之
学,悉括于医。思精议竑,颇能自申其说,洵奇士也。所撰有《蛰庐
丛书》、《利济丛书》、《利济元经》八卷、《利济汇编》、《利济外乘》、
《医历卫生经》、《中星图》、《医藏书目表》,刊有《利济报》,惜出报未
久即停。余曾得报数册而抽订为此册,其他著述均未之见,当次第
觅之。陈主讲七八年,及门虽多而高足殊少,若其所学,则更无衣钵
之传,大可慨也。同时平阳有宋平子燕生、金弢夫晦,瑞安有孙仲容
诒让,皆东瓯人物,今并亡矣。金亦瑞人,而居平阳。永嘉有王景
曦①,精校勘,为孙仲容校《墨子间诂》,因成《墨商》三卷,卓然可传。
其人有心疾,现居瑞安,或云亦瑞安籍。

**十二日,癸卯,廿九**　　晴
房东是日为普利道场,讽经祀鬼,亦时俗所重也。夜二鼓散。

**十三日,甲辰,三十**　　晴,两日极热
陈修园《伤寒医诀串解》为读《伤寒论》之妙法,不读此,则《论》
文不能读,读之亦不得端绪,是医流必须先读之书。《真方歌括》附
之,宜合抄一册以置肘后。

**十四日,乙巳,卅一**　　晴
程文焕来。秋热不可耐,入夜稍凉,月色亦佳。马彝初自杭州
来,盖赴瑞安吊其师陈介石也。

**十五日,丙午,九月一号**　　晴
吴兴双林陈贞伯以《碧浪湖垂钓图》征诗,为成七古一篇。

---

① "曦",应为"羲"。

**十六日,丁未,二号**　　　晴,热极

赖、王两人先后来。寄陈介石挽联,并附诗二首去。屈虞臣来,旋借来医书两部六本。

**十七日,戊申,三号**　　　晴

发吴兴县双林镇诹吉典陈贞伯函,盖应征诗也。上海《留声机报》八月三十日七月十三日出版,五日一刊,每期一张,编辑《吟坛》为卢由凤。下午大雨一阵。

**十八日,己酉,四**　　　晴

谢秋圃、郭长柄先后来。发上海乐天庐及《留声机》各一函,定报一月。程文焕来。彭儿发九铭电。

**十九日,庚戌,五**　　　晴

两三日又不爽快。

**二十日,辛亥,六**　　　晴

发卢贞木函,闻其生子也。得魏仲融南昌来函。

**廿一日,壬子,七号**　　　晴

发魏仲融复函,由南昌桃花巷南州胡寓收转。

**廿二日,癸丑,八号**　　　晴

普济船进口。

**廿三日,甲寅,九号**　　　晴

写就章一山信,附《心史》两册。又检文伯仁山水绢本立轴交彭儿带京。又写就九铭信。

普济帐房沈少祥,江苏人,庶务严子良,二副孙信琪。

下午,顾苌臣来说,为李梦九致函平阳教戏曲事。

**廿四日,乙卯,十号**　　　阴,天气稍凉

彭儿赴北京,二鼓上普济船,各事顺手,定明晨六钟出口也。三

鼓后大雨。

**廿五日,丙辰,十一**　　雨

发福鼎县桐音山馆一函。下午顾苉臣、李梦九同来,为李致一
函姜啸桥,说教曲事。

**廿六日,丁巳,十二**　　雨竟日

裁费伯雄《医方论》各条粘附《医方集解》内,以便稽览,尽一日
功始完。

**廿七日,戊午,十三**　　雨

翻阅医书,病情万变,欲提纲领,只有阴阳五行足以括之,五行
之生克制化,阴阳之乖合,皆致病之由,知其致病,则可得治病之法,
能精究此中元妙,则医术、丹诀、地理一以贯之矣。

潘伟如中丞《医学金针》八卷,本陈修园之《医学实在易》而稍加
参订,较原本更适用。类证分表、里、寒、热、实、虚、盛、衰八门及幼
科,凡六十六类,妇科不与焉。方有经方,有时方,其未备者,潘氏采
黄元御方以补之,而不及他家。费伯雄《医醇賸义》只分二十二类,
先自制方,而后及古方,亦经方、时方兼采,听人择用。两书大体相
同,皆极简明,便于入用,惟论治间有不尽合处,学者正应从此悟入。
费系名医,阅历最深,造诣亦邃,其书于长沙外,宗法金元四家而归
于喻,馀均不置喙。于《伤寒论》无撰述,谓有程、柯、吴及喻氏《尚论
篇》,无庸再赘一词云云,截断众流,不复滥及,亦可见矣。习此道
者,非简要精通不可。今定以此两书及《心悟》共三种为入门之钥,
《伤寒》、《金匮》则用陈氏注本,《本草》亦然,《方论》则汪氏《集解》、
陈氏《歌括妙用》等,再参以王氏《古方选注》可矣。

发九铭信,见七号命令,已放广东教育厅长。

**廿八日,己未,十四**　　晴

发彭儿信,双挂号寄北京。程文焕招饮,未去。

**廿九日,庚申,十五**　　晴

下午程文焕来。夜二更后雷大作而不雨。

# 八　月

**初一日,辛酉,十六**　　晴

顾荩臣来。

**初二日,壬戌,十七**　　晴,连日秋热,颇不可耐

**初三日,癸亥,十八**　　晴

章味三来。

**初四日,甲子,十九**　　晴

诣顾荩臣一谈,渠新自平阳归,说及戏学堂事颇详。夜五更大雷雨。得七律两首。

**初五日,乙丑,二十**　　阴

得五律两首,五绝四首。

**初六日,丙寅,廿一**　　晴

清晨答诣章位三、朱眉山、李梦九。下午得廿八日彭儿上海来信,云廿九附新铭晋京,因水阻,火车停开也。孙文已就大元帅职,放官多人。各省颇有反对教育、实业厅长者。

**初七日,丁卯,廿二**　　晴

下午李梦九来谈浮沚诗钟揭晓事。

**初八日,戊辰,廿三**　　晴

顾荩臣送梨六枚来。

**初九日,己巳,廿四**　　阴

得七律两首。涵瀛店有《潜研堂丛书》七十册,多破烂。吴荷屋

《历代名人年谱》十二册，张荫桓重刊，无甚好处。诣程文焕，未晤，已移居蛟翔巷。

**初十日，庚午，廿五** 晴

发北京信，内附四件。师范学校校长永嘉姜琦伯韩送所撰《中国国民道德概论》一册来。

**十一日，辛未，廿六** 晴，下午忽大雨一阵

**十二日，壬申，廿七** 阴

借来《潜研堂文集》十五，读其《感应篇笺注序》，成《书后》一则。下午李庆三来。夜顾莨臣来。

**十三日，癸酉，廿八** 晴

谢、程二人先后来。下午五钟广济到。接彭儿信一封，名片二。系初四夜抵京，住九铭寓。九鸣赴任与否尚未遽定。

**十四日，甲戌，廿九** 晴

发北京信。

**十五日，乙亥，三十** 晴

清晨诣顾处一坐，而顾旋来，并送一广东柚子。得七律一首。夜月色大佳。

**十六日，丙子，十月一号** 晴

清晨答诣李庆三。得黄燕宾自温岭来信，谓现充该县司法书记，月薪廿元。连日阅《潜研堂集》，无意于文而文极佳，篇无剩句，句无剩字，精实和平，绝无一点凌厉之习，颇不满于桐城派，而于望溪尤多讥词。夜，诣朱眉山饮，月色不甚佳。报登京师又有十五日复辟之谣，各报大同小异。

**十七日，丁丑，二号** 晴

诣王辅臣一坐。李剑青来。阅泾县胡寄尘所编《清季野史》一

册，系壬子年出，杂乱无绪，中有《中日兵事本末》、《庚子国变记》两篇，又《拳变馀闻》，署名罗惇曧，不知何人，所纪颇翔实，馀亦不无可采者。

**十八日，戊寅，三号**　　晴

与李剑秋偕诣林氏公园，并诣程处阅十二日《新申报》，所登复辟谣言极详。

**十九日，己卯，四号**　　阴

发上海严、李，六合张，广德陈四函。广济到，得九月廿九号九铭信，似有赴任之望。即答一信，内附彭儿一纸，并屈老二函。

**二十日，庚辰，五号**　　阴

选派参议员、召集新国会、缉拿孙大元帅等犯，均见命令。

**廿一日，辛巳，六号**　　晴

诣钱中选店定笔。顾苕臣来。

**廿二日，壬午，七号**　　晴

**廿三日，癸未，八号**　　晴

发浙江通志局章幼孜诗钟函。

**廿四日，甲申，九号**　　晴

顾、屈二人来。是日因江慎修先生先天、八卦见于净阴阳之言，考得河洛、太极、先天均见唐初邱延翰《理气心印内传》，然则不始于陈希夷，汉学家必以此书为伪，就令其伪，而不伪之《参同契》自在，足关其口而有馀矣。疑团在胸，一释大快。

**廿五日，乙酉，十**　　晴

又晒书籍。

江氏《纳甲说》一篇，自创新解，殊有妙义。谓有六画卦之纳甲，京房占术是也；有三画卦之纳甲，虞翻解《易》、魏伯阳作丹取象于月是也。谓月上弦、下弦光体一半,而兑两阳一阴、艮两阴一阳,非当其半,如何能肖方位? 亦牵强凑合,壬、癸北方,无月,离何以纳壬,坎何以纳癸? 必非纳甲之所以然。

堪舆家最重卜筮,修养家亦言之。九月底,十一月初十,形家以此察山川之性情,辨阴阳之贵贱,审吉凶之避就,妄以月体盈亏解之,至理真数之冥昧也久矣。今作图如左,图甚佳。

《老子》《参同》《悟真》《褚氏遗书》《千金方》内房中补益论,《外台秘要》内素女论,俞氏《积精篇》补孙氏释人、沈氏释骨,拟汇成一书,分内外编,名《言学》。

**廿六日,丙戌,十一　　晴**

冯箴西来,云瓯关监督改放胡思义。

**廿七日,丁亥,十二　　晴**

林崇兰来。

**廿八日,戊子,十三　　晴**

顾荩臣来。连日天色晴爽,晒书合宜。陈子万来。

**廿九日,己丑,十四　　晴**

顾荩臣以菊花画册属题,为题七古一首。册中题者九人,孙仲容《满江红》词一阕颇佳,陈志三则五古也。桂花盛时,以稻草一把围其树,则花尽落如雨;橄榄则以盐少许置树孔,其子即堕。均不解其故。

**三十日,庚寅,十五　　晴**

清晨诣顾未面,答冯亦尔。广济到,得北京三十八、四廿、五廿乙号三缄,云九铭三四日后赴奉。又得卢贞木南昌寄来书八册。发第四号京信,双挂号去。

# 九　月

**初一日，辛卯，十六**　　晴

发铨叙局长信。

**初二日，壬辰，十七**　　晴

普济进口。得六廿二、七廿四两号京信。

**初三日，癸巳，十八**　　晴

发五号京信。《啸亭杂录》所记皆国朝掌故，而于满洲制度、大典、琐俗尤详，笔记中佳书也。《茶馀客话》亦好，须觅足本。

**初四日，甲午，十九**　　晴，午后忽雨，竟夜不止

是日为王节母徐太孺人别构七旬寿诗七古一首。

**初五日，乙未，二十**　　晴

得五律一首。借来《熙朝新语》八册一览，久不见此，重翻一过，多剽窃诸家，不足存也。

**初六日，丙申，廿一**　　晴

偕陈子范诣第一初等小学，盖校长王亦聆为伊太孺人七十寿辰开会称祝，饮后始散。归，又成七律一篇。

**初七日，丁酉，廿二**　　晴

**初八日，戊戌，廿三**　　晴

成七律两首，为天津水灾咏也。得八月廿日、三十、九月初一八、九、十号京信三封，知九铭于廿六已赴奉天。又得初三日章一山信。

**初九日，己亥，廿四**　　晴。重阳

发章一山函。发六号京信。林浮汕来。程文焕来。一山住上

海新闸路池滨桥高照里。

**初十日,庚子,廿五**　　　晴

**十一日,辛丑,廿六**　　　晴

谢君□□来。

**十二日,壬寅,廿七**　　　阴

得七律四首。朱眉山以所撰《富阳新志补正》一册见贻。

**十三日,癸卯,廿八**　　　阴,偶漏日光

夜饮朱眉山宅,是日为其第三女赘婿吉期也。二更后雨。林浮
沚来。

**十四日,甲辰,廿九**　　　雨,天寒

**十五日,乙巳,三十**　　　雨

**十六日,丙午,卅一**　　　雨

冯篆西来,云杨敏夫廿八六十寿,同乡各赠一诗,并属代撰
一律。

**十七日,丁未,十一月一号**　　　阴

普济、永川进口。得九月初三、初九所来十一、十二两号信,附
来教育厅各员俸级表。闻年尾或明年有考试法官之举,章程极苛,
考取须学习两年,学习期内只给月薪三十元云云,十月十九日命令
公布。海市等诗钟四律列名甲等五名,奖品说部小书一册,诗笺五
十纸。

**十八日,戊申,二号**　　　阴

顾芑臣来。发七号京信。

**十九日,己酉,三号**　　　阴

午后顾芑臣偕普济二副孙信琪字海君者来。孙,甬人,年仅廿
八岁,而游遍地球,能操五国洋话;颇通中文,闻好作诗,亦不可多得

之才也。旋以诗集一部赠之。陆师琦来。夜雨。

**二十日，庚戌，四号**　　阴，时漏日光

南盐场知事龚君来。

**廿一日，辛亥，五号**　　晴，天气颇佳

午后答诣林浮汕，不遇。由西边纵步过籀园，近松台山下而归。

**廿二日，壬子，六号**　　晴

午后诣朱眉山一谈。途遇王佐臣，云陈墨农已殁。赖可恒来，未面。

**廿三日，癸丑，七号**　　阴

王甫臣来，谈及七灵殿内有一老者解魇咒术。郭、冯来。顾苙臣来。

**廿四日，甲寅，八号**　　阴

清晨至刘大成纸店买对子一付。刘次饶自平阳来，盖接充中校校长也。得九月初十、十六所来十三四号京信，云奉天之局已定，为附设银行主任。

**廿五日，乙卯，九号**　　雨

发八号京信，又章一山函。

汪东亭在上海杨树浦美兴街东首长安里一弄一百六十七号新安汪第。《三教一贯》一元，原本《仙佛合宗》一元六角。

丁巳十月三十日《申报》内桂林沈惟一报告：考试法官定明年正月十五甄录，二月一日考试。

《三体摭韵》、《唐诗金粉》两书必须常置案头。《静志居诗话》、《蒲褐山房诗话》皆以骈语叙述，极妥洽霱丽。王书未见单本，仅见《湖海诗传》中。

拟录近人七律之精丽者一二百首以资讽玩。

**廿六日,丙辰,十号**　　晴

午后陈子万来。答诣刘次饶。程文焕来。

**廿七日,丁巳,十一号**　　晴

诣冯宅,未面。诣陈、顾两处一坐。

**廿八日,戊午,十二**　　晴

诣杨敏夫处祝寿,夜二鼓归。是日购得商务馆所售松烟墨汁,每瓶三角,颇便用。是日得七律两篇,五律一篇。

**廿九日,己未,十三**　　晴

屈虞臣来。午后诣林浮汕,未晤。阅《张船山集》,虽为越缦所轻,而空灵超妙,天分殊不易及。且名贵气亦足,究为佳诗也。

精选近人七律一二百首为《七律毕能集》,七绝则为《证悟集》,两者皆已录定,可付钞胥。

**三十日,庚申,十四**　　晴

收回陈雅堂处洋二十元。

# 十　月

**初一日,辛酉,十五**　　晴

伤风,颇不适。得廿一日十五号京信,内附九铭与伊信。发九号京信。林浮汕太太来。

**初二日,壬戌,十六**　　晴

顾荩臣送来孙二副函,其家在奉化萧镇,现丁内艰。寄《法律讲义》两册赴京。姜啸樵来一诗函。

**初三日,癸亥,十七**　　晴

和姜诗三首。林浮汕索回小说五册。

**初四日,甲子,十八** 晴

下午章吉士、程文焕同来,云有人投诗冒监督,疑出余手。稍顷,周仲明来,所言亦同。因成七律一首纪其事。

**初五日,乙丑,十九** 晴

以一诗致冒监督,旋得回信,并送近刻四种,意欲招我过谈。

**初六日,丙寅,二十** 晴

诣冒监督罄谈,前嫌渐释。午后得九月三十日十六号京信,云九铭已调署江苏教育厅长,见十四号命令。又得同日发十七号京信,又章一山廿九来信。两广巡阅使陆荣廷日前以将军调京,以龙济光继任。现又闻陆自兼粤督军。又湘督军傅良佐、省长周肇祥均逃。又总理段祺瑞辞职。

**初七日,丁卯,廿一** 晴

发十号京信。

**初八日,戊辰,廿二** 晴

杨伯畴来。午后诣胡润之一谈。云伊岳陈志三之《利济元经》只刻三卷,馀五卷未刊。《利济报》仅出丁酉一年。现在瑞安医院无人继办,存报一堆,不知全否,须待细检。仅以《丛书》十册及《治平通议》等共十五册假阅。并赠陈栗庵新刻《白喉症方》一册。又云志三自知不能永年,亟亟撰述,脱稿即付棃人,不及审详,颇欲有为而力不足副其志。殁年五十三,无子,有侄某,不能世其业。又云尤在泾《伤寒贯珠集》苏省可购,渠亦有此,亦许借读。又云丁福保所撰书,多以钱请人代著,矛盾处多。

得十月初二日十七号京信,京中又有变局。

**初九日,己巳,廿三** 晴

翻阅《利济丛书》十册,皆光绪丁酉全年《利济报》所汇辑,出陈志三手撰者约十之三四,馀皆选录他报。其中要件为《元经宝要》三卷、《利济讲义》一卷、《蛰庐诊录》二卷,次则《利济教经》一卷、《教经答问》四卷、《中星图略》一卷、《卫生经》一卷,均可单行。《元经》本八卷,先刻三卷,馀稿在其子冶夫手,此为志三医学全书,必当尽刻者。又见《论霍乱》一册,不在其内。其谈时务、思用世者,为《治平通议》八卷,内分五种。又《报国录》四卷,专讲乡团。另有《译林》一种未成书,云此书成,则东西各国文字无不可译。谓天下凡有音皆有字,与古人有音无词之说异,可云奇创。

### 初十日,庚午,廿四　　晴

答诣南盐场知事,未面。定笔廿枝。在支那局购书两种。该坊有《宋诗纪事》一部,索价八元,汲古本《毛诗注疏》一部,旧版唐仲言询《唐诗删改》一部十本,一元六角。屠刻《困学纪闻》五笺,板尚佳而集证不及翁注之详。是日,各学校举运动会。顾荩臣来,交来孙逊斋信琪所赠《剡川诗录》两册。

### 十一日,辛未,廿五　　晴

龚知事偕长林场李知事常字爕纲者同来,因本日招饮未赴,特来面约,并订定房东潘丽生局面,属于明日往见,后日同行。

### 十二日,壬申,廿六　　晴

陈某来,云闻章吉士说,又有人送冒监督诗八首,将刊于报。朱老大来,以一函托寄京。

### 十三日,癸酉,廿七　　阴

顾荩臣来,云新监督今日可到。永宁进口。得北京初五日所发十八号快信,云九铭已到京,约两星期可赴任。发十一号京信。又得初七所发十九号信。赖可恒来,云昨有电至营戒备。王志澂卸鄞县事,回瓯来谈,云甬江情势亦将有变,闻杭州又独立。

**十四日,甲戌,廿八**　　晴

清晨答诣王志澂,未面。阅报,见九铭电金陵,云廿七号起程。

**十五日,乙亥,廿九**　　晴

程文焕来谈,谓温州昨日开军事会议,后即电各处,本日宣布独立,联名者五人,道尹在内。系对于省会、京师而为独立之发起人,其谓奉杭州电者,误也。传电者为蒋尊簋、王文庆、项仲霖诸人,促成者王志澂也。以上皆程所说。午后诣医院问刘次饶病,所言多同。瓯关监督到,闻冒氏避居招商局。云须招兵两团,布告列名为警备队统带戴任,道尹赵曾藩,新军杨三冬,水上警察游广,警察署长徐缉之。

**十六日,丙子,三十**　　晴

清晨诣顾、陈略谈。王辅臣来。

**十七日,丁丑,十二月一号**　　晴

诣程文焕,谈及招兵是实,王子澂任秘书长,瑞安人朱某任参谋长,各处均派侦探,令知各县截留地丁。一切皆由司令部即军政府主张,道尹概不与闻。又云宁波开仗,官军得胜。发十二号京信,附抄稿一纸去。

**十八日,戊寅,二号**　　晴

《瓯海公报》发表司令部各员名单及招兵布告。午后诣杨、李二处一坐。诣陈水警,未面。与王辅臣一谈,闻定徐象先为永嘉知事,派绅富助饷,林渭春一万元。闻冒监督之逃,因原告陈梁请司令部扣留追缴吞蚀税款,闻风急遁,并闻议令出饷六万元。夜顾苤臣来谈,出示甬函。云甬商会等以保全地方,与独立军队议和,筹洋四万元,兵每人五十元,官每人三百元,请其遣散军队。因省兵将到,如议办理,并抢新凤祥银楼等十馀家约十万外,一哄而散,司令官已先逃云云。程文焕亦至,云温州自主今日下午取消,以赴甬之侦探回,知官军力大,万不能敌,故不能不出于此策。儿戏至此,亦从来未有之笑谈,真所谓温州莫大之光荣矣。

**十九日,己卯,三** 晴

清晨诣王辅丞,又同诣钱伯吹一谈。又看刘次饶,云王子澄已回平。闻青田知事被害。见《取消自主通告》,系戴、赵、杨三人联名,盖用统带关防。

发十三号京信及章函。冯箴西、林浮沚来。冯云各机关人员及道尹、监督并加给委任状,由司令部令饬。徐象先提议绅富助饷,自五千元家产以上一律筹捐。派林浮沚一万元,馀人均有数目。甬军大败,军官均逃,绅士凑洋廿八万元,给兵缴械。

**二十日,庚辰,四** 晴

取消自主布告见《飞霞报》。王、赖二人来。夜微雨。

**廿一日,辛巳,五** 阴

清晨得京电,云五号赴宁。名字讹为郑,至局复查,据云此间不误。程文焕来。到金陵须觅梅伯言、管异之、汪梅邨、金亚匏诸人书。

**廿二日,壬午,六** 晴

午后得廿号、廿乙号京信两封,去信收到第十号,知九铭于十四日先行,眷口稍迟,乘火车去。住屋在彩霞街马姓大宅,定以会计,属彭儿兼一专门科员。

**廿三日,癸未,七** 晴

发十四号信。附入九铭信内寄南京。

**廿四日,甲申,八** 晴

裱糊西正间屋。程文焕来,云童保暄所派查案之团长前日已到,所查尚无消息。派驻之第十师一营尚未到瓯。报登余筱璇编修昨日逝世。

**廿五日,乙酉,九　　晴**

为龚君鸣孙代撰《谱序》一篇,并来件交信局寄平阳。了一文通,心中殊快。

**廿六日,丙戌,十　　晴**

得九铭二号自南京来信,尚未云何日接印。得黄仲荃自泰宁来函,附诗文稿册及朱复戡诗数纸。即以一函答黄。

**廿七日,丁亥,十一　　阴**

程文焕来,取去《瓯海公报》六纸。午后,赖可恒来托一事,即为诣黄漪崟,未晤。夜二更,得彭儿自南京八号来信,云廿六晡自京抵宁,先住彩霞街,即移复兴街张宅,即幼樵学士屋,教、实两厅均在内也。又得一山廿三函,云为图上海交涉署一席。

**廿八日,戊子,十二　　晴**

发十五号信,寄南京,又章信。夜雨。

**廿九日,己丑,十三　　阴**

得南盐场回信。午后龚知事来,据云送眷归里,到此候船。微雨,杨伯畴来。

# 十一月

**初一日,庚寅,十四　　晴**

诣答龚君,未晤。诣医院看刘次饶,谈片刻。为赖事函托黄帮办,旋得回信拒绝。两日阅陈志三《治平通议》等编,亦瓯江之陈同甫也。

**初二日,辛卯,十五　　晴**

赖可恒来,龚鸣孙、朱眉山、陈子万来。陈云杭州又有不稳消息。

**初三日,壬辰,十六**　　晴

王甫臣来,留之午饭。黄漪荼来,谈及新海关监督之言动,亦可谓奇。送李、杨两处贺洋。

**初四日,癸巳,十七**　　阴,旋晴

下午赴杨小渔处饮,以续娶也。阅瑞安医士陈栗庵葆善《白喉条辨》一册,系伊弟子胡润之鑫所赠者,心得之言,熟于《内经》,迥非时手所及。陈为志三高足,胡又志三婿,均以医著名于瓯,然亦不甚效。

**初五日,甲午,十八**　　晴

王甫臣来,程文焕来。

**初六日,乙未,十九**　　晴

以酒与鸭送王甫臣,酬其医药也。

**初七日,丙申,二十**　　阴,连日寒甚,有雪意

成七律四篇。诣程、王二处一谈。夜,得南京十二号、十五号两函,云七号组定,委一科二等科员,专任会计,月薪六十,照章减去不少。又得章一山初四信,云玫伯处已送关,似可来沪,交涉员尚未到。

**初八日,丁酉,廿一**　　阴雨

发十六号南京信及章一山信,信内附诗。

**初九日,戊戌,廿二**　　阴。冬至节

**初十日,己亥,廿三**　　晴,两三日来颇寒冷

诣刘次饶,已回校。连日阅张樵野《三洲日记》八卷,中多可采。其出使正与薛叔云同时。陈雅堂交来十乙元,余订十八日。

**十一日,庚子,廿四**　　晴

得初六日南京信,即答一信,为十七号,内附致九铭一函。发郭啸麓快信。

**十二日，辛丑，廿五　　晴**

地人李剑青卓以女受聘宴客，夜往赴之，座上多不识面人。

**十三日，壬寅，廿六　　晴**

发十八号南京函。龚知事来，言潘房东事，另属觅人。不得已，以赖可恒应。

**十四日，癸卯，廿七　　晴**

龚来，说定赖事，属往见。得章一山初九信，云曾不来，随答一函。

**十五日，甲辰，廿八　　晴**

发十九号南京信。又发九铭信，又章一山信。

**十六日，乙巳，廿九　　晴**

清晨答诣普济二副孙君，谈良久许。所志颇大，思于三门湾辟商埠、造铁路，谓事行足夺上海之利。上海海口水浅，只能容吃水十八九尺之船，船大即不能入口，三门湾可容吃水四十尺之船也。又云象山港更胜此港，既定为军港，不能作商埠矣。询以浙事，据云即入民党手。亦有争端，最凶暴者为新昌、剩县、奉化三属交界之人，因一二元而出命案者往往有之。午后诣顾茋臣，闻其妇产后病危。

**十七日，丙午，三十　　晴**

龚、赖二人来，程来，说道署得密信及梅来事。

**十八日，丁未，卅一　　晴**

龚来，云赖辞馆，仍留潘。赖旋来，云决不去。屈来。陈雅堂来，付九元，尚少六元，约廿五六付，并登清折。

**十九日，戊申，七年一月一号　　晴**

闻梅占魁统温处警备队，王文彬统衢防，均于昨日到。午后往拜，未晤。便诣水警，亦未面。

**二十日,己酉,二号** 晴

偶翻《湘学报》残本,颇佳,惜仅得一年。凡报馆著论、学堂讲义、议院案牍,皆是一副笔墨,袖而观之,获益良多。各种日记、游记亦然,愈近愈有用,所谓"不出户知天下"也。杨伯畴来。

**廿一日,庚戌。三号** 晴

得阳历十二月廿八号即十五日南京信,即发二十号信去。

**廿二日,辛亥,四号** 晴

由中国银行交来南京廿八号发汇信一封廿元,约明日往取。

**廿三日,壬子,五号** 晴

取回汇洋廿元,送力二分,邮票三分。王甫丞来,留之饭。

**廿四日,癸丑,六号** 晴

闻普济船在吴淞口被新丰船碰坏,全船三百馀人,获救者五六十人,惨哉!尚无从知其确数也。鲁启云突来,托荐伊戚,大奇。云永嘉郑知事撤任,委一廖姓赣人。

**廿五日,甲寅,七号** 晴

有人传冻疮秘方,用狗骨焙灰,好麻油调敷,立愈,极验。狗骨觅之丐者可得。王质夫统带文彬来答拜,谈及各事,云一两日内赴衢。傍晚得南京二十日来信两封,系接到十一日去信后所发。又同日九铭答信,仍多函胡。又章一山信,寄示和王君漱兰七古一篇,尾附数行,系答初八诗函者,继此两信尚未入览也。

**廿六日,乙卯,八** 晴

发章一山信,并诗一首。又以《蜕庵续稿》两册邮属审定,兼赠以笔廿枝,共去邮费乙角八分。王甫臣来,云普济失事在廿乙日,徐班侯夫妇、孙媳及仆媪共十二人,只轿夫一人获生。全船三百多人,救出四十九名,洵大劫数矣。同居潘炳光本日娶媳,在彼晚筵。天台袁子羽之球自沪寄一笺并三代遗编一册来,素不相识,以寓章一山处,得见吾之笔札诗句故也,即海帆太史之子。

**廿七日,丙辰,九** 晴

梅统领来拜,谈良久。午后出门一走。

**廿八日,丁巳,十** 晴,午后阴

接廿二南京信,十一号。即复一函。又发章一山信,内附答袁君一纸。

**廿九日,戊午,十一** 阴

九铭眷住彩霞街马姓宅,公署在复兴巷张宅。闻顾荩臣殁于昨夕,旬日之间夫妇双亡,可怜已。赖可恒来,云陈赞唐调馀姚。得廿五日南京信。

**三十日,己丑,十二** 晴

发廿二号南京信。

# 十二月

**初一日,庚申,十三** 晴

拟撰《军人必读》三篇,一为警告上级军官,二为下级军官,三为军士。用白话体。其宗旨在顾惜同袍,不为人所利用。又拟撰文数篇,题曰《督军省长职权之比较》,曰《督军省长与阁员之比较》,曰《知事职权》,曰《民国急务应从厘定官制及服官资格入手》。午后诣陈子万,未晤。在申报馆一坐,携来《复辟饮恨记》一小册。

**初二日,辛酉,十四** 晴

《饮恨记》自署张一厂,不知何人。皆哀集报馆中说,无他秘要。第辑成一册,颇便翻阅。中凡九篇,第七篇《复辟黑幕》最要,采张电三通、孙毓筠《记》、张伯烈《记》、指迷君《记》各一篇,合以康南海致徐东海书,案无遁饰矣。此虽小册,足与《八十三天皇帝梦》一帙并传。

**初三日,壬戌,十五**　　晴

诣梅统领,未面。程文焕来。杨伯畤来。

**初四日,癸亥,十六**　　阴

陈雅堂处来洋五元,共来五十元,子钱今岁皆未付。下午林浮沚送诗钟广告来,盖征题《孤山放鹤图》也。

**初五日,甲子,十七**　　晴

成题图七绝十首。得十一月廿九日南京信。新道尹抵温。

**初六日,乙丑,十八**　　晴

诣林浮沚一谈。

**初七日,丙寅,十九**　　晴

发廿三号南京信,所言颇长。席善夫来。诣梅统领,未面,旋以一函致之。王辅臣来。得冒监督金陵来函,谓陈伯严极倾倒吾所作和谢诗,恨不识同乡有此诗人。属将诗稿寄去,并示以《偶和》之作。随用其韵亦作两首。陈住南京头条巷。

**初八日,丁卯,二十**　　晴

发冒鹤亭信,附诗,并函托郭啸麓转交,因冒到京不知寓处也。

**初九日,戊辰,廿一**　　晴

午后诣道尹及朱眉山一谈。统领未晤。

**初十日,乙巳,廿二**　　晴

清晨至大街买信纸,最薄者名毛九。至涵瀛借来《浦城遗书》三十二册,中如《春渚纪闻》《四朝闻见录》两种应阅,但讹脱太甚。答诣杨伯畤。

**十一日,庚午,廿三**　　晴

程文焕来。

**十二日,辛未,廿四**　　晴

得初八日南京信,即答廿四号一函,内附致九铭一函。另寄诗稿三部去。得初六日章一山信,所去信件均到。

屈应洛自泰宁寄赠《沧浪诗话》一册,重订《昭阳扶雅集》六册,皆邵武徐小勿大令干辑刻者。《诗话》可宝,《扶雅》只卷六。杨兆璜诗绝佳,杨字渭渔,号古生,以甲科官至知府,有《东霞山馆诗集》入选,只四十一首。

张冕,字繁露,号蛊轩,道光丙午①举人,丙戌进士,改官教职,有《易》、《诗》、《尚书》、《学》、《庸》等书《纪疑》,《春秋志朔通考》,入祀乡贤。按:"志"必"至"字之讹。张精堪舆,有《撼龙经解》,施可斋《闽小纪》记其轶事颇详。

**十三日,壬申,廿五**　　晴

录《春渚纪闻》、《四朝闻见录》数十条。杨文公忆《武夷新集》中多七言排律。赵道尹交卸赴省。

**十四日,癸酉,廿六**　　晴

**十五日,甲戌,廿七**　　晴

是日中校为余太史、陈大令开追悼会,未赴,作挽词一章。下午刘次饶来。

**十六日,乙亥,廿八**　　晴

发章一山信。得黄燕宾温岭来信,即答一函。

**十七日,丙子,廿九**　　晴

南盐场知事来,未面。

---

① "丙午"有误,丙戌是道光六年,疑张冕中举为道光二年壬午。

**十八日,丁丑,三十　　晴**

拟撰《匹夫有天下》如《汉明二祖论》,又《一姓不再兴论》,又《民国宜行联邦制论》,官由选举,士出学校。程文焕、杨景皋同来。得《水仙》绝句六首。闻省派新军两营扎平、瑞。

**十九日,戊寅,卅一号　　晴**

诣刘次饶一谈。午后得南京十四所来双挂号信,并邮政局四十元汇票一纸,邮票只二分。屈虞臣来。岳州廿三号失陷,总统廿六号出征。

**二十日,己卯,二月一号　　晴**

发廿五号南京信。邮局取回洋款。范咏和大令来,渠改名希仁,字纯伯,前年分浙任用,现以查案温处,从泰顺来。谈杭州近情,谓客寓亦有两角一天者,供饭及油灯、茶水,尚可住,如五角者则舒服,至贵者每天五元。旅馆之最坏者南京之下关,起马八角,不供饭,即茶水亦不应,仅一房一榻而已。扬妓喧杂,每一馆多至数十人,据云南北无如下关者。

**廿一日,庚辰,二号　　晴,天暖**

答诣范纯伯,并偕饮醉乡楼。谈及北京、杭州近事,多闻所未闻。答诣杨景皋。

**廿二日,辛巳,三号　　晴,暖甚**

午后走诣范纯伯,未遇。下午渠来言别,云赴处州。夜二鼓谢年。

**廿三日,壬午,四号　　晴,暖甚,微有雨意**

成七律二章。得十八日南京快信,云九铭将于甄用人员内为我觅保,属寄履历去。

**廿四日,癸未,五号　　阴雾,天意欲雨**

开就履历稿,并检出档案文书多件以备证明。

**廿五日,甲申,六**　　阴

发廿六号南京信,内附致九铭信并履历稿。信将发,又得廿乙日南京快信,随添数语封发,另发包封乙个,内共十件。得章一山信,附癸丑淞社旧作十四首来。

**廿六日,乙酉,七**　　阴,稍寒

发一山信,附绝句三首。发廿七号南京快信一缄,内附委札四件。

**廿七日,丙戌,八**　　阴

**廿八日,丁亥,九**　　阴

连日似欲雨未雨。

**廿九日,戊子,十**　　阴

岁除。得诗二律。阅《广雅堂集》,似非完本,然公诗本不多也。夜阅《精华录》,烛花飞舞满案。又成二绝句。三鼓就枕。五鼓闻檐滴声,喜不可支,盖不得雨已三月馀矣。

# 民国七年戊午（1918）

## 正 月

**初一日，己丑，十一号。元旦** 阴

昨夜五更雨，天明止。枕上成七绝两首，风韵颇佳。午后看奴子分片数处，旧习虽未全除，然亦较前省便多矣。

《精华录》金荣林始笺，曾采惠注，足见惠注更在前。前得惠注新刻本，字大悦目，恨多讹舛。今此本已不存，当别觅之。

午后诣三官殿一走。陈叔咸、杨伯畴、陈子万、李庆山先后来。闻前警备队统带戴任在粤充参谋，又云在东洋。此君原名学礼，本湖南唐才常案内通缉要犯。

**初二日，庚寅，十二** 晴

赖可恒、杨敏夫、陈雅堂、章吉士、郭弼臣先后来。

郭谈及外海护商事，据云此次归水警，系由叶、梅等之意，以不欲再归徐也。除东门包办不计外，其自办者只两处。而平阳每年所入不过五六百元，坎门则每船出费十六元，本有三百馀船，现稍减，冬钓时办几个月即撤。开办期内支销四个月须用乙千二百元，又须设一船在坎门，委员薪俸月八十元，公费四十元，此可不动，馀则看开支多少。至水警区长薪俸月一百八十元，公费可馀五六十元，书记一员，月四十元，馀如司书不过十馀元一月而已。

**初三日，辛卯，十三**　　阴

清晨，冯箴西来，偕至黄漪荟一坐。又答诣杨敏夫，未面，与葆孙剧谈。午后诣屈虞臣、李剑青，均未晤。少顷葆孙来。

未初忽然地震，甚险，幸只三四秒时。时新军正入城也。

得七绝两首。林浮沚以《元旦》诗索和，答以一首。夜就枕，又得五律二首，七律一首。

**初四日，壬辰，十四**　　雨

诣冯箴西，未面。林崇兰、黄漪荟先后来。发第一号南京信，以超武兵轮之便也。梅统领招饮，未赴。

**初五日，癸巳，十五**　　晴

清晨诣梅、林、朱、章等处。王、童二君来，李梦九来。

**初六日，甲午，十六**　　晴

诣谢、程、李三处。任公度来谈诗。

**初七日，乙未，十七**　　晴

得五律二首，《题孤山放鹤图》七古、五古各一首。李庆山来。得二月六号九铭信，谓《诗册》已送陈散原，并录和冒二律呈览，赞不绝口云云。诣童梓仙，见其壁悬蜀人丁应昌大笔花鸟殊佳，其人现在苏。

**初八日，丙申，十八**　　晴

和陈子万绝句四首，又成《放鹤图》四绝句。

**初九日，丁酉，十九**　　晴

诣李、任两处，未面。询任公度之戚谷逊夫蒙校事，据云十九开学，有蒙师三四人，科学或单读中文均随人便。

新得《杜诗会稡》十二册二十四卷，萧山张远迩可笺，康熙戊辰自序，编年，不分体，多采仇沧柱、朱长孺说。首册缺烂过半，然旧刻字迹清朗,尚可存也。此与《树人堂读杜诗》二十四卷均罕见。《树人堂》系休宁汪灏紫沧辑,银城胡履亨和轩读,专讲读法,不详典实事迹。卷首序缺,未知定属何年,中多采钱笺朱注,似与仇少宰并时。

**初十日,戊戌,二十**　　晴

诣李剑青,未面。午后出街买蒙书三四种。诣陈叔咸小坐。李、赖二人来。发纽约学校林甄宇信。发二号南京信,内附致九铭信。

**十一日,己亥,廿一**　　晴

李剑青来,南监场知事来,未面。夜二鼓,得腊月廿八南京汇信,并洋四十元。

**十二日,庚子,廿二**　　晴

发三号南京信。

**十三日,辛丑,廿三**　　晴

阅石成金天基《传家宝》三十二册计三十二卷,分为四集,除俚俗白话外,可取者多。有几种可单行,已另选出,《金刚经注》尤好。

夜,饮李剑青宅,客谈徐宅扶乩事甚悉。绍兴孙某精于术数,预言休咎不讳,大吏多信之。又云前议员杭辛斋在拘留所时,得某传授奇门,能先知,然术浅,仅能知一岁内事。

**十四日,壬寅,廿四**　　晴

发杭州保安桥范纯伯信。泰顺人潘宗瀚,字宣丞,驻温办理印花税,来拜,云与刘品山岩同任总局科长,刘属其索诗集云云。刘仍居原处,不面已近十年矣。潘谈及与林太冲子亨甫有戚谊,亨甫已殁,馀一子。太冲遗书各种存稿尚在,所居去城四十馀里。

**十五日,癸卯,廿五**　　晴

上元佳节。答诣潘宣丞,未晤。以《诗》一部、信一封托致刘评山。得南京元、二号两信及陈伯严《诗集》。发四号南京信。上海绮社新编《销魂集》小说乙册,预约五角,售价乙元,正月底出版。

**十六日,甲辰,廿六** 晴

发瑞安洪博卿信并联。

**十七日,乙巳,廿七** 阴

忠恕巷火起,随即扑灭。检点书籍,以废件二十部五十七本寄陈雅堂代售。

**十八日丙午,廿八** 阴

发五号南京信,详谈移居事。

**十九日,丁未,三月一号** 微雨

送美官入三官殿谷宅蒙学。夜饮章吉士宅,昨日续娶也。南监场龚知事来,云明日晋省。答拜,不晤。

**二十日,戊申,二号** 阴

午后赖可恒来,谈旧道署西首土娼阿九家、铁井栏巷内阿招家两事。夜月色佳。

**二十一日,己酉,三号** 微雨

刘次饶来。

**二十二日,庚戌,四** 雨,不久即止

得章一山十八日信并地震诗。午后晴。

**二十三日,辛亥,五** 阴

和章诗一首,又录《除夕》、《元旦》各诗函寄之。京师又有复辟之说。飞鲸船到,闻甚大。

**二十四日,壬子,六** 阴

**二十五日,癸丑,七** 阴

得正月十八、二十日三、四两号南京信,云九铭生一男。陈雅堂

来洋两元。陈孟冲、黄侗夫同来,陈在大学堂任历史教员。发章一山信,附寄玫伯诗。

**廿六日,甲寅,八** 晴

发九铭函,内附石卿信。飞鲸轮船开。赖、魏二人来。

**廿七日,乙卯,九** 晴,旋阴

本日始以南京函付邮。夜三更雷雨。

**廿八日,丙辰,十号** 阴

答诣陈、刘二处,陈未晤。诣杨园饮,以主人淡峰六十寿也。座间,林立夫卓谈徐宅扶乩事甚详。又谈财政部金事徐文远此字有误。圆光事,云丙辰年问丁巳年时局,纸上初现人头无数,似热闹场中挨挤者。继见茫茫大海中有一龙昂首,忽来一骑马执旗人,而龙不见。问戊午年,则只十六字,曰:"龙争沙野,蛇斗都门。万姓流离,星下无生。"徐,海盐人,其家三代持金轮神光咒,圆光时诵咒默祷,即现于白纸上,须童身男女始能看出。据云此事甚秘,偶传述于其戚某。

陈谱孙来,痛骂同乡,不解谓何。

**廿九日,丁巳,十一** 晴

得一山廿六函,云玫伯花朝前后到沪,即答一缄。

**三十日,戊午,十二** 晴

《放鹤图诗》又得古、近体三首,连前共成八卷,计七古两首,五古一首,七律两首,七绝十八首。

# 二 月

**初一日,己未,十三** 阴,微雨,冷

赖可恒来,云酒捐、洋广均易人。乐清知事以漏海案撤任,由道

尹委人代理。

**初二日,庚申,十四**　　阴雨

得正月廿六日南京第五号信。诗钟先交四分去。

**初三日,辛酉,十五**　　晴

作范纯伯函,交董祥带杭。又交诗钟两分。午后走答赖可恒,未面。诣魏吉士一坐。得一山廿八函。

**初四日,壬戌,十六**　　晴

屈虞臣来,云朱晓崖尚在苏,系当铺伙计,住伊岳家胥门内金狮巷三十七号门牌。

**初五日,癸亥,十六**　　晴

午后诣刘大盛纸店买印格纸。

**初六日,甲子,十七**　　晴

清晨答诣杨伯畴,未晤。午后杨来,王辅臣亦来,谈及开河毁坝等事。赖可恒来。得初二日南京六号信,又七号快信。

检查小学委员本定八个月,嗣改四个月,现只乙个月,变易至此,几于骗人。甄用保案,部电谓只省长所保可靠,馀皆陪客,是又显违定章。民国之无一不欺人,至此已极。

**初七日,乙丑,十八**　　晴

发七号南京信。

**初八日,丙寅,十九**　　阴,微雨

得七律一首。闻朱眉山病殁于昨日。

**初九日,丁卯,二十**　　阴

昨夜四更大雨一阵。得一山初四函,云玫伯以小恙尚未出门。

**初十日,戊辰,廿一**　　晴。春分

发一山函。熊希龄致岑西林书,邕论联邦制,以国省分权,军民分治为主,谓此法可以定乱,其文颇工。然必武人奉法始可照行,果武人能奉法,又何必联邦制?亦徒托空言而已。

午后诣姜君伯韩一坐。又诣陈子万,未晤。

**十一日,己巳,以后干支皆①,廿二**　　阴

房东以东厢屋赁与外海警察第十队长戴玉得字子权,合淝②人,即日进屋。来拜,随答拜之。

**十二日,庚午,廿三**　　雨

花朝。戴之友魏思九字韶成者,寿州人,来拜。夜二更后大雨一阵。

**十三日,辛未,廿四**　　晴

得初六日南京八号信,又初九日九号信及汇款。兼差已委出,系委员会协同办理名目,月支津贴十六元云。以三个半月为期,期满再于公报处设法,姑听之而已。又云九眷迁住相府,与厅署只隔一墙。

**十四日,壬申,廿五**　　晴

得七律一首。天台袁海帆太史鹏图有《晋十六国种族世系考》一篇,极简核便用,可仿而为《唐末十国及各镇世系考》。发八号南京信。

**十五日,癸酉,廿六**　　晴

陈雅堂订定四月初十及月底两期算清上年所欠利钱。任公衡昨来,谈及代浮沚取诗钟,云有四千馀卷。

**十六日,甲戌,廿七**　　雨

复阅宜春张青晓山《理气宣蕴》一书,计六卷两册,合地理于丹

① "皆"下疑脱"讹"字。
② "沚",疑为"肥",下同。

术,自立一说,不徇前人而亦无不吻合,专以数为主,河图加一倍,洛书加三倍;图说颇纷纠,不耐看,所论尚可取,其《相风经》篇内有古歌诀,罕见流传。

狎之曰玩物,亵之曰公器,纵之曰自由,而女子甘受其愚而不知觉。"中国者,乃将来历史上之代名词",日本人言也。

得二月初十三月廿二九铭来信,谓现移居李相府,屋宇宽敞,候沪宁通车,即电招云云。彭儿同日来信,所说皆同。

**十七日,乙亥,廿八**　　雨

得一山十三日函。

**十八日,丙子,廿九**　　晴

略检出门应带书箱。

**十九日,丁丑,三十**　　阴

午后偕赖、谢二人出街一走,定制锡器。

**二十日,戊寅,四月一号**　　晴

南监场知事来。发九号南京信,并答九铭一函,云候电即行。发章一山函。

**廿一日,己卯,二号**　　晴

清晨诣陈谱孙,未面。午后得十七日南京十号快信,即答一函。上海新闸路池滨桥高照里章寓。

**廿二日,庚辰,三**　　晴

王积澍来,现充此间警备队第六营第三哨哨官,云王应长镇军年已七十七,尚康健。

**廿三日,辛巳,四**　　阴晴不定

清晨诣林浮沚。午后林来,以《古微书》六册嘱其转交任公衡。任现充林君乃弟西席,前面假是书,缘便托其带交也。得一山十八日明片,云王玫伯已到沪。

**廿四日,壬午,五** 阴

清明。连日得诗三四首。下午程文焕、任公衡先后来。

**廿五日,癸未,六** 雨

叶升至双门打听船期。送徐班侯挽联:

掷笔紫姑乩,砥柱故乡归化鹤;鸣琴水仙操,锦袍大海醉骑鲸。

**廿六日,甲申,七** 阴

检定随带书箱。《山堂肆考》十册,应还平阳志局。借出之书:瑞安洪博卿《地理末学》、《山法全书》、《峦头心法》三种,邹恂臣《地理大全》十册,永嘉任公衡《古微书》六册。

**廿七日,乙酉,八** 阴

永宁船到,得廿二日南京十一号信,去信接到八号。

《新申报》四月四、五号登有张謇、徐世昌往复书两函。

秦仲玉住上海松山路打铁棚四百卅九号门牌。

文孟鱼住法界葛罗路廿四号。

郭小麓住京城大取登胡同。

**廿八日,丙戌,九** 雨

黎明大雷雨一阵。枕上成五律四首。

**廿九日,丁亥,十** 雨

复阅全椒马麟征《淡园文集》一册,中多考订精核之作,光绪己丑刊于金陵。马曾入湘乡侯相幕,官直隶知县,为合肥所重。乃翁古虚先生守愚,举咸丰初元孝廉方正,著书甚多,最佳者有《二五陈数启蒙》,一曰《儒门传家录》,廿四卷,中多研精术数之学。《素行居藏书目》十六卷,搜罗此项书尤备。马大令有《礼雅》一书,又有《仪礼簿言》,盖家学以礼为归宿也。姑熟马鹤船《说文撰要》,即读段氏记，与其同时。马征君子三：长即麟征，次诚业，次定业；孙五人。

# 三　月

**初一日，戊子，十一**　　阴

泰顺进口，接廿五日南京所来十二号快信，促即动身。发十一号去信。

**初二日，己丑，十二**　　阴

买定泰顺官舱船票赴沪。

**初三日，庚寅，十三**　　晴，旋阴

午后诣梅统领一谈。程文焕在坐，以履历稿付文焕。少顷文焕来。夜上船。

**初四日，辛卯，十四**　　晴

八钟开行。

**初五日，壬辰，十五**　　晴

下午四钟抵沪，由接水人季步麟温州人，家铁井栏。招待，入英界四马路石路口吉升栈。

**初六日，癸巳，十六**　　晴

九钟时诣高照里廿一号访章一山，即偕诣爱文义路八十四号刘宅访王玫伯，稍谈，回至章寓午饭。饭后，晤直隶人唐元素晏，前官苏省，现在张仲昭志潜宅教读。知仲昭即幼樵学士第二子，其三子廷重。谈片刻，玫伯亦至。旋偕一山诣哈同花园晤喻志韶，并诣唐处晤张氏昆玉，询知嗣稚樵姊丈者为曼农次子次迈，现充审计院金事、内阁总理秘书长远伯名志潭者为其胞兄也。甥女年二十七，嫁京师郭姓。稚妾庆姑娘现与曼农夫人所谓九太太者同居芦台。谈毕，一山同至旅馆豳叙,玫伯亦到。夜饮会宾楼京菜馆。

张次迈住北京骑河楼浭阳张宅。张仲昭住上海新闸路福星里,与一山甚近。

发温州、江宁信。

**初七日,甲午,十七　　晴**

竟日未出。夜得南京回信。

**初八日,乙未,十八　　晴**

九钟一山来。赵叔泉自南京来,约定初十同行。诣大世界午饭,饭后回寓,遣老汤附镇昌船由台回瓯。叔泉眷在虹口四卡子路永安里四十二号。喻编修来。

**初九日,丙申,十九　　晴**

下午偕叔泉饮一山处,同坐为刘、唐、王、蔡、袁诸君。刘名承干,字翰怡,南浔人,即招玫伯编书之居停。袁子羽球,天台人。

**初十日,丁酉,二十　　阴,微雨**

七钟偕叔泉动身,买三等车票赴南京,每人二元二角五。八钟开车,雨作。三点半钟到下关,坐小车入城,至李相府已五钟矣。九铭入夜始见面。少顷,彭儿与绍先侄孙及九铭妻弟李子和来寓,盖三人接至下关而不相值赶回者。教读王稼孙,系九铭舅公,又同寓之龚君仲周,现充第一科科长,亦来晤。

**十一日,戊戌,廿一　　晴,热甚**

下午诣署,至赵叔泉、黄叔清处略坐,旋偕九铭诣刻经研究部,晤欧阳境无渐,盖杨仁山高足也。又谒陈伯严先生。夜,饮金陵春,同坐为蔡、李、高、陈、宋、姜、曾等。高潜子编修出七律四章见示。大雷雨,归寓。得一山信并致高潜子函。

**十二日,己亥,廿二　　阴**

厅署收发童君逸蒙泉来,萍乡人。欧阳境无来,又送书二册。五钟诣八府塘拜高编修及大观楼拜宋章莪,均未遇。和高诗四首送去。夜黄叔清来谈。

**十三日,庚子,廿三**　　阴

发一山信。夜作诗钟。有山东省议长孔则君祥可在座,系九铭译学馆同事。

**十四日,辛丑,廿四**　　晴

两日来风厉天寒。午后偕王、李等诣运动场一看。高编修来,未晤。

**十五日,壬寅,廿五**　　晴

午后诣延龄巷,与境无一谈,佛学颇深。深夜作诗钟。陈伯严先生来答拜,未晤。

**十六日,癸卯,廿六**　　晴

得七律两首。午后偕黄、赵二人至夫子庙一走。

**十七日,甲辰,廿七**　　晴

段总理到宁即去,江宽轮船在距汉口十里许为段所乘楚材兵舰触沉。

**十八日,乙巳,廿八**　　阴

诣高潜子,未面。旋雨。

**十九日,丙午,廿九**　　雨

赠欧阳境无七律一首。宋章莪来。午后九铭赴北京。阅吴山尊学士文诗集,诗近北宋,情味稍短,文极煅炼,然亦不无俗腔,不篇篇佳也。

**二十日,丁未,三十**　　雨

得诗一首。发二号家信,由赵叔泉交来十八日章一山信,即答之。发梅统领信。吴鲁安自浙来。

**廿一日,戊申,五月一号**　　雨

答诣吴鲁安,并晤宋章莪。欧阳境无约游鸡鸣寺。夜饮小乐意,宋所招也。

**廿二日,己酉,二号**　　晴

午后偕黄、李、赵游孝陵明宫,得七律二首。夜得十六日家书,云十二夜雨雹,大如碗,屋中玻璃窗皆打坏,幸只半点钟之久。

浮沚诗钟揭晓:甲等四分,一、三、十二、十八;乙等四分,三、四十四、一百〇一、一百三十;丙等一分,四十六。

饭后约欧、黄、赵游胡园。得章一山廿夜信,云十三去信未到。两日得七律二首,七绝一首,五古一首。《玉溪生年谱笺释》六册,浙人□□□①撰,专驳正冯说。此人现居北京,境无云,并云有其书。

借来《玉溪生年谱会笺》四卷四册,钱塘张采田孟劬撰,南浔刘承干翰怡刻,上年出版。书以冯孟亭及近人钱愕仙两家为主而加订正,钱所笺义山文二百馀篇,出自《永乐大典》,有刊本行世。

**廿三日,庚戌,三号**　　阴,旋雨

诣高潜子谈诗,甚洽。发一山信。

**廿四日,辛亥,四号**　　阴寒

以《履历》一分交高编修。午刻饮小乐意,黄叔清约也,并至文明茶社听曲。

**廿五日,壬子,五号**　　晴

午刻饮昨处,并登画舫听曲。成七绝四首,又挽瞿相一诗。

**廿六日,癸丑,六**　　晴

访陈散原,未晤。章一山函索潜子《春阴》诗,即检寄,并附和作

---

① "笺释"应为"会笺","□□□"应为"张采田"。

去。欧阳境无以其亡友桂伯华遗诗一册见示,仅数十首,甚超隽,不但禅学大宗,为题一诗。九铭二句钟回寓。瓯寓来信,附黄燕宾函。

**廿七日,甲寅,七** 晴

张仲昭来。下午走答广东卢君下榻寓次。

**廿八日,乙卯,八** 阴

清晨诣东花园访韩子衡,未面。午后至状元境各旧书一看。鸿雪山庄有《蒿盦全集》十二册,索价四元,冯梦华撰;又李小湖《好云楼集》八册,一元八角。与李光明对门奎照楼有旧印《江宁府志》正、续廿四本,八元,云金沙井某善堂正在刷印,板片恐不全。又天禄山房某家有《读雪山房唐诗选》十二册,为人携去,未得见。只购来继莲盦中丞《行素斋杂记》两册,二角,纸三角。夜雨。

**廿九日,丙辰,九** 阴寒

购来《秣陵集》三册,此书兼有诗家、史家之长,又足备金陵掌故,且精考据,洵杰构也。

# 四 月

**初一日,丁巳,十号** 晴

午后诣陈散原一谈。

**初二日,戊午,十一** 晴

诣答实业厅长,未面。得一山信。

**初三日,己未,十二** 晴

清晨答诣吴养吾。午刻饮实业厅。

**初四日,庚申,十三** 晴

发第三号家书。粤人卢艺舟谈及李直绳在京佚事,卢即达夫兄，与九铭同为朱启钤门下客也。诣花牌楼，并诣欧阳境无一坐。午后诣览园一看。

**初五日，辛酉，十四　　晴**

九铭与卢、孔、张、龚诸人约游秦淮，未赴。阅憨山所注《老》、《庄》，颇能窥见宗旨。

**初六日，壬戌，十五　　晴**

卢艺舟出示《别风淮雨集》及《徐娘曲》，为题二绝，卢是午回津。

**初七日，癸亥，十六　　晴**

连日甚暖。诣花牌楼旧书坊一看。以书还境无，并买佛经四种。

**初八日，甲子，十七　　晴**

阅《黑幕大观》，又《十姊妹》，一名《女拆白党》，亦不可不阅。又《京都趣语》，所纪近事尤社会所应知。

**初九日，乙丑，十八　　晴**

陈云伯诗太靡，张船山太剽，须以龚定庵救之。时人则南皮、乙盫、曾重伯、康南海，皆讲骨力。

**初十日，丙寅，十九　　晴**

下午九铭约同数人游秦淮，并作诗钟，二鼓始归。《南京游览指南》一小册，可看。《中日共同出兵条约》于十六号签字讫，东洋留学生风潮日厉。

**十一日，丁卯，二十　　晴**

**十二日，戊辰，廿一　　晴**

调查文件发表。得初七日家书，云初四尚有一信未收到。

**十三日，己巳，廿二　　晴**

发第四号家信，又章一山信。得初四日瓯信，及台州褚九云函及赤城诗社启。又陈子万七律一首。答九云一函。

**十四日,庚午,廿三**　　晴

清晨至三山街买鞋一双。阅《唐初四杰集》。

**十五日,辛未,廿四**　　晴

昨晡至今,东南风大作。夏布衫料,每件二丈八尺,须洋五元,每匹五丈六尺,恰好两件。衫料门面一尺二寸,帐料门面乙尺六寸,大帐子十六幅,每一顶须洋十元。夜雨。

**十六日,壬申,廿五**　　阴

四杰中以杨为冠,文多可读,近人北江学之肖甚。卢次之,骆、王又次之,只有几篇可采。

**十七日,癸酉,廿六**　　晴

午后九铭约游莫愁湖,展阅画卷新旧两轴。归,成七绝八首,七律一首,又拟楹帖一副。《志》中佳诗、佳联不多,图中亦然。是日星期,游人坌集,恨天气热耳。

**十八日,甲戌,廿七**　　晴

午后到三山街定鞋子,三庆。又买少物。旋偕孔、龚、黄、童及九铭泛舟秦淮,二更归,得五律一首。

**十九日,乙亥,廿八**　　晴

午后出街买来国学扶轮社本《龚定庵集》,似较邃汉斋本为胜。《地理金针》及《罗经解》一部六册,皖人舒氏纂,滁和道段喆补,光绪辛卯刊行,纸版颇佳,三合法也。

宜黄人吴克俊,东洋医学毕业生,由杭来,住寓中。欧阳境无来。

**二十日,丙子,廿九**　　晴

发第五号家信,内附诗一纸和陈子万。夜雨。宜黄人程仲壎孝毅来。

**廿一日,丁丑,三十　　阴**

得五律一首,颇自赏。下午叔刚到寓,并偕一廖姓同来。夜童、黄二君来,黄以《双修阁词录》一册见示。

**廿二日,戊寅,卅一　　晴**

为叔清填《金缕曲》一阕题其集。

**廿三日,己卯,六月一号　　晴**

黄叔清来谈,云曾注蒋评本《四六法海》,未完。下午赵叔泉来,云明日赴沪。付洋七元,托购锄奸社出版《中外黑幕丛编》,又中华编译局所编《谋生锦囊》预约券及皮箧一个。

**廿四日,庚辰,二号　　晴**

清晨诣厅一走。午后作诗钟,思甚涩。夜泛舟秦淮,同人八九,无甚意味。

**廿五日,辛巳,三号　　晴**

和黄叔清《反游仙》四律。午后出街一走。

**廿六日,壬午,四号　　晴**

阅《龚集》竟。叔刚回里。

**廿七日,癸未,五号　　晴**

为九铭撰《李督像赞》一篇,又成七律四首。

**廿八日,甲申,六号　　晴**

得四月廿乙日家信,云陈雅堂十九日赴上海,家眷移住朱老师屋后。梅尚未赴省。附来林甄宇由美国寄来一函,甄大襟二也。龚仲周积桢招饮河上。

**廿九日,乙酉,七号　　阴,东风大作,旋雨**

于常州骈文外,拟选十馀家与之对峙,如扬之汪容甫,苏之彭甘

亭,浙之胡稚威、袁简斋、吴毅人、王仲瞿、王笠舫、姚梅伯、李莼客、谭
仲修,宁之汪梅村、金亚匏,皖之吴山尊,鲁之孔巽轩、许印林,赣之曾
宾谷,粤之谭玉笙,桂之郑□□,鄂之周□□,楚之王壬秋、皮鹿门、王
逸梧,滇之吴和甫,皆卓然必传,他如侯夷门、张孟词、汤茗孙,则求而
未得。生存人,则冯梦华、樊云门、李祥。

**三十日,丙戌,八号**　　　阴,风止

阅施国祁笺注本《元遗山诗》,此书十四卷,附录一册,为读本之
善者,恨字小耳。元诗得失,瓯北之说尽之。夜作诗钟至三鼓。

# 五　月

**初一日,丁亥,九号**　　　阴

清晨在官局购书两种。王、姚《古今诗选》,尚不如沈氏《古诗
源》、《唐诗别裁》及纪评《瀛奎律髓》也。徐氏《全唐诗录》、《采菽堂
古诗选》两书不可不览。

**初二日,戊子,十号**　　　晴

诣高潜子一谈,以《潇鸣集诗钟》二册见示。下午童君逸约游河
上。夜归,极凉。

**初三日,己丑,十一号**　　　阴,天气殊凉

阅王选《古诗》,不满人意。

**初四日,庚寅,十二号**　　　晴

成《后反游仙诗》四首。得赵叔泉上海来信,又陈子万温州来
信。下午作诗钟至夜,孔则君在坐。

**初五日,辛卯,十三号**　　　晴

诣欧阳一谈,在彼午饭。下午游胡园,孔则君招饮问柳。

**初六日，壬辰，十四**　　大风雨，可御棉

本约诸公游秦淮，阻风雨，不能出，小集寓所。孔、龚、黄、欧在坐，童病，未来。作诗钟至三更。

**初七日，癸巳，十五**　　雨

发第六号家书，答陈子万书，又为陈致刘次饶书。

**初八日，甲午，十六**　　晴

发第七号家信。成《马车》七律一首。

**初九日，乙未，十七**　　晴

至湘云阁买笔墨，皆湖南笔，无湖颖。两日诗钟颇洽。

**初十日，丙申，十八**　　晴

阅《三国志》，不读此书者三十馀年矣。局刻纸板日劣，初印本已不可得也。

**十一日，丁酉，十九**　　晴

黄叔清来谈，云此间妓家正月元旦为接财神，五月十二为祭老郎，非客之豪者不至。元旦尚不外酒席犒赏之费，百馀元可给，十二则须包办夏令纱衣首饰，花至三四百元。吴克俊云，日本医院有考究手淫书一册，男子两百数十种，女子三百馀种，方法可谓多矣。此书无译本，亦不轻传，恐反以是导淫也。

**十二日，戊戌，二十**　　晴

叔泉自沪回，交来皮夹一个，书二本，石印帖一册，预约券一纸，共洋五元三角八分，尚应找乙元六角二分。又《玉溪年谱》四册，系章一山代索见赠者。以借本还欧阳境无。

**十三日，己亥，廿一**　　晴

阅《三国演义》毕，即继以《三国志》。熟此二书，治军应务有馀，文笔之工更不俟言。再加以《左传》及胡文忠《读史兵略》下编，则中

国兵学、兵史已可足用矣,此密诀也。大板初印《三国演义》及《水浒》均须物色。《左传》莫如苏局钦定读本,此为适于实用计,不主考证及论文也。

新出黑幕各种,正可与《智囊补》并观。

**十四日,庚子,廿二**　　　　阴,下午微雨

得一山复书。夜作诗钟,大雨一阵。

**十五日,辛丑,廿三**　　　　晴

偕卢君至东牌楼三山街、府东街一走,定做书案一张。东牌楼略有旧木器、玩器及袜店。

**十六日,壬寅,廿四**　　　　阴

得七律二首。下午偕吴克俊至白鹭洲一走,天凉,无人。吴剑秋自沪来,下榻寓中。

**十七日,癸卯,廿五**　　　　阴雨

天凉,竟日未出。

**十八日,甲辰,廿六**　　　　晴热,梅天,蒸湿不可耐

吴剑老云,康南海藏唐、宋、元、明以来书画七八百件,真伪参半;王雪澄字画、古玩已去大半。《孝庄皇后外编》一册,纪私史一案及董小宛事颇详。又小说《礼拜六》已出至七十七册,内六十册有《瑶台第一妃》,纪洪秀全宠姜某氏事,均可阅。皆剑老所云。并云此项小说每册只须几分,全买不过四五元,多可看。

得十二日第六号家信,系复初七去信者。又得褚九云函。

**十九日,乙巳,廿七**　　　　晴

得《上洞天宴集》七律两首,《台城竹枝词》七绝十六首。赤城诗社课题也。

**二十日,丙午,廿八**　　　　晴,热甚,如伏天

发褚九云信函,即课卷也,由章一山付邮。阅明顾端文公万历

丙子闱卷墨迹及顾晓亭刑部家传各题七绝一首。临川人范景希恢之来。

**廿乙日，丁未，廿九**　　晴，日光稍淡

午后偕黄、吴等至白鹭洲。

**廿二日，戊申，三十**　　晴

清晨诣状元境答候范恢之，竟无问处。

**廿三日，己酉，七月一号**　　晴

发第八号家书。下午起风，傍晚大雨。

**廿四日，庚戌，二号**　　雨竟日不止

读《三国志》，观其因事行文而得作文之法，因文用典而得数典之法，所裨已大，而料敌应变，动中窾綮，尤为此书所长。

**廿五日，辛亥，三号**　　雨止

九铭处有《笠泽丛书》两册，《谢文节集》两册，皆可阅。答勋铭侄孙一函。

**廿六日，壬子，四**　　晴

清晨答诣范恢之。

在天禄山房买得《读雪山房唐诗选》十二册三十四卷，计洋三元，此书竟有板本。该坊古书较多，又彭刘《五代史注》六函装一箱，索价卅六元，如宋椠矣。鄂局本《五代史》、《仿胡文选》均有。又蜀本皮纸大本《四史》一部，《国语》、《策》、何评《文选》，均系初印。又大板《唐诗别裁》，又《西游原旨》一部廿四本，悟元子刘元明评，盖悟一子丹经派也。

得一山函。

**廿七日，癸丑，五**　　晴

发一山函。

**廿八日,甲寅,六**　　　晴

发袁子羽复函,附《汉官仪》一册去。得刘次饶复函,并附一诗来。

赣省参议员五人,如李盛铎、吴钫等皆是。每人票价乙千元,介绍人五十元。安福部具洋十二万元,而投票人一百三十四员,尚缺乙万四千元。众议员票价五百五十元一张。

夜作诗钟。

**廿九日,乙卯,七**　　　晴,天气闷热

致高潜子一函,附诗一首。下午王玫伯乃郎敬礼字毅侯者来,渠本在北京某校,改就南京师范校教员,回台,下月来。

报登,总统票每张三万。

# 六　月

**初一日,丙辰,八**　　　阴雨

欲出未果。

**初二日,丁巳,九**　　　晴

得五律二首,七律一首,颇自喜。下午偕二吴出街。夜得五月廿四第六号家信。

**初三日,戊午,十**　　　晴

发第九号家信。宜黄人在杭充军医邹怀渊字跃如者自杭来,亦住寓中。叔刚亦到。

**初四日,己未,十一**　　　晴

阅《管选唐诗》竟,持论极精,而所选仍未能悉副其言,尚须博及徐、沈、姚诸本,小传亦不及《唐诗菁华》之详备。《菁华》不知何人

编，卷首一序为金俊明，盖国初本矣，专搜七律，书凡六册，小传多采说部，为各所无。

上海中华编译社来一函，云《谋生锦囊》展一月出版。

**初五日，庚申，十二**　　晴

初入伏。卢达夫谈两处图书馆大概。

**初六日，辛酉，十三**　　晴

沪上起课最灵之王乔松住大马路口上海旅馆相近之人和公栈房，该栈房系江西人所开。吴立妙昨夜赴杭。

**初七日，壬戌，十四**　　晴

邹跃如充浙江陆军军医院医官，系直接属于督军分院，在城隍山，由花牌楼一路上，其总院在西湖。据云，杨善德与喻兆蕃有旧。黄叔清昨夜回赣。下午诣览园一坐。夜，欧阳境无来。

**初八日，癸亥，十五**　　晴

接初一日八号家信，内附陈子曼函、诗。

**初九日，甲子，十六**　　晴，微阴

从吴克俊分来白参四枝，据云出朝鲜庆州乡间，即白人参。不用药与糖制造者为白参，制造者为红参。白参每斤十七枝者，在彼地价须四十元，若十六枝者，价百元。以参皆种成，必经八年以上始能每枝重至一两，八九年后极难长。若每枝重乙两二钱者，即一枝值百元。若每斤四十枝者，不到五元，无力量，不足贵也。以上皆岀产处价值，入中国须加倍。掘参用竹锹，忌铁器，又忌伤损根、皮，一有所伤，即归无用。掘出后振去土，晒干而已。红参则用竹刀刻划成皱纹及棱，不特药制，价亦与白者同，功效不及，以中国人贵此品故也。闻近日服食家亦重白参矣。吉林参不如辽参。辨其老嫩，只在芦上圈纹，圈密者岁久，然可伪作。总之，不论红白，皆以枝大而重者为珍。白者如发霉可晒,晒久愈坚。红者晒后药味减退。白参忌用刀切,只宜石舂或口嚼。

下午偕吴克俊至四象桥某旅馆侯姓术士占奇门课,用飞星顺门,墨守古法。据称其师为绍兴人顾文朝,号醒迷山人,现居上海英租界新桥北德安里六弄一百〇二号,每日在青莲阁吃茶。年六十外,发全白,面若三十许岁人,家赀累万。子在洋行,奇学颇精,前岁预断项城死期,曾登北京《顺天时报》。又逆料蔡锷之不永年,并能遣丁甲。又云湖南宝庆人李莲仙技更精,事皆先知。年四十许,落拓不就事。以上皆侯所说。侯字醉琴,年三十馀,似系军界中人,兼六壬星命相法,湖南永州人。问以楚中朱某《奇门指归》,不知其书。又云《六壬一字诀》两册,中多要诀,此书罕见,王乔松有之。

**初十日,乙丑,十七**　　　风雨竟日

感冒,甚不快。

**十一日,丙寅,十八**　　　风雨止,天闷

致一函与陈散原,附诗四纸。

**十二日,丁卯,十九**　　　阴

得诗二首。阅《江南图书馆善本书目》一册,多宋元刻,编者为王懋镕,排印多讹字。

**十三日,戊辰,二十**　　　晴,旋阴

午后雨一阵,雷作。雨后旋晴。

**十四日,己巳,廿一**　　　晴

清晨至黑廊大街王朝甫店买笔。据云是湖州来,在此间最有名,未卜何如。其联笔制作式样颇好。胡开文墨店,九华楼、绣凤楼纸店,同文图书局,均在一街。南京笔墨无佳品,笔则通行湖南来者。古书坊除状元境十馀家外,四象桥有两家,益仁巷两家,府东

街、花牌楼各一家。新书店如商务馆、共和书局、中华书局均在花牌楼。

饭后偕卢君诣通俗教育图书馆一看，内分五部，以博物、图书两部为要。博物中各图多可取，而《中华民国地势图》、《山脉图》两种最佳，皆四马路亚东图书局出版者。图书部分楼上下，楼下阅时书，楼上阅古书。《书目》二册，一经史子集，一丛书，无秘本，视龙盦里之图书馆大逊矣。《江南馆书目》初编八册，续编二册，昨所阅王懋镕本仅一册，不可解。通俗馆每日一点四十分钟起，游览至四点钟止，星期日早九钟至十二钟，余日则否。发票一铜枚，所入颇丰也。

由赵叔泉交来章一山十三日信，附王玫伯所赠七律一首，盖久搁章处，顷始寄来。九铭昨夜赴沪。

**十五日，庚午，廿二**　　晴

和成玫伯一诗，函寄黄岩。又写就一山、子万两函，俟彭儿回日带交。九铭旋署。

**十六日，辛未，廿三**　　晴

下午雷作而雨不大，天气蒸闷。龚、童辈均回里。彭儿明晨九钟行，交以白参四枝，章、陈两函。

**十七日，壬申，廿四**　　晴

彭儿十一点钟赴下关，夜车赴沪。孔则君祥柯以《吊吉黑两省林木》七古寄示，亦成七律二首，交九铭寄答。又成七绝四首。

**十八日，癸酉，廿五**　　晴，天气清润

下午四象桥旧书坊一看。

**十九日，甲戌，廿六**　　晴

清晨诣状元境旧书坊一看。陈世镕《周易廓》廿四卷六册，咸丰六年刊，不信汉《易》，亦不取河洛、先天。巷口文海山房小店有顾有

孝茂伦《唐诗菁华》八册廿二卷，系原印，索价五元。对巷某店有《全唐诗》一部一百廿本，索价卅六元，《王子安集注》十本，二元，即蒋清翊注本也。买来程先甲一夔《选雅》一部，廿卷八册，殊便稽检，此君深于选学，未刊者尚有三四种，亦此间之闻人也。

**二十日，乙亥，廿七**　　　晴

得一山十九书，此函书法浑厚，老当可贵。

**廿一日，丙子，廿八**　　　晴

清晨偕黄、吴、李及绍先侄孙至山东馆吃面。得彭儿昨日沪上信，云寓二马路新旅社，二十日十钟上永利船，由海门到瓯。心为之慰。

**廿二日，丁丑，廿九**　　　晴，东风，欲雨

发一山信，又发绍兴旅沪同乡会函，为寄陈宛珍烈女诗去也。买来局本《毛诗传笺》六册。

**廿三日，戊寅，三十**　　　晴

得十八日所来第九号家信，内附刘品山收到诗稿回信，仍系泰顺潘君带瓯也。

**廿四日，己卯，卅一**　　　晴

得七律三首。

**廿五日，庚辰，八月一号**　　　晴

得七律两首，颇自喜。得彭儿廿二海门来信，云候船再行，与黄焕卿见面。

**廿六日，辛巳，二**　　　晴，热甚

湖南长沙人张耿光字佑臣者自北京来，住此，亦厅内人员。

**廿七日，壬午，三**　　　晴

**廿八日，癸未，四**　　　晴

发一山信，附诗两纸去。旋得一山来信及黄焕卿自海门廿二来

信。发上海五马路正丰街口普通图书局信，索购《函授国文讲义》样本及《讲授详章》。

**廿九日，甲申，五** 晴

清晨至三山街购什物几件。

**三十日，乙酉，六** 晴

发章一山信，附诗稿五纸。复黄焕卿信，寄海门。得彭儿廿六家信，又得北京《惟一日报》。

# 七　月

**初一日，丙戌，七号** 晴

发第十号家信，又章一山信，附《惟一报》六张去。

**初二日，丁亥，八** 晴

发十乙号家信，附中华编译社《文学函授部章程》一册。

主张以新文体变易旧文体，号为"文学革命"者，有胡适、陈独秀辈，以白话著散诗文，均刊诸《青年杂志》，格调独创，前无所师。见八月一号《惟一日报》。八月八日《时事新报》登有绩溪黄觉僧《折衷的文学革新论》，知胡适之系其邑人，陈则不知何处人。

得一山初一信。寓中来一邹姓，即邹跃如之兄。

**初三日，戊子，九** 晴，天气甚热

**初四日，己丑，十** 晴

午后至莫愁湖。邹浩如夜行。

**初五日，庚寅，十一** 晴，雨一阵

得五古一首。

**初六日，辛卯，十二** 晴

是日北京议院开会。夜雨。

**初七日，壬辰，十三**　　　阴雨

得七律一篇，颇惬心。

**初八日，癸巳，十四**　　　有黄沙天气

《诗传笺》阅毕。得彭儿初三日信，即答一函，为十二号。夜黄叔清来谈赣省选举状况，省议员竟有花至一万二三千元者。

**初九日，甲午，十五**　　　晴

得一山初八函，云月半后赴津，过此一晤。即答一函，并托购《昭昧詹言》一书带来。答候黄叔清。

**初十日，乙未，十六**　　　晴

总统任满为十月十日，即九月初六日。

**十一日，丙申，十七**　　　晴，夜雨

发一山信。

**十二日，丁酉，十八**　　　阴雨

夜黄叔清来谈程道存被人唾骂各事。赵叔泉来，嘱伊代买一书。

**十三日，戊戌，十九**　　　晴

成七古《醉歌》一篇，颇合法。

**十四日，己亥，二十**　　　晴，有风

拟用蒙庄"名者，实之宾也"义，自号"宾名子"。虚名不如实利，实至名亦归之。汩没一生，至今始悟，亦云晚矣。作字以绝去姿媚作用为主，笔笔到纸，不使胀脉偾兴，亦求实之义也。

**十五日，庚子，廿一**　　　晴雨并见

得一山十四函，即发一信，附诗三纸去。

**十六日，辛丑，廿二**　　　晴，热

成《金陵秋兴》七律八首。

**十七日，壬寅，廿三** 晴，热甚

书法屡变，今始彻悟，守定旧日所长，不复迁矣。自评书体八言曰：美酝初酣，形神混合。颇肖所得。得七月十一、十三两次家书，并附林甄宇自美国来函。

**十八日，癸卯，廿四** 晴

得一山长函论诗，即答一函。

**十九日，甲辰，廿五**

发上海四马路中华图书集成公司函，并附洋乙元乙角，买《上海妇女孽镜台》预约券。

**二十日，乙巳，廿六** 晴

发十二号家信。公馆新添一用人。张贵。

**廿乙日，丙午，廿七** 晴

送来津贴洋。

**廿二日，丁卯，廿八** 晴

卢艺亭登报索诗，不得已，录诗十纸，函交九铭寄去。得勋铭信，即答之，亦交与九。得一山长函论字。

**廿三日，戊申，廿九** 晴

发一山一长函。姜伯韩琦来谈，云到校已两月馀。

**廿四日，己酉，三十** 晴

清晨诣五马街口裱画店。陈官俊双钩《隶篇》、杨守敬双钩《楷法溯源》及原板《芥子园书画谱》三种，不可不备。《营造法式》。

**廿五日，庚戌，卅一** 晴，黎明时大雨一阵，顷刻即止

在夫子庙摊上买来《潜确类书》八本，序缺，馀皆完好。原只四本，衬纸太多，成八本。

篆刻家喜摹钟鼎文、砖文，余意印文更妙。盖印文配搭奇古，可

创一门径,谨识于此。

徐世昌所最信用者三人:一为门丁钱贵,在京开皮货店,家甚富;次为吴笈孙,系从前管账人;又次为钱能训。然后二皆不及一,黄叔清言之详。

得廿乙日五号家信。

**廿六日,辛亥,九月一号**　　　阴

午后微雨,日出,拟上街未果。

**廿七日,壬子,二号**　　　晴

发第十三号家书。得仙居黄燕宾自浙江警备队第四区第七营来信。

**廿八日,癸丑,三号**　　　晴

诣中正街邮局汇洋三十元,不列号寄温。此系分局,其总局在大功坊口,保险信封须总局发售。得一山廿六函。

**廿九日,甲寅,四**　　　晴

是日上午十时为选总统期,尚无消息。陈次耕大令忽来,云家在沪而往来于宁,住宁台旅馆,托拟信稿乙件,知其无事必不来也。

# 八　月

**初一日,乙卯,五**　　　晴

连日炎热。拟集古今印谱,仿缪篆作篆隶,或施于行楷,亦别致可传。端方匋斋所刻印谱钟鼎殊佳,有正书局均印行。

廿九选举,出席者四百三十六人,徐世昌得四百廿五票当选。段祺瑞得五票,王士珍、倪嗣冲、张謇、王揖唐各一票,废票二。广东军政府通电各省,不承认北京非法国会选举总统。

上海卡德路九十五号医学编译社出售讲义，在阳历九月以前来定者五元，过期加收一元。

徐东海四百三十六票以四百廿五票当选，每票一万四[1]，共五百五十一万。英文沪报有徐东海当选之外论一篇，见《时报》。初二。

**初二日，丙辰，六　　晴**

得七月廿七日第六号家信。

**初三日，丁巳，七　　晴**

发一山函。得褚九云七月廿七函，附来社课诗六首。王玫伯乃郎来。

**初四日，戊午，八　　晴**

台州社题为"僧房西施菊，屠肆罗汉松，闺门科名草，道院美人花"，尚新颖，亦作四律。

**初五日，己未，九　　晴**

改定社课。又成《东湖消夏》四绝。

**初六日，庚申，十　　晴**

成《秋兴》八首，亦社题也。发十四号家信。

**初七日，辛酉，十一　　晴**

至府东街买物。得一山信。发褚九云信，附诗五纸十六首。范恢之来。

**初八日，壬戌，十二**

发十五号家书。上海寄来《妇女孽镜台》四册，尚可看。龚件周以《江南图书馆善本书目》一册见赠。

---

① "四"，疑为"三"，底本为"一万四"，疑"一万三"较确。

**初九日,癸亥,十三**① 　　　晴

下午出街取回裱件。

**初十日,甲子,十四**　　　晴

**十一日,乙丑,十五**　　　晴,天又热

出街购天然墨。索得商务馆、中华书局《目录》各一册。发上海金姓函,购书。

**十二日,丙寅,十六**　　　晴,热甚

发赵叔泉信,内附谋字九十乙号中华编译社《谋生锦囊》预约券五月九号所发。一纸,又附致一山一纸。叔刚交来九月分洋交通纸币四十元四张。

**十三日,丁卯,十七**　　　晴,旋阴

成《无题》四律。午后崇仁李女士果自沪来,盖章一山在京时学生也。毕业于京师女师范,曾出东洋两年,现充上海某校校员,与九铭有戚谊。

得本月初七日第七号家信,洋款已到。

**十四日,戊辰,十八**　　　晴

发一山函,附诗三纸。又得上海金子青回件。

**十五日,己巳,十九**　　　晴

中秋节。晨起,颇凉。偕卢、张二君至府东街买什物,某东洋店箸门纸店有大张东洋白绵纸如一山所用者,价甚贵,每张索五铜元。又至问柳吃点心。由三山街入状元境出去,即近夫子庙,经碑帖店两三家,未暇看。

李督军生辰,聘京伶梅兰芳演剧三天,包价乙千五百元,川旅费

---

① 　底本阴历八月初九至廿四日阳历日期均错,径改。全书有十处同类错误,符璋本人发现二处,共157天,均已改正,以后不再出校记。

在外。按此计算,月须万五千元。

夜月色极佳。五更起,看书至天明,复睡片刻。

**十六日,庚午,二十　　晴**

出街买物。徐氏选出,各处复电除孙洪伊外无反对者。不意湘南前敌师长吴佩孚等元日一电,竟将非法国会根本推翻,劝徐须解决时局后改选国会,重举,然后就职。文殊警切。孙电可以不理,此电不能不闻矣。

**十七日,辛未,廿一　　晴**

清晨诣三山街买纸。得叔泉中秋日函,云廿一二来。得十二日家信,知彭儿十七由温开船,云十九到甬,约廿一二当到此。

**十八日,壬申,廿二　　晴,微有风**

得一山十七函,云廿外行。

燉煌石室原本柳书《金刚经》,有正书局已付石印,四大册,价一元四角。六朝南碑莫佳于《瘗鹤铭》,上可攀王大令,下不失为苏长公,不必如北碑之剑拔弩张也。骈文欲拓才气、驱书卷,当从论辨书檄之类入手,序记碑传各体次之。诗则专精七律,七律工,他体不患不工,须遍览近世诸家,舍短取长,以极其变。

拟辑古今咏明妃事者为一编,又采近世诸家《无题》七律数一首为一册。

**十九日,癸酉,廿三　　晴**

宜黄人周少游、洪紫垣二人来。昨购得石印本《声调三谱》,皆王阮亭、赵秋谷、翁覃溪之说,颇佳。原本刊于四川,石印改名《学诗法程》。

渔洋说诗,风靡一时,能讼言其失者赵秋谷,能订正其讹者翁覃溪,皆王门之功臣。沈归愚、姚惜抱虽承衣钵而无甚发明,袁简斋、纪晓岚则不置议论，梁苣①有《读渔洋诗说》，未见传本。

**二十日，甲戌，廿四**　　晴

答诣周君，谈片刻。中华编译社《文学讲义》第一期已出，又《文学杂志》每月一册三角，全年十二册三元，又《文学常识》，每册三角五。三种大同小异，均可看。

**廿一日，乙亥，廿五**　　晴

黄稼孙约客小饮江南第一楼，盖周、洪、黄、吴诸君也。下午诣顾松轩袜画店。又答诣洪紫垣，未面。

**廿二日，丙子，廿六**　　晴，旋阴，又日出

诣府东街，无意中物色绿端石砚一方，冒巢民所藏，有跋，并有侯朝宗跋，殊可珍也。

三钟时，彭儿到，并带小婢玉兰来，代九鸣购。略询瓯地近状，已特别戒严。

吴克俊约饮长松馆，客为周、洪、龚、黄及叔刚。席散，约看戏，未去。龚新学得催眠术治病法，只看书，无师传。据云不过两三月，功夫已能效验。近出之书，以鲍方舟为佳，小本八册。上海有月刊杂志。

**廿三日，丁丑，廿七**　　晴

闻廿一夜危险状况。发第十六号家信，以洋三十元交彭儿同寄回。以瓯绸被面送吴克俊。

**廿四日，戊寅，廿八**　　阴，天凉

得《绿端研歌》七古卅二韵，颇惬意。

**廿五日，己卯，廿九**　　阴，天气似深秋

吴可成来，饭后偕黄、吴二人答诣，未面及。

①　"苣"下疑有脱字，梁章钜字苣中，号苣邻，著有《读渔洋诗随笔》。

**廿六日,庚辰,三十　　晴**

午后诣东牌楼夫子庙买来雨花台石一包。

**廿七日,辛巳,十月一号　　晴**

午刻饮问柳园,同坐为文公达、胡竺生、吴可成、宋章莪、九铭,随后来一实业厅长。

**廿八日,壬午,二号　　晴**

胡竺生焕猷来此地候补知事。

**廿九日,癸未,三　　晴**

午后答诣胡竺生。渠住交通旅馆,为大客栈,中等官房每天八角,实价四角,论月则只八元。伙食每顿三角、二角、乙角二分,凡三等,据云乙角二分者两荤一素,尚可吃。家丁只加五十文,灯油茶水照房价加一。大观楼亦然,各大旅馆皆然,偏僻中小旅馆更省。轮船码头以镇江为最坏,挑夫极混乱,几于强抢行李,竟有从客人手中抢去物件者,据云为长江第一。

买得花瓶一个,四象桥及状元境有古玩铺三四家。夜赵叔泉交来石印北碑两册,当付以洋一元三角。又来《昭昧詹言》四册,系章一山所赠者。

**三十日,甲申,四　　晴**

阅《昭昧詹言》,可取者十七八,合王刻三种,于诗学思过半矣。

# 九　月

**初一日,乙酉,五　　晴**

并世人撰著,有不可不看者,散文则吴挚甫,骈文则李审言详,适俗之文则梁任公,诗则樊、易,词则王、朱。

**初二日,丙戌,六**　　晴

桂花尽开,得七律一首。

**初三日,丁亥,七**　　晴

阅《昭昧詹言》竟,所论极佳,学诗南针,兼得古文秘诀,间有考证,亦核。

**初四日,戊子,八**　　晴

午后诣夫子庙一走。

**初五日,己丑,九**　　晴

是日选副总统,人数不足,未成。

**初六日,庚寅,十**　　晴

是日徐总统就职。偕卢君出街一走。下午又至花牌楼凌云阁买纸。

**初七日,辛卯,十一**　　晴

成《李相府题壁》七律一首,极佳。

**初八日,壬辰,十二**　　晴

**初九日,癸巳,十三**　　晴

成五古一首。是日,买蟹廿四只饱吃。

**初十日,甲午,十四**　　晴

接初四日家书,汇款尚未到。上海寄来《谋生锦囊》八册,方辑《续编》,又辑《女史记》。午后独游雨花台。

**十一日,乙未,十五**　　晴

江苏买到局本《左传》十册,字已漫漶矣。

**十二日,丙申,十六**　　晴

**十三日,丁酉,十七**　　晴暖,午后益甚,夜微雨,五更大风

是日改选副总统期,亦不成。

**十四日,戊戌,十八**　　　晴,大风

孔则均住上海法界麦赛而谛罗路吴兴里五十九号,若雇车去,须云打铁泾吴兴里。

**十五日,己亥,十九**　　　晴

**十六日,庚子,二十**　　　晴暖

早偕卢达夫至第一楼吃茶点。午后周少游来,谈及佛书,颇有见地。谓因果之说,凡小乘诸经皆主有,大乘则主无。佛说最圆活,无一语呆滞,诸经中如《华严》、《楞严》,文字皆工,《楞严》更易看,《五灯会元》最机锋。

**十七日,辛丑,廿一**　　　晴暖

下午在夫子庙买来铜炉乙个。

**十八日,壬寅,廿二**　　　雨

抄录自到此间诗成一册,曰《江南集》,欲与《江东集》相配也。

**十九日,癸卯,廿三**　　　晴

清晨,至第一楼吃茶点。诣境无处,与邱西铭谈,在彼午饭而归。邱君佛学颇深。谓佛经文字,以《涅槃经》为妙,妙处在譬喻,极深奥之理,以浅显譬喻出之,且一理一事,多至十馀譬喻,读者无不心开目明。谓须从四五卷看起。《华严经》则文笔浩瀚,一泻千里,一笔而贯十数叶而气不断,为诸经所无。《华严义疏》多而不精,不如《十地论》,其论专摘经中精要,此书通即本经全通,为读《华严》所必备。《法华》出言简实,不设譬喻。《楞严》则寻常文字,在佛经为丙等。《老子翼》为焦弱侯本,所收苏子由注未足,经杨仁山补完,为至佳。《庄子》憨山注较好,胜于陆西星之《副墨》,陆系达磨派,即教外别传派,《五灯会元》亦此派也。以上皆邱说。《五灯会元》、《法苑珠林》卷帙皆重,欧有之。

**二十日, 甲辰, 廿四**　　晴

抄三月以后诗竟, 命曰《江南集》, 入录者百七十首。

**廿乙日, 乙巳, 廿五**　　阴寒

张勋今日赦出。

**廿二日, 丙午, 廿六**　　晴

小不适, 以昨冒寒也。拟抄时下名家七律百首以资研摩。

**廿三日, 丁未, 廿七**　　晴

偕卢君至清凉山一游, 得七律二首。

**廿四日, 戊申, 廿八**　　阴

昨又冒风, 颇不自在。竟日僵卧。刘博存来谈, 云收税官有拟裁之说, 台州则已裁。嘱九函吴。

**廿五日, 己酉, 廿九**　　阴, 欲雨

**廿六日, 庚戌, 卅**　　晴

广东宣布讨伐令。得褚九云廿一来信及所撰《潜书》两册及抄示社稿, 社稿不足观。云中校风潮, 革学生卅一名, 正与温中校相似。

**廿七日, 辛亥, 卅一**　　阴, 旋雨

得黄燕宾函, 云改就海门水警二区会计, 即答一函。发卢艺亭函, 属其报纸截至阳历十一月四号止停寄, 报费四个整月计洋三元, 并信交其乃弟卢达夫转寄。夜雨较大。

**廿八日, 壬子, 十一月一号**　　阴雨

得五律四首。

**廿九日, 癸丑, 二号**　　晴

**三十日, 甲寅, 三号**　　阴

# 十　月

**初一日,乙卯,四**　　雨

下午诣厅一晤林腾奎孝廉传甲,生长川鄂,不能乡谈。

**初二日,丙辰,五**　　雨

得七律二首,颇工。吴克俊本日赴奉天。发第十六号家信,告以月半归期。邮局来廿八日家信。

**初三日,丁巳,六**　　阴

略检书册杂物。发十七号家书。

**初四日,戊午,七**　　阴晴互见

午后出街买绵鞋、绒帽。为张封翁作诔文一篇。夜雨。

**初五日,己未,八**　　阴,连日颇冷

得七律数首,皆可存。黄稼孙为涂儿动怒欲归,勉留一星期。下午雨又作,寒甚。夜九铭宴程道存、程伯臧,龚、黄、童均在坐,童前日至,程由京来。

长洲吴翙凤枚庵《吴梅村诗集笺注》十八卷,胜靳注,然《集览》究不可废,当并看,庶于明末事得其详。五古中《清凉山赞佛》四诗为董小宛作,特笔点睛,此事无可复疑,此注只疏典实,不笺诗旨,开示一二,如田妃、董妃之类,着墨无多,读者贵之。严荣沧浪吟榭嘉庆间原本罕见,鄂局重刻颇可,中华图书馆石印,字虽小,亦不劣。道咸间高安朱芷汀孝廉骍所注宝山袁谷廉大令《遂怀堂集》,于明季事极详,皆成片援引。此集重刻于光绪九、十年间,文平平,注甚佳,即现任温州地方审判厅长袁希濂君乃翁某少尉在浙覆刊本也。

**初六日,庚申,九**　　阴雨

**初七日,辛酉,十　　晴**

清晨出街买物几件。诣欧阳境无处一谈,并购书三册,馀书五六种尚未印出,约至来春见交。发第十八号家信,告以行期。又留一函交九铭致一山。

**初八日,壬戌,十一　　晴**

支来阳历十一、十二两个月津贴八十元,又彭儿预支薪水七十元,共一百五十元。发褚九云复函。得一山天津来信,云住英界阜昌里十三号陈寓,即日南下。即答一快信,告以初十动身回温。

**初九日,癸亥,十二　　晴,天色甚佳**

上海棋盘街文瑞楼书庄有《骈文速成捷径》一册,定价二角,特价一角二,梁溪邹酒丐撰。夜饮问柳园,龚、黄二人所招也。

**初十日,甲子,十三　　雨竟日**

欲行不果。

**十一日,乙丑,十四　　晴**

十钟动身,九铭派李益伺送。叔泉、稼孙、叔刚及石儿均送至下关,即登车。到沪,已上灯久矣,入三马路上海旅馆。

**十二日,丙寅,十五　　阴**

清晨出街买一洋铁衣箱及什物。午饭后即上新宁绍轮船,下午五钟开,人多,舱满。

**十三日,丁卯,十六　　阴**

清晨六钟抵甬,即上永宁轮船,九钟开舟山小泊。

**十四日,戊辰,十七　　雨**

天明抵海门,以咸鸭一付送黄燕宾。黄随即来,约饮海国春,又送松鲞乙十六片。夜又偕其同事苏人唐鄂夫上船一谈。二更展轮。

**十五日,己巳,十八　　晴**

六钟抵温州东门,即进城,一切平善。当晚,李益附原船回南京,交以一函,给以四元,并以松鲞十片、小孩绣鞋乙双交其带去。

**十六日,庚午,十九**　　晴

陈子范来,老屈来。

**十七日,辛未,二十**　　晴

程文焕来,王亦聆来。

**十八日,壬申,廿一**　　雨

得十二日南京信。聚珍仿宋印书局在上海静安寺路哈同路口一六一八号。某局新出《拳经》一册,见十二日新《申报》广告。

嫩面白肌露,每瓶二角,每打二元,往来邮税悉归本厂承认,经售处上海美租界昼锦里各香粉店,总批发上海卡德路山海关路口善昌里内任文孙药厂。夏士莲雪花。

停战命令下于十五日。

七版《中国旅行指南》一册,七角,商务馆。

**十九日,癸酉,廿二**　　阴,旋晴

发黄燕宾函,托其访艳。

**二十日,甲戌,廿三**　　晴

李庆三来看。一青田人以《养一斋诗》两册送王。

**廿一日,乙亥,廿四**

午刻饮杨园,并诣林、梅、程、刘,均未面。刘次饶来,亦不相值。

**廿二日,丙子,廿五**　　阴

以诗一首、雨花台石一包送杨淡峰。诣陈、任两处,任未在家。

**廿三日,丁丑,廿六**　　阴

陈子万乃郎以伊岳王廷玉落水得救诗函请属和,殊鹘突可讶,不得已,勉应一律。下午刘次饶来。

**廿四日,戊寅,廿七**　　晴

任公衡来。杨淡风和来一诗,又别赠一诗,即次韵和答。

**廿五日,己卯,廿八**　　　晴

和王亦聆一诗。同居李姓回寓。得廿三号九铭信,索寄诗册。得十九、廿三章一山两函,云过宁一饭即走,见和七律两首,另示七绝十首,均妙。即答一函,附《绿端石研歌》一篇去。王志澂来,程文焕来。

**廿六日,庚辰,廿九**　　　晴

发九铭信,另寄诗稿三本。

**廿七日,辛巳,三十**　　　阴

答诣王、李、王,并诣黄,黄未面。和一山绝句十首,胜于原唱,录寄之。

**廿八日,壬午,十二月一号**　　　晴

得一山函,云已发书某公。冯、杨二人来。

**廿九日,癸未,二号**　　　晴,午后阴

诣谢宅一走。发南京信。

# 十一月

**初一日,甲申,三号**　　　阴

晡时诣冯宅一走。

**初二日,乙酉,四号**　　　阴

陈仲陶以《剑庐诗册》乞题,为题二绝。

**初三日,丙戌,五号**　　　阴

以七律一首寄一山。得廿五日南京信,即答一函。

**初四日,丁亥,六号**　　　阴,微雨,时逗日光,天暖

李庆三来。

**初五日，戊子，七**　　阴，潮湿

**初六日，己丑，八**　　雨，天稍寒

南京李光明店所刊《千家诗》亦有讹字，且眉上杂以他诗，殊恶陋。拟重刊一本，尽删芜蔓，加以圈点以便童蒙，或精写宋体，仁之石印。

**初七日，庚寅，九号**　　雨

得一山初一函，黄燕宾初一函，南京初一日信，内附卢艺亭答函。发一山函，附本日一诗去。

**初八日，辛卯，十**　　雨

发勋铭侄孙信，并附俞某七十寿诗一首，另诗稿一部，邮南昌天后宫第三小学。

**初九日，壬辰，十一**　　雨竟日

西门人复来。

**初十日，癸巳，十二**　　晴，旋阴

闻人说，某公寿辰演戏时，缉私员施某与收税官打架事，当时戏为之停三次。

**十一日，甲午，十三**　　阴

得初四日南京信，即发一函，并函九铭转交，内云紫阳事。发上海志成书局洋信乙元四角，买书六册，保险去。

**十二日，乙未，十四**　　晴

《大宗地玄文本论》、《禅门日诵》均须一看。康南海《论语注》十卷，粉连纸一元八角，毛边一元五角，上海三马路长兴书局。

**十三日，丙申，十五**　　阴

得初十日南京信。闻高等文官考试新考试及格、分部学习期满人员不能补荐任云云。章程纷更至此，夫复奚言！议和地点定于南京,代表十员,朱启钤为总,熊希龄、张謇均不在内。又得南京函,只寄印件两册。

**十四日,丁酉,十六　　阴**

检阅书簏。

**十五日,戊戌,十七　　晴**

日本人那珂通世所著《支那通史》七卷,吾国湖南板本、上海石本均只四卷,缺元明迄近代,此书极简括,惜未完全,不知坊间流行有原帙否? 必须物色。

《昭昧詹言》、《诗比兴笺》、《香奁发微》三书当并观。沪上新出《拳经》当与《易筋经》并观,《易筋经》所藏两抄本微异,当互校。蟫隐庐年内减价售书限至腊月廿日止,见《时报》广告。

咏金陵古迹诗,国初有余鸿客《金陵览古》,中叶有王荮亭给谏《杂咏》及陈云伯大令《秣陵集》,而陈最佳。

坊间石印鸿雪《白香词谱》二册,价约四角。杜文澜校刻本万红友《词律》,本板十六本,价约八元,上海中华编译社向有代售。

**十六日,己亥,十八　　阴晴不定,蒸暖**

发一山函,附诗一纸。刘次饶以诗文一册来,为评一纸,函答之。

**十七日,庚子,十九　　阴**

杨、王来谈,悉徐班侯长子象藩字翰青者昨晡因纠众欲焚广济船,遭船上洋人枪毙,其党藉此哄劫招商局,掳去妇孩。文武均出城,城内外如逢匪乱,不知如何处置。

刘次饶来谈,商会打电国会,拒绝冒监督。得一山十二日书,即答一函。

**十八日,辛丑,二十　　阴**

郭来,陈子万来。发南京信。有正书局新出王右军《黄庭经》放大本一册,大洋二角五分。

**十九日,壬寅,廿一** 　　阴

答袁子羽函,并和一诗去。

**二十日,癸卯,廿二** 　　阴雨竟日

**廿乙日,甲辰,廿三** 　　阴寒

香奁之诗,不厌绮艳,所谓"情至之语,风雅扫地"。拟专选此种二三百篇,以异"无题"。又拟编《变相贰臣传》。得南京十七日信,又一山同日诗函,即答数语。

**廿二日,乙巳,廿四** 　　阴

和一山两律,即寄与,并附他诗七八首。

**廿三日,丙午,廿五** 　　晴

**廿四日,丁未,廿六** 　　阴

上海寄来《香囊》小说一部。王辅丞来,留之午饭。

**廿五日,戊申,廿七** 　　阴

挽林甄宇,成七律两首,联二副,均佳。饭后诣刘、林、席、陈、杨各处。南监场知事及谢君来,均未面。

十九日《时报》第三张登有无敌牌牙粉及冻疮药广告,治法颇好,系上海西门静修路家庭工业社出售:

无敌牌牙粉,每袋三分,每五十袋一匣,减收一元;盒粉每盒乙角二分,大盒乙角六分;大铁瓶四角五分,小铁瓶三角。无敌牌冻疮药,甲种普通者一角二分,精制者一角五分,专治未溃者;乙种专治已烂,每瓶三角半;丙种收口用,每瓶二角四分。外埠邮购,邮票十足代现,合购一元以上不加寄费,否则须加邮费一角。

**廿六日,己酉,廿八** 　　晴,冷

李来。陈子万以《送刘》诗见示,亦成一律。

**廿七日，庚戌，廿九**　　　晴，冷

又成《送刘》一律。得廿三日一山函，并玫伯《天台游草》一册。又十八日勋铭复信。发南京信。

**廿八日，辛亥，三十**　　　晴

刘次饶来。

**廿九日，壬子，卅一**　　　阴

发一山函。

**三十日，癸丑，八年一月一日**　　　阴

发国务院秘书长函，双挂号去。

# 十二月

**初一日，甲寅，二号**　　　阴晴不定

王咏簧昨以诗来，并索雨花台石。

**初二日，乙卯，三**　　　晴

两日甚冷。拟精选宋元人七律能脱唐人窠臼而仍不背乎宋派者三百首，为《七律丹壶》；又精选晚唐人一二百首，须不亚盛唐、向为选家所略者，曰《唐律微》。得上月廿八日南京信，云已大雪两次。又九铭十二月廿九日信，又赵叔泉信、黄叔清贺年柬。又袁子羽函，云家在天台县城文明巷太史第。褚九云住城内四方塘。

**初三日，丙辰，四号**　　　晴

午后出街买纸张、历本。

**初四日，丁巳，五**　　　晴

发一山信，附洋两元，托买小书三种。

**初五日，戊午，六**　　　晴

林浮沚来。诣杨园，折得残菊几枝回。

**初六日,己未,七**　　晴

得七绝四首,又一首,又七律一首。发黄叔清信。

**初七日,庚申,八**　　晴,连日奇暖

得七律二首,五古一首。刘次饶来,云即回里。赖、魏二人来。

**初八日,辛酉,九**　　晴

得七律一首。颜原、李塨从祀,见初三日令。

**初九日,壬戌,十**　　阴

发南京信。雨作。

**初十日,癸亥,十一**　　阴雨,稍寒

**十一日,甲子,十二**　　雨

得七律一首。寄陈雅堂信,由莆田县黄石镇万美齐纸店收下转交屏山陈雅堂收。

**十二日,乙丑,十三**　　晴

得南京初六日信,并张轶欧为母七十寿征诗启。又寄到《庄子》三册。

**十三日,丙寅,十四**　　阴

林浮沚送来板鸭一双,白菜一个。

**十四日,丁卯,十五**　　晴,旋阴

成《瓶花》七律三首,《望江南》一首。

**十五日,戊戌,十六**　　阴

得一山十二日信。屈虞臣来,以周孟幼所赠《龙舒净土文》一册面交。

**十六日,己巳,十七**　　阴

答一山信,另寄去《诗学问难》及《天台游草》各一册去。发南京信,附张太夫人寿诗。

**十七日，庚午，十八**　　　晴，午后阴

阅《净土文》及《弥陀要解》，大有所悟。

**十八日，辛未，十九**　　　阴寒

李庆三来。刘项宣来。

**十九日，壬申，二十**　　　阴

发欧阳境无函，寄南京。得十三日南京信，云相府须眷①出，为南方代表住，正在觅屋。又得十五、十六两信，又得十三日一山信。夜二更中国银行送来汇信一函。

**二十日，癸酉，廿一**　　　大雪

由银行取回英洋八十元，南京汇来，填给收据两纸，贴印花四分。发南京信。

**廿一日，甲戌，廿二**　　　雪止，日出

成四绝句，代柬寄一山。得刘次饶信，约明年仍主志事。

任公衡来。平阳某乡有堪舆家陈云庵，年近六旬，精于此术。断任君父坟有水蚁，及开视，则水满圹，蚁满棺面。迁葬后，断其申子辰年添丁，均验。此人每年春间来郡，旋出外至沪、赣各处，八九月间复回瓯，在郡不过两月。记此待访。

**廿二日，乙亥，廿三**　　　阴

拟定章、王两信稿，南监场知事来，谈及保案。即发快信，寄南京，内附致九铭函。

**廿三日，丙子，廿四**　　　阴

午后答诣龚知事。诣周君孟由一谈，赠以《瑜伽师地论》一册。渠又以《净土文》三册见贻，据云《净土十要》极佳，印光和尚所定《三

①　"眷"，疑为"腾"。

字经》胜杨仁山本。云《准提咒》极验,赣人梅光羲善持咒,持时室中发光。印光,陕人;谛闲,台人。

诣谢宅送喜。程文焕来,不相值。

**廿四日,丁丑,廿五** 阴

发章一山、王玫伯函,各赠以《净土文》一册,附抄各函稿去。周孟由奋又以《净土文》三册、《阿弥陀经》一册、《普贤行愿品》五册、《印光和尚函稿》五册见赠,并见假广陵藏经禅院刻板《净土十要》四册、扬州有正《释教三字经》大小两本、南京《彻悟禅师语录》一册、南洋佛经流通处《会佛镜》一册、《华严原人论合解》一册、南京《万善同归集》三册、《净土圣贤录》四册、《续录》二册。

**廿五日,戊寅,廿六** 阴

发刘次饶回信。发天台褚、袁二信,各附《净土文》一册。

**廿六日,己卯,廿七** 雨

周孟由来,程文焕来。雨作。下午检书五箱。

**廿七日,庚辰,廿八** 阴

答诣陈、任、刘三君,任未晤。得廿三日南京信,又得九铭信。夜雨。

**廿八日,辛巳,廿九** 阴,时漏日光

检书六、七箧,颇劳瘁。

**廿九日,壬午,卅** 雨

**三十日,癸未,卅一** 雨

杨淡峰来。夜雪微作。得七律一首,七绝四首,又为褚九云寿诗七律一首,盖明年正月十四六十双寿也。

随带物件:铺盖乙个,衣箱两个,藤扁乙个,网篮两个,书箱乙个,提盒乙个,马桶水壶,洋伞乙把。

# 民国八年己未（1919）

## 正　月

**初一日，甲申，二月一日**　　雨雪并作，天寒

成七律一章。本日开始诵《弥陀经》一遍，谢绝应酬，既不出门，亦不差片。

**初二日，乙酉，二**　　大雪

得五律两首。检书三箧，僵冻不支。

**初三日，丙戌，三**　　雪止复作，寒甚

仍检书。

**初四日，丁亥，四**　　晴

检书三箧。

**初五日，戊子，五**　　晴

周孟由来谈，询以财政部参事徐君事，云名文霨，字蔚如，嘉兴人，奉佛已八九代，善持金咒，咒毕壁上现光，光中现字，诚心叩问，必有所答，徐因学力未深，尚不能观，有一老翁代观，问者更无所见也。此法出于密部，经虽有文，而必传之于师，徐之师，盖江西人梅光羲是也。梅现任山东高等检察厅长，每月有函奉学于欧阳境无者。有某君以武后及宪皇帝之淫业、杀业与信佛崇教功罪为问，答云：功罪略可相抵，而未能遽出轮回；并奖问者之善问，然则此学亦灵验异常

矣。李、郭、赖、陈、李等来。

**初六日，己丑，六**　　晴

撰《蜕盦续稿自序》一篇。谢、魏、程来。轮船进口，得初二日章一山、王玫伯各函。

**初七日，庚寅，七**　　阴，旋雨

发王玫伯函，附信稿。发褚石桥函，附寿诗七律一首。

**初八日，辛卯，八**　　晴

杨淡峰袖诗来，云藏有《东坡禅喜集》二册，允借读，此无刊板。得南京元号信，初四所发。又章一山邮片。程、杨二人来。

**初九日，壬辰，九**　　雨

发一山函，托购两书。

**初十日，癸巳，十**　　晴，旋阴

检陈志三《治平通议》八卷四册、《报国录》四卷二册、《利济报汇订》十二册还胡君润芝。午后，答诣周、魏、赖三处。与孟由久谈，出印光禅师手函九纸见示。

**十一日，甲午，十一**　　晴

清晨答诣刘、陈、屈三处，刘处略坐。陈子范来，据云平阳人陈云庵居东门外里许垟儿地方城东堂，子万新屋亦伊所看，粗通文字，人不甚俗。发第一号南京信，附购书单。午后诣杨园借来《东坡禅喜寺》①两册六卷，系明板，闽中李鹿山藏本也。南监场知事来，云即赴杭。

**十二日，乙未，十二**　　雨

以洋一元托龚知事买湖笔。同居李剑青是日嫁女，男女客五

---

① "寺"当作"集"。

席。陈、柯二人来。傍晚，雨又作。

任公衡来，谈及第一桥刘巨家书籍被庖人窃售不少，《知不足斋》、《海山仙馆》丛书两部为东门谢某所得，只洋九元。木杓巷曾家去冬《函海》、《粤雅堂》两书以八十元售于黄群。曾姓字画亦不少，今阖门皆寡妇，将来不可问矣。刘亦只存一妾一孙，孙年二十馀，浮沚婿也。以上皆任说。

姜伯韩来，云十三夜登舟赴南京。

李女出门时约二更，穿皂色衣，由后门出去，坐小轿至仓后财神庙换衣服上彩轿。出门时合宅闭房门、息灯火，寂无人声，盖有所避忌，制禳法也。瓯俗尚鬼，此其一端。

《时事新报》第三张《学灯》一门，材料颇丰，其他消息亦捷于《时报》也。

以丁巳、戊午两年诗稿一册属潘老四抄。

**十三日，丙申，十三**　　　雨

以洋一元二角函托姜伯韩在沪购佛书几种，此函未交。得初八南京二号快信，云樵孙病重，九铭请假一月回里，公事委第一科龚科长代拆代行。即发二号回信。

**十四日，丁酉，十四**　　　晴

清晨诣任、王、杨、冯四处，均未面。以佛书十九册送还周君孟由。以沈乙盦《乙卯稿》一册赠任公衡。

**十五日，戊戌，十五**　　　晴

上元节。王辅臣来。任公衡来，谈及林浮沚家事。渠弟兄四人，浮沚居长；二某君捐职部员，亦曾在京，现居家不出，现金最多，约七八万，不事生理，一味放债取利，其子即上年殇逝者；三某君久居上海，开钱庄，甚获利，每日洋烟须廿元；四早亡，存一子尚幼，其弟媳即最有名之林家寡妇也，前避上海，现在家。

**十六日，己亥，十六　　晴**

诣程文焕一谈。

永明，宋高僧，著《宗镜录》、《万善同归录》，禅、净皆称大宗，宪皇帝御制二书序文刊行。天如著《净土或问》，楚石著《西斋净土诗》，皆明朝人。智者大师著《净土十疑论》，隋高僧，天台祖师也。《西方合论》，明袁宏道中郎著。《往生论注》，论为婆薮槃头菩萨撰，注为魏西河石壁谷玄中寺沙门昙鸾撰。《华严原人论合解》，唐三峰兰若沙门宗密撰，元长安开元寺沙门园觉解。《净土十要》为明末清初云峰蕅益大师选定。

程住处为岑山寺巷。

**十七日，庚子，十七　　晴**

《利济讲义》中《读医书法》与《华洋脏象论》中《读医书法》、《冷庐医话》中《读国朝各家医书法》合抄成卷，以便稽考。《脏象论》内《六气标本》一篇与《世补斋》中一篇合看。陈修园《图说》亦简明。陈氏《释人疏证》与沈彤《释骨》应合钞。《论语》如宝应刘宝楠之《正义》及近世戴子高、康南海之书，皆不可不备，梁启超《论语》《公羊》相通说义本于戴。《孟子》则江都焦循之《疏》。《四书广义》为李次青所辑，尤须物色。胡文忠在军所讲习者，忘其书名，必有实月。

**十八日，辛丑，十八　　晴**

得玫伯十二日答函，即发一信。

**十九日，壬寅，十九　　晴**

午后答诣柯、陈、屈、陈。

**二十日，癸卯，二十　　雨，寒**

《六道集》五卷，康熙间广州沙门弘赞所辑，采取颇佳，惜原刻罕传，此系铅印，字小多舛，不足览也。《泰西学案》、《泰西格言》、《泰西名人传》均须一览，庶与习西学者言可为谈助，且可以矛攻盾。若于吾国耆儒旧学言，则《孔子集语》一书须熟，有此足以折服百家，虽雄辨之夫，能关其喙矣。

拟合《史记·孔子世家》、《弟子传》、《阙里志》、《祖庭广记》、《文庙通考》、《先圣生卒年月考》、《家语》、《孔丛》、孙氏《集语》刊为一编。又采杂家及二教书中语涉孔子者，不问醇酸真伪，一一钩致，辑为一册，曰"侮圣录"附于其后。

**廿一日，甲辰，廿一**　　晴

发刘次饶函，付邮。

**廿二日，乙巳，廿二**　　阴，旋小雨

以书十五部寄文华堂代售，又另检书一箱计十五部开一单，亦交该店觅售。得正月十六日南京三号快信，云樵孙已于去腊廿二病故，九铭甫至南昌，现拟具报请假两月。得一山十八复函，云《净土十要》、《三字经》、《学制斋文》已邮寄，云陈馀山《扪烛脞存》极好，有印本，又云小轮停走，暂不回台。发三号南京信。邮局来一山所寄书三种。

**廿三日，丙午，廿三**　　阴

发九铭信，寄宜黄。发一山信。陈、冯二人来，冯谈闽人祝芝岩被人掌嘴禁入厕所事。胡适之、陈独秀主张文学革命，专攻孔圣，各有新书。

**廿四日，丁未，廿四**　　晴

永嘉人李镜湖字澂川者交来姜伯韩上海代买佛书五种，李即伯兰医院李小波之弟。得廿日南京第四号信，云九铭丁忧呈报已于十八号发，联续请假两月。即复四号一函，因明日有船开。江文光仙

居王太太由台来瓯，送以二元。

**廿五日，戊申，廿五**　　　阴，旋晴

午后出街买物。《蜕盦续稿》自甲寅夏迄戊午冬编定五卷，约一千首。

平和会议于二十号已正式在上海德总商会开幕。

**廿六日，己酉，廿六**　　　晴

编定《书目》，写成一册。

**廿七日，庚戌，廿七**　　　晴

得刘次饶复书，又得褚九云复书。

**廿八日，辛亥，廿八**　　　晴

日来伤风，殊不爽快。得七律四五篇，力避晚唐，意境一变。

**廿九日，壬子，三月一号**　　　雨

阅《径中径又径》讫，所采颇当。

# 二　月

**初一日，癸丑，二号**　　　阴

得七律、七绝各一首。发五号南京信。又发章一山函。申刻得南京电，云九铭已动。

**初二日，甲寅，三号**　　　阴

九钟时由中国银行电汇大洋百五十元至南京。未刻，得廿七日南京邮信，并五号洋四十元。发第六号南京信，所说极详。又发第七号南京信。

**初三日，乙卯，四号**　　　晴

略翻《禅喜集》一过，坡老此等文字，前无古人，心绪劣，不能细

看。午后诣人,未晤。

**初四日,丙辰,五号**　　　晴

以《禅喜集》还杨淡风,未晤及。属文华堂店东张笛秋设法觅书及研。

**初五日,丁巳,六号**　　　阴

**初六日,戊午,七**　　　阴

又钞《书目》一分竟。得南京廿九所发六号信,尚无他说。得一山函。初三报登上月廿九命令,任命胡家祺暂署江苏教育厅长。上海和议,以陕事未符原议,去电亦无答覆,已于三号宣告停议,大势将决裂矣。

**初七日,己未,八**　　　阴

以《书目》一册交文华堂张笛秋。得南京初二日七号信。

**初八日,庚申,九**　　　阴雨

得九铭讣文。周孟由来,以彭尺木《一行居集》四册见示,殊佳。

**初九日,辛酉,十号**　　　阴寒,大有雪意

得初五日南京八号信,极略,即复八号一函。

**初十日,壬戌,十一**　　　晴

以《禅门日诵》一册还周孟由,中有《憨山法要》一篇应抄。彭尺木诗、古文集凡四种:文为《二林居集》、《一行居集》,诗为《测海》、《观河》两种。外此,《一行决疑集》、《华严念佛三昧集》、《莲净土圣贤录》等均有刻本。

**十一日,癸亥,十二**　　　雨

复阅《四十二章经》、《遗教经》、《心经集说》一遍,所见又与以前不同。

彭尺木书,昨所登未备,重录如左:

《一乘决疑论》，以通儒、释之阂。《华严念佛三昧论》，以释禅、净之诤。《净土三经新论》，以畅从上莲宗未竟之旨。《居士传》、《善女传》、《净土圣贤录》，随机接引。净土三经合刊。以上见《一行居集》中《书知归子传后》，按：知归子，先生别号也。《一行居集》八卷四册，多言净土及他经，无别文。

《二林居集》八册，《一行居集》四册，皆文；《测海》、《观河》，皆诗；以上见《一行居集跋》。另有合刻《圆顿念佛三经》，甚要。一属般若部，一属华严部，一属方等部，皆大乘经。

罗有高、汪大绅文集皆有刻本，与《彭集》一式，汪又有《染香新录》，亦谈净土者。

**十二日，甲子，十三　　晴**

得初七日南京信，云初二所去两函均到，九铭月内可到，眷属移居东关头底。缺未开，部中指令丁忧，给假两月，胡邦祺暂署。诣卷素巷杨宅行吊。得一山初七书。发九号南京信。南监场知事来。

**十三日，乙丑，十四　　阴**

覆阅《维摩诘经》、实竺典之奇作。答诣龚知事，并拜廖秩宗局长。

**十四日，丙寅，十五　　晴**

得初十南京信，附来部视学王驹浚函一纸，语尚切实，王前充京师法校校长也。本日改看《新申报》。文华堂取去书头十册、绿端石研一方。

**十五日，丁卯，十六　　阴**

《中日密约》于十四起发表，逐日登《政府公报》。

**十六日，戊辰，十七　　晴**

**十七日，己巳，十八　　晴**

何见石方伯自台来瓯，谈及甘肃卸任情形及辛亥陕西旗人三万遭难各事，为各省所未有，为之浩叹，不能已已。何公自己酉京城晤后，相隔已十一年矣。

**十八日，庚午，十九**　　　清晨大雾，对面不见人，旋晴

答诣何见石，谈良久。又诣周仲由，未面。《蜕盦续稿》第三册抄讫交来，陋劣不堪。

**十九日，辛未，二十**　　　阴，下午雨

**二十日，壬申，廿一**　　　晴

程文焕来。周孟由以《印光和尚文集》一册见赠。发台州何见石方伯函，附七律一首、莫愁小像一纸去，仍住旧仓头老屋。得袁子羽上海来信。董祥自剩县管狱所调回永嘉，据云范希仁纯伯住杭州保安桥下四十一号门牌。文华堂缴回各件，又取去四种。

**廿一日，癸酉，廿二**　　　晴

为程代拟黄道尹母寿诗四首。

**廿二日，甲戌，廿三**　　　雨

得南监场专信，以所拟黄母寿序稿见商，并索代拟《留别》诗，即答一函，诗四章并原文均附去。以《一行居集》四册还周孟由。

**廿三日，乙亥，廿四**　　　晴雨不定如梅天

程文焕来。得南京十九日信，云已搬住东关头九铭寓，差已辞去，九不日亦可到。发第十号南京信。文华堂缴回书二种，又取去七种，连前共九种。

**廿四日，丙子，廿五**　　　雨

周孟由来函，以彭尺木各书见假，计：《无量寿经起信论》、《华严念佛论》、《观河节钞》各一册，《测海集》二册，《二林居集》六册，共十一册。其《一行居集》云已无版，不易得，尚有《问津录》、《体仁录》、《角虎集》。答以一函，并附去冬二诗。

文华堂取去《子史精华》全部。

彭氏诸书,前目未备,重列于此:

《二林居集》廿四卷六册,《一行居集》八卷四册,《一乘决疑论》一册,《华严念佛三昧论》、《净土三经新论》、《居士传》、《善女人传》,《净土圣贤录》九卷六册。《测海集》六卷,诗。《观河集》,诗。《观河节钞》、《问津录》、《体仁录》、《角虎集》、《无量寿经起信论》三卷。

按:《起信论》三卷、《观经约论》、《阿弥陀约论》三种合一册,即《净土三经新论》;其《念佛三昧论》与唐清凉国师澄观《华严经略策》、《心法要门》、《三圣圆融观门》、唐沙门宗密《原人论》五种合刊一册。此两册极好,不知何处购。

广济进口,得二月十八日南京信,比昨日到者先发一天。

**廿五日,丁丑,廿六　　晴**

发一山函,另邮《蜕盦续稿》一册去。午后命佛官、达官至护国寺上坟。《二林居集》廿四卷六册,光绪辛巳季春刊板,苏州圆①妙观西玛瑙经房发行,前无序,后有先生从孙祖贤光绪六年庚辰四月跋,谓重刊于赣藩任内。《一行居集》吴中别有刊本云云,跋甚简,仅举二集及《观河》、《测海》凡四种,馀皆一语未及。夜雨。

**廿六日,戊寅,廿七　　阴雨,天寒**

文华堂取去书十六种。以函致周孟由,附去冬两诗去。

**廿七日,己卯,廿八　　阴雨,天寒**

彭氏五论,有正均有售本,只《一行居集》难得。周孟由来函,以《修西定课》一册见赠,仅《弥陀今解》一篇,系咸丰十一年郑澄德学

---

① "圆",疑为"玄"。

川注,及《莲池发愿文》一篇,颇简要。卷首仁和许樾身《序》谓郑著有《宗镜堂丛书》四十八种,以此为第一,特不知其何县人。

得龚知事函,商请《留别》诗稿添入乃翁官迹。

**廿八日,庚辰,廿九　　　阴**

伤风,颇不适。复南监场函。

《感应篇类钞》两册不分卷,康熙九年庚戌宜兴史洁理编刻,光绪戊戌杭州重刻;惠栋注本二卷,刻入《粤雅堂丛书》第十二集,彭二林谓此注最为雅驯,光绪初年杭州有单行大字本,两册,极佳。二林同时、同县陈氏有《感应篇汇注》,二林序谓"集诸文士,酌校旧本,集为一书,事取其凿,理取其显,杂引三教之文,一归于劝善而止恶"云云,今上海有正局有《感应篇汇编》四册,未知即陈书否。俞曲园亦有《太上感应篇缵义》二卷,均未见。《汪大绅文集》及《三录》,该局均有。

**廿九日,辛巳,三十　　　阴**

文华堂缴回各种书头,尚留一种,又别携去三种全部。以一函致周孟由。午后王、程二人先后来。

**三十日,壬午,卅一　　　晴,时阴**


# 三　月


**初一日,癸未,四月一号　　　晴**

念佛往生净土,得一妙解,出诸家外。往生者,谓人心尽死,须求生也。净土与秽土对,即天堂、地狱之别名也。须去地狱,登天堂,且须驾乎天堂之上,所以必求净土,见佛生莲花中也。

**初二日,甲申,二** 晴

夜闻呼道士还天愿。

**初三日,乙酉,三** 阴

《唐代丛书》内钟辂《前定录》二十三条,皆唐人事;徐应秋《玉芝堂谈荟》前定数四十八条,沿及前明,同于钟者三条而有小异,可合两书成一帙。

文华堂缴回《梦溪笔谈》四册,馀未缴,又携去《观象玩占》等三本。李庆三来。

**初四日,丙戌,四** 晴

拟取佛弟子名曰觉幻,号晚闻居士,又曰是乡侨客,园名沤园,或曰壶园,玉溪铁崖室。

**初五日,丁亥,五** 晴

诣周孟由一谈,承以昆山周安士梦颜《西归直指》一册为赠,盖康熙朝人也。

**初六日,戊子,六** 晴。清明节

连日得七律四五首,皆不空作。发南京信,系第十一函。

**初七日,己丑,七** 晴

南监场知事来。得上月卅日南京信,云九铭廿八号到寓,黄稼孙同来。

**初八日,庚寅,八** 晴

是日道尹母寿,贺客如云,演剧称觞,极形热闹。饭后偕同居李剑青游江心寺。寺内僧人了生,台之黄岩人,善北魏书;方丈华山,则温人也。文、卓祠①均新修。得联三副,诗一首,皆惬意,录别纸。

---

① 文、卓祠,指文信国公文天祥祠与卓忠贞公卓敬祠,均在温州江心屿。

**初九日，辛卯，九**　　阴

发一山函。刘次饶来，问何日赴平，答以月杪。

**初十日，壬辰，十**　　阴雨

发九铭信。又《文祠纪游》补成四绝。以树德堂《读杜》廿二册托次饶交还黄枚生。

**十一日，癸巳，十一**　　阴

新出《佛学小辞典》，无锡孙祖烈编，一元四角，加邮费五分，如挂号者再加五分，上海静安寺路三十九号医学书局。《佛学丛报》亦有售本。

**十二日，甲午，十二**　　雨

接初八南京信，即答一信，为第十二函。

**十三日，乙未，十三**　　晴

诣杨淡峰略谈，以《王幻如禅宗》二册见示，近时禅人也。陈子万来。龚知事来，即行。下午发南监场一函。

**十四日，丙申，十四**　　晴

午后至九山寺、应道观各处一走。

**十五日，丁酉，十五**　　雨

欲出而中止。夜兰花婢自处州来，家业渐康矣。是日，房东三女受聘。拦街福神出宫，颇热闹。

**十六日，戊戌，十六**　　雨

吴氏《别雅》与魏氏《骈雅》两书，皆词章家所必览，惜吴书未见善本，有大板。翟氏《通俗编》与徐氏《谈荟》同看甚好。西人《旧约》、《新约》亦不可不一寓目。

**十七日，己亥，十七**　　晴

赖可恒来，谈及南监场近日事。傍晚接一山十三日来信，云为觅得一局面,附关书一分来,系总办爱俪园文牍,月脩百元,具名者为姬佛陀。旋又接十二、十四两函,促即束装,所去诗稿等均收到,来函简略不详。

又得十四日南京信,云九铭即日进京,彭儿已荐镇江第九师范教员,须暑假后赴校,为时尚早,届时正未知如何。发南京第十三号信。又发一山函,告以月尾初行。

勋铭住南昌府前天后宫第一小学。

杭新市场二十九号。

黄燕宾在水警第二区充会计,家住海门天后宫边。

**十八日,庚子,十八    阴**

报登甄用案改章,大约改两年一次,办不办临时下令,简任官有不许保人之限制,废止原案第五条。

北京有《居仁日览》一书,系编辑唐宋故事,供项城御览。编者自顾鳌以次数十员,均称臣,当今达官多在其列。袁题签处绕以龙文,裱以黄绫,极精致。见《新申报》中"小申报"《钝根随笔》,随笔此旬日以上所纪均可取。

北京急电:张勋已于八日由菊儿胡同移居安定门内小德张花园。奉天电:张雨亭第四女许张少轩第五子。英雌沈佩贞偕朱三小姐游西湖,拜当道名片头衔列十七。

**十九日,辛丑,十九    阴**

柯呦苹忽然来。午后雨。以《利济丛报》及他书共十八册送丕医生胡浚智。

北京人之迷信梅兰芳,其热度不下于美国人之佩服卓别灵。梅亦身价自高,每应召演堂会戏,一长出须洋六百元,二短出八百元,三出则一千元,虽当日谭鑫培无此名贵也。日前,外交部电报处忽得一东京电,其文曰:"外交部转梅兰芳先生:闻公来日,极为欢迎。东京全体同人叩。"可谓骇闻。见十二日《新申报》中"小申报"。按,梅伶演戏一出六百元,李梅庵写屏一堂一千元,二梅信当今怪物。

**二十日,壬寅,二十**　　　阴寒

小有感冒,屏书不观。

**廿一日,癸卯,廿一**　　　晴

得十五日九铭信,云月内进京,通信处由顺治门大街燕赐希转交。又得刘次饶十八信,云房子尚未腾出,约于廿八九去。夜三更大雷雨。

**廿二日,甲辰,廿二**　　　雨,自夜彻明未已

枕上成五律四首。

陆西星《南华副墨》、王志坚原本《四六法海》、朱昆田《三体摭韵》、顾有孝《唐诗英华》、洪氏《唐人万首绝句》、三影阁《词林纪事》均须物色。

张仲昭住上海新闸路福星里,与一山甚近。

赵叔泉住虹口四卡子永安里四十二号。

章一山住上海新闸路高照里廿一号。

秦仲玉住松山路打铁棚四百卅九号。

文孟鱼住法界葛罗路廿四号。

郭小麓住北京大取登胡同。

**廿三日,乙巳,廿三**　　　晴

李庆三来。屈老头随黄仲荃眷赴宁德,由平阳去,只六日到,水陆均便,至灵溪有小轮。

**廿四日,丙午,廿四**　　　晴,旋阴,雨又作

**廿五日,丁未,廿五**　　　阴雨

发十四号南京信,附单一纸。发章一山函。

**廿六日，戊申，廿六**　　阴

上海派克路益寿里求古斋书帖社新印旧本《唐诗白话解》六册，七角，特价六折，邮费五分。清初吴下徐子能撰。又某坊新出《随园诗法丛话》四厚册，连史，一元，殆即《诗话》之变名。

写就刘次饶信，廿八寄平。

**廿七日，己酉，廿七**　　阴

元末《扶箕诗》："天遣魔军杀不平，不平人杀不平人。不平人杀不平者，杀尽不平方太平。"见《辍耕录》卷廿七末。

莲社以蛛网、荷钱两题征诗，送来骈启一纸，闻系陈子万婿叶竹珊所办。下午雨。

**廿八日，庚戌，廿八**　　雨

拟就七律二首。闻同寓李君说督销局、南监场均撤任。永宁进口，看定坐舱。得廿三南京信，已知沪上馆事。又得黄岩人柯心补玫邮函及《乩仙诗录》一帙，并索《龙舒净土文》。素不相识，盖于玫伯处见吾往来书札也。即答一函。夜二鼓登舟。

**廿九日，辛亥，廿九**　　阴

清晨开行，下午四钟至海门。

# 四　月

**初一日，壬子，三十号**　　晴，旋雨

未上岸，下午五钟开。

**初二日，癸丑，五月一号**　　晴

清晨至宁波，登新北京船。太古公司该船与新宁绍同日，逢双甬至沪，逢单沪至甬。江天船单日甬开沪，双日沪开甬。下午四钟

展轮。

**初三日，甲寅，二**　　晴，大风

清晨抵上海，入十六铺南康旅馆小憩。诣章一山，饭后约哈同花园理事长姬觉弥君佛陀至寓相见，订明日搬入园中。发瓯、宁两函。

**初四日，乙卯，三**　　晴

午后，诣一山，偕赴花园，园在静安寺路。少顷，姬君回，晤谈，并晤文牍处费恕皆有容、白道文能然及收发潘申甫，会计娄庭照、范某、杨某，又陈鹿笙之孙挺之、尉元二人，□孙仲约。

**初五日，丙辰，四**　　晴

下午一山与王子良观察为干到园。

**初六日，丁巳，五**　　晴

发两处信。得南京初五回信，云九铭初五早北行。

**初七日，戊午，六**　　晴，热甚

京师大学生寻殴日使章宗祥。

**初八日，己未，七**　　晴，热甚

**初九日，庚申，八**　　晴，热甚

发南京信，并洋八元，又发温州信。诣一山饭。

**初十日，辛酉，九**　　晴

得南京信，即答一函。下午雷雨。

**十一日，壬戌，十**　　晴，旋雨

得黄稼孙函。夜一山来函，以五家诗见示。

**十二日，癸亥，十一**　　阴

成七律三首，并原件还一山。午后得南京信，洋已到。

**十三日，甲子，十二**　　阴

发南京信，附答黄函。代撰徐总统双寿联。

**十四日,乙丑,十三　　阴**

得袁子羽诗函。

**十五日,丙寅,十四　　阴**

得诗二首。是日迦陵夫人、姬觉弥同赴甬。得十二日家信。午后叔刚来,以柑子、茶叶交其带去。

**十六日,丁卯,十五　　晴**

发家信第四函。午后诣一山,而王玫伯已在坐,由黄岩来也。并晤管君德舆,又高州人林朴山鹤年。下午,同至爱文义路八十四号刘翰怡京卿寓,即王、管二人下榻处,并晤石门人沈醉愚,刘客也。在下广仓学窘为壶碟会。

**十七日,戊辰,十六　　晴**

一山约饮于刘宅,同座十一人,有邹尚书嘉来、吴侍郎郁生。夜微雨。

**十八日,己巳,十七　　阴**

刘京卿招饮,却之。

新出《妇女现形记》,八角,特价四角八分,五马路正丰街普通图书局。《唯心奇术》,三元,六折,半月为限。又新出异书四种合刻:一、《密教真传秘注》,二、《唯心奇术补遗》,三、《唯心术立效诀》,四、《唯心术捷成法》。二元,预约对折,半月为限。自今日始,半月内剪此广告来购书籍者,每部附赠优待赠券一纸,期满给赠最多者赠书十元,其例详载券上,望平街有正书局对门东震图书公司。见本日《新申报》。

**十九日,庚午,十八　　阴**

竟日未出。

**二十日,辛未,十九　　晴**

三马路昼锦里西面西鼎新里蔚文书局新出《美人谱》全套十六

幅,内裸体四幅,二元四角,特一元四角,五月底止。《妇女之秘密》,六角,特小洋四角。《青楼风月史》,特三角。

王、林、章三人来,雨作,傍晚乃去。

**廿一日,壬申,二十**　晴

**廿二日,癸酉,廿一**　雨

商务馆出《楹联汇选二集》,四册,八角,阳历五月截止。美华图书有限公司预约出售《销魂艳影》四帙,每帙十六幅,三元,特一元五角。

**廿三日,甲戌,廿二**　晴

借一山洋十元。邓君展盛熟于《文选》。

**廿四日,乙亥,廿三**　晴

一山偕闽龙溪人王叔用式来。午后诣玫伯,已赴镇江。诣一山,正他出,候至夜始回,谈至二更,云李季高留意人才,张绍轩处有万绳栻及□、高凡三人把持,外人不得入,三人皆刘幼云所荐。

城内曹素功墨店有中国烟所制墨,久不脱,城外店则无之,他店更不必问,皆外国烟所制也。

庆馀堂所售万应灵膏,大小两种,大者每张约五十文,甚效。老桑枝煎汤服,治受风臂痛。

**廿五日,丙子,廿四**　晴

一山来信,并附两函。午后叔刚来,云明日行。以洋十元嘱带南京。中国银行在二洋泾桥某里,又云在三马路黄浦滩,行例,汇洋多则汇费轻,比邮汇省。《古文则例》四册,学窀出本。

**廿六日,丁丑,廿五**　晴

清晨诣郑苏戡,午后诣李季高,均豳谈。李寓园西沧洲旅馆,郑住南洋路十二号。

**廿七日,戊寅,廿六**　　　晴

发五号家信。一山是日行。

**廿八日,己卯,廿七**　　　晴

得南京信,钱物均到,即答一函。夜大雷雨。

**廿九日,庚辰,廿八**　　　晴

发九铭信,嘱觅《居仁日览》一书,住香炉头条胡同四十九号一庐,与唯一报馆对门。夜姬觉弥自杭回,同来者强梦渔道尹运于,新交卸吴兴知事。

# 五　月

**初一日,辛巳,廿九**　　　晴

姬君又赴杭。得南京信,云节后来。

**初二日,壬午,三十**　　　阴

阅沃邱仲子所编《慈禧传信录》一册,即孙仲约稿也。孙又有《徐世昌》一册,现编《当代名人小传》,将竣。

**初三日,癸未,卅一**　　　晴

发家信第六函,告以彭儿即日归。诣管、袁二处一走。

**初四日,甲申,六月一号**　　　微雨

排印《拳匪纪略》六卷六册,光绪廿七年出,颇详。《西巡大事本末记》六卷六小册,光绪辛丑上海石印。《拳祸记》两册,光绪卅一年出。《满夷猾夏始末记》八编十册,民国元年新中华图书馆出,内有《清秘史》及《革命军》。送上月脩。

**初五日,乙酉,二**　　　晴,夜,雨

**初六日,丙戌,三**　　　阴

彭儿来,住三马路新旅社,明日起身,交以洋八十元。

**初七日，丁亥，四**　阴

以刘、周二函交彭儿，附搭新宁绍去。

**初八日，戊子，五**　晴

王子良约往午饭，同座有象山人陈宇相，绍兴人童亦韩，皆与一山相识者。上海罢市，为北京拘捕学生千数百事也。

《君宪纪实》，系项城所编，颁发各省、县大小机关，以见拥戴出于国民之意。皆劝进文电，有初、二两编，必须一览。

**初九日，己丑，六**　晴

诣孙仲约。下午诣管、袁。

**初十日，庚寅，七**　晴

发七号家书。

**十一日，辛卯，八**　晴，连日炎热

此间男校亦去八十馀人。姬君住西湖葛隐山庄。姚锡光所组为艺力社，社员不过二百馀人，白道文任文牍，杨西园第二子某为办事员，住城内。

**十二日，壬辰，九**　晴

成七古一篇。闻此地学生亦被捕甚多。

**十三日，癸巳，十**　晴

王子良到园。得初十日彭儿到家安信。

**十四日，甲午，十一**　晴，小雨

得子良信及诗。下午姬君回园，学生放假。

**十五日，乙未，十二**　晴，天气蒸闷欲雨

成《纪事》七绝十六首。发八号家书。

博文女校在法界贝勒路。天顺祥银号在北京路观音阁码头如意里。

　　上海各报,老《申报》、《新闻报》为中立报;《新申报》、《时事新报》、《神州日报》为机关报,官厅有助款,所销甚少,不过五六百份,大亏本;《国民日报》为新党人报,《中华新报》亦然;《时报》多销于学校,消息不甚灵。《新闻报》销至二万份,多登广告。准曹、陆、章辞职命令已登报,沪宁、杭沪已开车,南京已开市。本埠新出一种《正报》,每纸一铜枚,持论极谬。

　　**十六日,丙申,十三**　　　阴,稍凉

　　以五律两首柬子良。

　　**十七日,丁卯,十四**　　　阴雨,寒甚

　　发姬先生函。钱能训辞职,徐亦辞,又有一场新剧也。

　　**十八日,戊戌,十五**　　　阴

　　得五、七律各一。得九铭十二日京信。

　　**十九日,己亥,十六**　　　阴

　　以诗二首寄王子良。得十五日家书及刘次饶答书。傍晚迦陵夫人、姬先生自杭归。闻孙君仲约谈费君恕皆事。夜枕,戏成三绝句。

　　**二十日,庚子,十七**　　　晴阴不定

　　《民报》登高继宗《与冯国璋书》,与张謇《致徐世昌书》同看。

　　**廿一日,辛丑,十八**　　　阴晴不定

　　午后诣管、袁两处,均未晤。

　　魏默深《蒙雅》十馀叶,无序跋,印入《广仓学术丛编》,未曾审视,不知是否原书。编者亦不记其源流,可怪也。

　　**廿二日,壬寅,十九**　　　阴

　　管、袁二人来。发一山函,寄青岛久留米町二番刘宅,即刘幼云之潜楼也。王子良寓北山西路棣隆里一弄六百三十五号。

**廿三日，癸卯，二十**　　阴

得七律一首。

**廿四日，甲辰，廿一**　　阴

与姬君邕谈。夜宴陪席，客凡七人。

**廿五日，乙巳，廿二**　　雨，天凉

子良以所作诗钟见示，亦作三四联。道文另有所作，亦同作焉。

**廿六日，丙午，廿三**　　雨，天昏如墨

陈紫莼云，廿四解馆，即迁回哈同路六百六号。明智男校同日放假，女校在下月初六，闻假期一月。

北平谢善诒所纂《银行论》一册颇好，苏州振新书社售，八角。

**廿七日，丁未，廿四**　　雨竟日

以书还典守者，另检三种阅。

**廿八日，戊申，廿五**　　雨

《新闻报》截至昨日止停阅，单阅《民国日报》。得廿四日家书。子良来两函，皆诗钟卷。发九号家书。得周孟由复函。

**廿九日，己酉，廿六**　　晴

议定广仓雅集办法。以官纱衫托杨君交染店。

**三十日，庚戌，廿七**　　阴，时漏日光

哈同是日生辰，绝无举动。姬君赴杭祝省长寿。中国银行问明在英界三马路外滩，与新关相近，去此五六里。孙仲约谈陈紫莼事。

金山顾观光尚之所著《战国策地理考》七卷，《编年》一卷，同邑高崧申甫校刊，光绪二十八年三月高煌重刊，先分刻，后合刻。

上海新新书局《最新作文材料精华录》三编，每编五种六册，一元，尚可取。民国三年出版，发行所新垃圾桥北洽兴里彪文书局、四马路巡捕房东神州图书局，分发行所各省同上，又各省大书局。

# 六 月

**初一日,辛亥,廿八** 雨
报登欧会本日签约。

**初二日,壬子,廿九** 雨
姬君回园。得廿九日家书,即答一函,为第十号。

**初三日,癸丑,三十** 雨止
得五古一首。

**初四日,甲寅,七月一号** 阴
《欧约》于上月阳历廿八日即夏正六月初一日各国签字,吾国签否,尚无的信,上海《三次国民大会通告》务注意。闻王玫伯回沪,馀人均回,只一山尚在青岛。诣玫伯,未遇,傍晚归。

**初五日,乙卯,二号** 雨
以七古一章送玫伯,附近作数首,并以《续稿》三册属其审定作《序》。午后雨少止,诣彼卣谈,一山乃弟美卿及袁子羽亦至,子良亦来,傍晚归。

由沪至海门有永利、宝华两船,礼拜三、六开,官舱四元,统舱二元四角。轮船公司在大达即十六铺,与宁绍公司近。

玫谈青岛寓公情形,又及僧小山事。

**初六日,丙辰,三号** 阴
竟日未出。闻白君谈陈子纯、唐元素事,为之叹恨。发一山函。是日送上月脩。诗钟拈阄,值第二会。

**初七日,丁巳,四** 晴,旋又阴雨
王玫伯、林朴山同来,朴山以五律二首见示,并为其友乞书条幅。林寓北京路清远里合益祥广东坐庄。孙仲约以《近代三当代二名人小传》印本五册假观，乖剌舛讹，加以率略，不及《慈禧传信录》，排字多错，更劣于各书。

近人所为《二十年目睹怪相传》丑诋聂缉椝去官居沪旋死，然皆实事。官浙抚日，欲变盐法，运司黄祖络佯附之，诱以私利，聂不觉。尝以书提美馀四千，祖络即执为据，缉椝俯首听之，不敢示异同。湘绮尝言："涤翁有知人鉴，而馆甥乃若是才，殊令人失解。"张雨珊曰："是何足异！'妇欲庄，婿欲和'，宋人格言也。聂仲芳至拜妓女，其和岂人所及欤？"按聂，衡山人，在浙以铜元案为藩司翁曾桂所持，因此劾罢。乃父以翰林官广东某令，百姓颂以联云："四等翰林天有眼；三年知县地无皮。"然则贪劣乃家法也。

许鼎霖，字久香，以道员经赵尔巽荐为奉天交涉使，入民国，为苏省议长，又为袁之参政，旋死。

**初八日，戊午，五　　晴**

清晨诣玫伯送行，王、袁亦集。王雪澄住虹口小车场朱家大桥，甚远。杨氏所撰《雪桥诗话》廿馀册，多清代掌故，刘翰怡刊行，须索之。汪景吾编《晋会要》已竣，玫伯曾见其《凡例》。

**初九日，己未，六　　阴**

孙仲约值诗钟第一会。夜饮四马路兴华川菜馆，归，见月色。《欧约》拒绝签字证实。

**初十日，庚申，七　　清晨大雨如注**

缴诗钟卷。夜得初六日家书，廿八、初二两信均到。子良以《传是楼书目》六册见赠，王存善刻本。

**十一日，辛酉，八　　阴**

清晨诣中国银行汇洋八十元回温，汇费四角。行在三马路外滩，由园向东直走，至丁福保医室转湾向左直行，过新世界申报馆、新闻报馆即到，为汉口路。蟫隐庐书室在新闻报馆对面。又发十一号家信，邮寄。

**十二日，壬戌，九**　雨

姬君等赴杭。发周孟由复函。

**十三日，癸亥，十**　雨，天凉甚

**十四日，甲子，十一**　雨，凉甚

得五、七律三首。

**十五日，乙丑，十二**　雨止，天气蒸闷

诗钟发表，名在甲一乙一。

**十六日，丙寅，十三**　晴

发第十二号家书。付叶升洋一元。下午大雨一阵。

**十七日，丁卯，十四**　晴，旋阴

得一山石岛十三日函，并诗及附件。由邮局取来温寓所寄黑豆一罐。又廿九日周孟由保险信一封、票洋十元，即答周一函。姬君回园。

**十八日，戊辰，十五**　阴晴不定

诗钟值会，夜集饮酒楼。

**十九日，己巳，十六**　晴

下午以诗钟誊纸交白道文，转乞杨太守阅看。

孙仲约云，治鱼翅有一秘诀，初发开刮洗后，入笼蒸熟，再烹煮，绝不费力。若不先蒸后煮，势必熔化消耗，否则不烂。又制虾饼，用生虾略捣化，摊入网油上，虾上铺火腿钉一层，再铺虾一层，上面仍盖薄网油，炸透，极香美。治包翅，选鱼翅略带根者，如上法蒸熟，以生豆腐皮包成团，入鸡鸭汤炖吃。

费恕皆云,谭仲修五子皆不大识字,书已尽数押出,只得八百元;二女,长嫁嘉兴人李宗庚,次嫁杭州吴姓,为王子良中表,夫妻已离婚。两婿皆有才,皆系流氓。仲修继室尚在。

**二十日,庚午,十七**　　　晴,入伏

得家中十六日信,汇函已到。发十三号函。

**廿一日,辛未,十八**　　　晴

下午袁子羽来函,介绍两人入校,即答之。发太平县琛山金谔轩函,附诗笺一纸,即题其冬青草堂也。又发一山函。

**廿二日,壬申,十九**　　　晴

冒暑,小觉不快。诗钟发表,仍占甲乙等两第一,群皆诧异。

**廿三日,癸酉,二十**　　　晴

清晨移榻广仓学窘西楼,较轩爽。为姬君拟《古今情小说序》两篇。

**廿四日,甲戌,廿一**　　　晴

人甚委顿,竟日伏枕。傍晚大雷雨。得二十日家信,说温州罢市事,即发第十四函。

**廿五日,乙亥,廿二**　　　晴

仍发热,出冷汗。

**廿六日,丙子,廿三**　　　晴

病象如昨。

**廿七日,丁丑,廿四**　　　晴

是日白道文值诗钟会,以病未赴。

**廿八日,戊寅,廿五**　　　晴

委顿之甚。

**廿九日,己卯,廿六**　　　晴

力疾为林朴山题《象赞》,为王子良题《兆相图》,为白道文题《中

磊诗稿》。姬觉弥来谈。

# 七 月

**初一日，庚辰，廿七**　　晴

报登甬兴船初二直放温州，遂乞假两月回寓。得一山复函、云初七赶到。费代姬索去文稿。

**初二日，辛巳，廿八**　　晴，风

午刻送来六月脩，扣公份十元，又以十元托娄庭照交还章一山，另以一函邮致一山寓告别。二钟登舟。

**初三日，壬午，廿九**　　晴

停泊未开。

**初四日，癸未，三十**　　晴

清晨开行，出口大风，危险万状，入夜尤甚。

**初五日，甲申，卅乙**　　晴

十二钟抵温，一钟到家，平安大幸。

**初六日，乙酉，八月一号**　　晴

以洋币十元还周孟由。延医诊治，全由湿郁化火。

**初七日，丙戌，二号**　　晴，天气蒸闷

服药稍效。

**初八日，丁亥，三**　　晴

发刘次饶函，赠以《传是楼书目》精刊本六册。

**初九日，戊子，四**　　晴，阴

以徐氏诗词四册送杨淡峰。

**初十日，己丑，五**　　晴

杨淡峰来，赖可恒来。

**十一日,庚寅,六**　　晴

李庆三来。下午雨。

**十二日,辛卯,七**　　阴晴不定,时而雨作

发黄燕宾复函。

**十三日,壬辰,八**　　晴

发黄岩王玫伯函。夜雨,雷作。

**十四日,癸巳,九**　　晴。夜雨

服药数剂,今止不服。梅占魁撤差,以是日去,大众帮助六七千元,盖仍上次手段也。接手者为王文彬。

**十五日,甲午,十**　　晴。中元节

王亦聆以《蕉雪庐诗稿》一册来质,为识数语。陈子万来。夜月色良佳。周孟由乃弟叔梁来,系本年五月大学堂新毕业者。

**十六日,乙未,十一**　　晴

拟改琛赞堂名为复雅堂。夜月色大佳,成诗一首。

**十七日,丙申,十二**　　晴

发王子良函,寄沪。夜热,儿妇又小产。

**十八日,丁酉,十三**　　晴

发九铭信,寄北京香炉营头条胡同抚州会馆。

孙仲约寓上海民厚南里东二弄五十二号沃丘孙。

**十九日,戊戌,十四**　　热闹殊甚

江西夏布,宜黄不如万载,而永新亦有之,总以广东所出为上。

**二十日,己亥,十五**　　晴

**廿一日,庚子,十六**　　晴

阅《路史馀论》,发挥大有可取。陈仲陶以诗来,批示还之。

**廿二日,辛丑,十七**　　晴

得诗三首。下午杨伯畴、周孟由来。夜微雨,数点即止。

**廿三日,壬寅,十八**　　晴

得七律两首,颇佳。

**廿四日,癸卯,十九**　　晴,时阴,夜小雨一阵

四鼓八仙楼火起。

**廿五日,甲辰,二十**　　晴

微发热,觉不快。

**廿六日,乙巳,廿一**　　晴

发袁子羽信,寄上海章寓。

**廿七日,丙午,廿二**　　晴

得刘次饶回信,问及一山,复寄一名信片。

**廿八日,丁未,廿三**

发《有正味斋集》重读之。浙派、常派,各有长处,未易轩轾,以格调论,常较胜浙矣。不为骈文,不工隶事修辞,纵读万卷,不能入用,食古不化,无异空疏。骈文而不尽于骈,游行自在,便与散文一律,且比枵然无物之散文为高矣。

得廿日一山函,云十六旋沪。又廿四玫伯函。发一山信,详商一切。

**廿九日,戊申,廿四**　　晴

穀人文,句法、篇法,各有恒裁,蹊径宛然,不能变化,易于取厌。夜微雨。

# 闰七月

**初一日,己酉,廿五**　　阴晴不定

午后东南风大作,雨亦继至,似欲风痴,傍晚益号。

**初二日，庚戌，廿六**　　　风雨未息，亦不甚厉

粗选定毂人文十七篇，山尊文廿二篇，北江文十五篇，越缦文八篇，洪、李均未见全集。所选六十二篇，体虽未备，足资耽玩。

**初三日，辛亥，廿七**　　　阴雨

施愚山《胭肢》判词，赵瓯北《控袁随园》词均可取，一见《聊斋志异》，一见《秋雨盦笔记》。彭谟觞文亦选八篇。

**初四日，壬子，廿八**　　　雨

**初五日，癸丑，廿九**　　　晴

程文焕来，谈及梅、章各事。

**初六日，甲寅，三十**　　　晴

王辅丞来。梅占魁住宁波城内后市大水明堂，在安徽会馆隔壁。

**初七日，乙卯，卅一**　　　晴

清晨诣陈子万，未面。傍晚陈来。广济到埠。

**初八日，丙辰，九月一号**

清晨诣杨淡峰，坐稍迟，归途风雨，衣裤尽湿。永川到埠，均无官舱可买，彭儿不得已，买得广济茶房舱。试期已迫，不能再延。得黄燕宾回信。

**初九日，丁巳，二号**　　　阴

写就九铭、一山两函，嘱彭儿面交。发黄恕皆函，邮寄。

入夜风定月出，彭儿上广济船，黎明开行。京寓大抵在西城堂子胡同宽街吴山宗庐徐少熊炳祥处，盖学生寄宿舍，徐所设也。徐，嘉兴人，与彭儿同校同毕业，现在参议院秘书厅办事。

北京香炉营头条胡同惟一日报馆。

《暂行新刑律》、《暂行刑律补充条例》，《刑律通诠》一书已将上

二律详细解释,书共四本,码洋二元二角,约六五折,在北京出售。上海商务印书馆亦有《刑律总分别释义》出售,较《刑律通诠》稍逊,且无《补充条例》解释。《各级地方审判厅试办章程》一本,约五六角,北京出售。《司法例规》两大本,系司法部出板,关于诉讼一切条规均有详细规定,约五六元或四五元,亦在北京出售,外省无之。《商人通例详释》,八角,六折,北京出。《公司条例释义》,九角,七折,上海商务馆出。

### 初十日,戊午,三　　晴明无风

广济已开。江西省城磨子巷泰西药房。夜评子五本。打磨街信茂南货店有好盐蛋黄、大头菜。西大街同泰店火腿均佳。夏布帐,大床七丈五,中床五丈五。合同巷普惠大药房广告:德国御医福德大医生之嫒春禄固本片,当日见功。

大清银行清理办法:民股在五百元以下者,元年已发还,五百元以上者,按年发还;民存民欠,均照数收发。至官欠官存,一概取消,官股亦取消。以上两条,从故纸堆检出,补录于此。

### 十一日,己未,四　　晴

清晨答候周、王二君,并拜警备队统带王哲夫。午后王统领来拜,谈悉章吉士被人搜出身带烟泡,送入禁烟公所,以道署科长面子,得以放归,事登于报。现与黄道尹均附广济去,道尹尽室以行,意似不来。

### 十二日,庚申,五　　晴,秋暑甚酷

桐城、阳湖文派,争竞未已,吾为折其衷,曰散桐骈常,识真有人,应不河汉。午后雷作,飞雨数点。

### 十三日,辛酉,六　　晴

阅武进屠太史寄《结一宦文》十馀篇,坚朴逋丽,无一唐以后语

犯其笔端,品诣凌北江而睨养一,非浙派所敢望,似更胜《学制斋集》。新斠刻《李氏历代地理沿革图》,附时人恽毓嘉、恽毓鼎《斠勘记》,此册甚要,应觅购。

《上海城厢租界图》附《地名表》一册,码七角;《京城详细地图》,二角,又一种四角:均商务馆。

**十四日,壬戌,七** 晴,午后雨,片刻即止

**十五日,癸亥,八** 晴

连日秋暑,酷热不可耐。甬兴十三到,永宁本日到,均无信件及报纸,闷甚。

《纲鉴》名目,创始明人,盖欲合涑水、紫阳两书而掇其菁华也。辑者多家,迄无善本,世所推重,惟《易知录》及《御批辑览》而已。《辑览》记载事实,繁简得直,首尾并具,已越诸家,订正紫阳,于书法别开义例,尤称精善。所可议者,删落皇古,只起伏羲,又改辽金元人姓名以合国语,国语则合,与《史》及他书悉不合矣,此则甚不便于读者。至于评断至公至精,衮钺昭垂,诸家尽废。今为方便用功计,当仿编一过,命曰"纲鉴定本书法",纪事尽遵《辑览》,而还其所改,补其所缺,而秦以后稍加删节,俾易记诵,或亦教子弟之捷法佳本乎!纲目出于门人,早有定论,《通鉴》虽为近儒所珍,然帝魏寇刘,大义已失,况又须合《前编》、《续编》而始完备,卷帙烦重,未易卒业。为实用计,则《易知》、《辑览》已觉其多;若为史学专家计,则全史尚嫌其少,《通鉴》毕鉴岂能餍足,勿过信乾嘉人说而随人步趋可也。

**十六日,甲子,九** 晴

广济昨夜到,得彭儿十二日由吉升栈来信,云平安抵沪。得一山十二、十三两函;王子良廿二答函。发北京信,章、王函,另以《颜习斋集》四册寄子良。

**十七日,乙丑,十**　　阴晴不定,下午微雨,入夜又雨

**十八日,丙寅,十一**　　晴

诣答程、王略谈。得十四日彭儿南京函,取书九种。即检出,邮京九铭转交。据云十六可到京,考试新增门目不少。

**十九日,丁卯,十二**　　晴,早晚极凉,日中热

得七古一首。

**二十日,戊辰,十三**　　晴

魏吉士来,谈及章吉士在甬警察搜烟事。

**廿一日,己巳,十四**　　晴

治癣单方:用秋海棠根,磨醋搽,极验。鸡蛋黄焗取油,入三仙丹,调匀,存性两三日,俟火气出后搽,亦绝佳。三仙丹杀虫,所治甚多,不仅癣,又疮痒搔烂久不收口者,以铜丝油搽即愈,惟稍觉痛耳。

《诗外小记》,取"诗外大有事在","功夫在诗外"意。

**廿二日,庚午,十五**　　晴

重阅《文心》、《史通》两书一过,只及本文,未暇注释,所得又不少,惜记性已退。

**廿三日,辛未,十六**　　晴

诣答李庆三。午后府前又失火,幸即熄。

**廿四日,壬申,十七**　　晴

诣申报馆一转。下午,程文焕来。

**廿五日,癸酉,十八**　　晴

新济船入口,得彭儿十八日京函,云十六夜到,十七移住西城顺治门外安福胡同四十五号九铭寓所,九与卢艺亭同居。又得十九、二十王子良两函,商说房、饭、车价等事;又得十五日费有容恕皆答函,云不赴试。发处州信,附程君所写荐函给胡李祥。发王子良、姬

觉弥两函。

**廿六日,甲戌,十九**　　晴

报登《奥约》十号已签字,即十七日,详情未阅。发北京函。

**廿七日,乙亥,二十**　　晴

**廿八日,丙子,廿一**　　晴,入夜微雨

午后三钟时,前街某宅内居然火发,幸只焚一间,卜者之言,抑何巧合。

**廿九日,丁丑,廿二**　　晴

选定唐四杰文三十篇,装为一册,以资讽玩。接廿二日北京信,去函一未收到。又得九铭信。

**三十日,戊寅,廿三**　　晴


# 八　月


**初一日,己卯,廿四**　　晴

复阅《西堂杂俎》竟,选文十二篇。

**初二日,庚辰,廿五**　　清晨雨数点

**初三日,辛巳,廿六**　　晴

程文焕来。

**初四日,壬午,廿七**　　阴,微雨

得廿八日北京信,云所去两函及书均收到,考期在阳历十月十日以后。郭小麓移居东城马大人胡同。又得姬觉弥回函,云园屋已为北代表等占住,几无隙地。

**初五日,癸未,廿八**　　雨

欲出未果。发北京信,章一山信。

**初六日,甲申,廿九　　阴**

诣程文焕,并答诣赖可恒。下午可行来托荐。

**初七日,乙酉,卅　　晴**

刘铭保荐一平阳人董庆来见,似尚可用。

**初八日,丙戌,十月一号　　晴**

周仲明来,谈及吕文起谋福建财政厅长,为郭小麓所沮,盖挟大清银行存款之仇也。款四万馀,被扣乙万六千,致此结果。

下午程文焕来,谈及各事。云道尹于私室奉一神,有类乩坛,凡事必问,颇著灵感。惟极秘密,不许泄露,署内人员大抵入坛。闻道尹素吃天主教,教中本不事神,不解何以独异。

周孟由代买蒲团一个,又以新印杨仁山《礼拜入观法》一册见贶。

**初九日,丁亥,十月二号　　阴**

得初三北京信,试期约在阴历二十后,尚未公布,报名已截止,有六千馀人。

**初十日,戊子,三　　晴**

午后,拜新任知事景毓华,未晤。答诣周仲明、周孟由、魏吉士。屈虞臣来,谈宁德风土。

**十一日,己丑,四　　晴**

赖、李二人先后来。午后景知事来,为赖交一荐条。

连日复阅包、康二氏《艺舟双楫》,凡学书而重汉碑、魏碑者,不可不读此书及刘融斋《艺概》书中之《书概》,又不可不备双钩《楷法溯源》及孙氏、赵氏《寰宇访碑录》,魏稼堂《碑录》三书,西泠印社有刊本,包书有正书局有石印本,合以曾文正《日记》及《家训》中论书各条,此道尽矣。

**十二日,庚寅,五**　晴

周孟由来。

**十三日,辛卯,六**　晴

得北京初七日信,即答一函。赖来,云已见知事,许位置。

**十四日,壬辰,七**　晴

答诣屈虞臣。陈子范来。为沈廖福致一函与王统领。

刘氏《艺概》中《诗概》、《词曲概》中论押韵及平仄数条极精,应录出。

**十五日,癸巳,八**　晴

中秋佳节。《法苑珠林》有二本:苏州玛瑙经房本,廿四册,板已残缺;常州天宁寺本,三十册,较佳。上海有正局均有之,此必备之件。

释太虚所造《道学论衡》二卷二册,能驳《天演论》,才气不小,五角,上海棋盘街四马路转角中华书局出售。又出《觉社丛书》,每季一册。上海本有《佛学丛报》、《佛学大纲》。

拟名书室曰"如一诃子精舍",出《四十二章经》末:"视大千世界如一诃子"。

月色极佳。为陈子曼所托事致函知事,子曼一日来两次。

**十六日,甲午,九**　晴

《宋拓颜书李元靖碑》临川李氏藏本已由文明书局石印发售,四册,一元六角,见八月十一《新申报》。报云,阳历十月十二举甄录试,十九正场,然未见明令及试官。

**十七日,乙未,十**　晴

诣程文焕,未面。过前街,遇林浮泚,谈憩片时。至黄子芬命馆一谈,据云天妃宫巷有一瞽者,起课极灵,每占须洋三角,曰祝灵堂。

壬子年为张成谦纠来滋闹者系徐得元,字小瑶,曾官千总,徐班侯族人也,遇于黄处。

得景知事回函,诣陈宅给看。

**十八日,丙申,十一**　　　阴

清晨诣天妃宫巷卜卦。答诣杨伯畴。发王、章两处明片,告以行期。

佛言:"窗舒意叶,室度心香。"取此义,颜其斋曰"度心香室"。

**十九日,丁酉,十二**　　　晴

下午诣景知事一谈。诣朱仲衡德舆处饮,以孪生二子满月宴客也。

**二十日,戊戌,十三**　　　晴

谢秋圃为许文涛交一条子。

**廿一日,己亥,十四**　　　晴

朱老二为金丹介绍,并交一条子。复阅《起信论纂注》,已得十之六七。

**廿二日,庚子,十五**　　　晴

杨淡峰为乃郎来托事。

**廿三日,辛丑,十六**　　　晴

金丹又来。

**廿四日,壬寅,十七**　　　晴

赖可行来,谈及东门统捐局面,好处全在东、双两卡。东卡比较一万,双卡七千,此两卡均不开票。其他各卡以南门为最大,比额乙万七,现减为一万三。各卡收数能照比额,则全局比额已敷,东、双二卡收款可以入囊。倘茶捐佳,岁入可达两万,即不尔,乙千以外总可必。

得十九日北京函，云九铭赴山西开全国教育会，约二十天可旋。

散行文以雄悍恣肆、尽其才力为主，于本朝取魏叔子、毛西河、李穆堂、龚定庵、恽子居数家。叶水心、陈同甫，亦当研寻。《经世文编·续编》有魏、葛、盛三家。

**廿五日，癸卯，十八　　　晴**

诣大庙、小庙一看。《日知录》卷廿一二三中郡县、姓名各条均详谵而要。陈子曼来，为乃郎阆慧托事。

**廿六日，甲辰，十九　　　晴**

沈福愿送至沪，并保伊表兄刘惠州可用，现正在沪，事亦良便。遂照办。致一函景知事，为陈、杨、金交条子说学界事。

**廿七日，乙巳，二十　　　晴**

巳刻隔壁绉纱店火起，只隔一屋，危险异常。幸王府巷李房东兄弟率工匠十许人来搬移东西，并拆去楼屋，各处水龙亦至，火随扑熄。倘再阅三分钟，同归一炬矣。火患之多，无如今秋。徐氏纪念塔，功德无量，万人一口。甬兴抵埠。赖、谢二人来。

**廿八日，丙午，廿一　　　晴**

发上海章、王二函。发北京信，告以大略。陈、魏二人来。

**廿九日，丁未，廿二　　　晴**

**三十日，戊申，廿三　　　晴**


# 九　月


**初一日，己酉，廿四　　　晴**

杨淡峰来，金丹来。出门一走。

**初二日，庚戌，廿五**　　晴

诣王统带一谈，为沈廖福事。

**初三日，辛亥，廿六**　　晴

李庆三来。《俞氏剩稿》一厚册，纪男女色，语太淫亵，未刊，潘伯寅、王逸吾均有抄本。

**初四日，壬子，廿七**　　晴

《癸巳类稿》何氏刻本，《存稿》连云籍本，其他刻本皆逊。张石洲所删之《积精篇》，原刊本已无，只存钞本，见于光绪十年杭州重刻本姚清祺序。《事实》第十二条谓，《钦定左传读本》、《行水金鉴》及果勇侯杨芳《六壬书》，多该举人校正，不肯署名云云，而不及《五代史》，校注是书始末，集中自记甚详。《积精篇》虽删，可仿其体采书，别成一编。据姚序谓，《存稿》抄本由李辉亭宗煜得自谢和庵永泰处，谢宰黔县，李，县人也，姚，馀杭人。同校者张炘禾王熙、吴子修庆坻、程棣华际唐、褚敦伯成炜等辈，或有传抄之本，亦未可知。

**初五日，癸丑，廿八**　　晴

黄燕宾住海门沙河岸新宅。

**初六日，甲寅，廿九**　　晴

闻府大街支那书店及东门某家昨夜火起，即灭。文华堂张某经手，为籀园取去书十八部，售洋三十五元。又去三部，洋一元二角半。

雷太太住宁波城内府西呼童巷，其子明德。

轮船打钟只有二、四、六、八响，盖一点钟打二响，二点四响，三点六响，四点八响；五点又二响，至八点止；九点亦打二响，至十二点止。周而复始，日凡三轮。

**初七日，乙卯，三十**　　晴

得北京初一信，云已试两场，即答一函。

**初八日，丙辰，三十一**　　　阴晴不定

又发北京一信。巳刻上平阳船，三点钟开。

**初九日，丁巳，十一月一号**　　阴雨

清晨抵海门，黄燕宾上船一谈，送橘子、白鲞两件。二钟开。

**初十日，戊午，十一月二号**　　阴

天明抵定海，换宝华船，下午开。

**十一日，己未，三号**　　阴雨

黎明抵上海，入棣隆里王宅，送子良什物四色。以一函致姬觉弥，送物四色，收二色。送一山四色。偕子良诣一山，未晤。刘惠州、朱二来。发一明片寄温。

**十二日，庚申，四**　　晴

清晨诣一山，在彼午饭。饭后诣园，晤姬、费、白诸人。夜一山来，谈姬氏顾问事，为拟一呈文稿。

**十三日，辛酉，五**　　晴

发温州、北京第一号信。是日未出门，阅一山新刻《文存》及王、林各种。

**十四日，壬戌，六**　　晴

给沈福川赀四元。午后诣园，归途诣章，借来林丙修所撰《易琐言》、《学易遗闻》二册，盖宅墓家言也。发玫伯函，附一诗去。

**十五日，癸亥，七**　　晴

报登放榜为十九日。午后诣园。

**十六日，甲子，八**　　雨，旋止

未出门。傍晚一山来，前办呈稿改办，并及编书一说。

**十七日，乙丑，九**　　晴

《申报》登文官考试今日揭晓，有"考官腾潮"一条。午后至三马

路同安里仁和公栈王乔松处占课，隔上海旅馆不过三四家，课象甚吉，谓考官必取。沈福附新北京回温。

**十八日，丙寅，十**　　晴

竟日未出。阅林氏书，亦有可取处，而自作聪明处多。

**十九日，丁卯，十一**　　晴

午后诣园。诣威海卫威凤里三百廿五号半恽瑾叔观察处，云赴常州未回。诣一山，未面。

吴挚甫京卿《古文辞类纂评点》附诸家《平识》一册，又《古文辞类纂校勘记》一册，京师国群铸一社民国三年六月印行。两册均无序跋，上册《评点》八十三叶、《平识》六十五叶、《评点正误表》两叶，共一百五十叶；下册《校勘记》分上下，上三十五叶、下四十八叶，附《尺牍》二叶、《正误表》二叶，共八十七叶；总共二百三十七叶。此书与方植之《昭昧詹言》合看。

《类纂》有康刻、吴刻两本，挚甫绝重吴本，欲据以付石印。现又有宣统某年滁州李氏新刻本，字大而朗，吴似未之见。康本有圈点，吴本无。挚甫所藏姚先生晚年定本与刻本圈点不尽同，以上三刻本及吴石印本均佳，坊刻诸本与排印、石印不足取。康刻李申耆校，吴刻据晚年定本，管异之、梅伯言校，吴之《校勘记》据吴本而兼纠康失。

**二十日，戊辰，十二**　　晴

诣一山略谈。诣麦克路四十九号张仲昭处，高卧未兴，在福星里之北，转左手十馀家便是。报登文官全榜，而王乔松之课竟不验。发第二号京信、瓯信，附致九铭信。

**廿一日，己巳，十三**　　晴

得初八京信，云九铭已得学部编辑，乞假一月回里安葬。午后诣张仲昭商请发函事,承诺照办。诣一山,未遇。至园一转,并诣学堂一晤孙仲约。

师导[①]致张云雷函,内有常师及幼希、味农两居士。

**廿二日,庚午,十四　　晴**

竟日未出。伤风,小不快。

**廿三日,辛未,十五　　晴**

发第三号京信。午后诣园,与觉弥一谈。诣一山,偕赴张仲昭宅饮,面交致远伯一函。二鼓归,写京、瓯两信。

**廿四日,壬申,十六　　晴**

发双挂号第四函京信,内附仲昭信;第三函瓯信。

**廿五日,癸酉,十七　　阴**

竟日未出,成诗四首。

**廿六日,甲戌,十八　　晴**

午后诣一山。风大,未诣园。张安圃第五子住青岛者字叔威。

**廿七日,乙亥,十九　　晴**

子良早车赴杭。得廿三日京函二号,云九不回宜。

**廿八日,丙子,二十　　晴**

午后诣一山。又诣张云雷烈,遇一汪姓,名金熹,字晨笙。系温州厚记庄经理,亦讲佛学者。张云,丁福保曾辑《因果启信录》一册,价五角。印光校本《拣魔辨异录》、《安士全书》及某书凡三种,均刻于扬州。

**廿九日,丁丑,廿一　　晴**

得廿五日温州信,乃第一次家书。得玫伯答函,附诗一首。午后诣园,携来《易经注疏》十二册、《易经旧注》六册、《字典》十二册。

---

① 师导为周孟由法号。

# 十　月

### 初一日，戊寅，廿二　　晴

本日起编辑《易经白话》。发第四号家信，嘱取斗篷。发王玫伯信，附诗七首。

### 初二日，己卯，廿三　　晴

接廿八京信，云前途已去两次，尚未晤及。午后诣园，并诣恽瑾叔观察一谈。

### 初三日，庚辰，廿四　　晴，风颇厉

午后入城，至城隍庙一转，便途购绒帽、纸张。

### 初四日，辛巳，廿五　　晴

阅《申报》，云哈、姬顾问事以资格不合被驳。午后诣园，闻子良薪俸截止，不解为何。与觉弥谈编辑事，又谈及报登一事。两诣一山，尚未旋。

闻《留东日记》纪叙廉南湖、吴玉①瑛在东秽史甚详，又详纪日本下女对付学生之方法。据云已出五册，颇足供览。五马街棋盘街口戏鸿堂纸店。

瞿鸿礼、聂缉椝家均住上海，均入洋教。聂妻，曾文正女也，尚在。

### 初五日，壬午，廿六　　晴

子宣昨日回寓。得初二日四号京信及九铭信，知张处已见，戚谊颇殷云云。浙教育乞去部征九，九意不欲，而孔则君颇欲得之。

---

① "玉"应为"芝"。

发第五号京函。

**初六日,癸未,廿七**　　晴,旋阴

一山来,略谈。发第六号京信,内附致九铭信。

**初七日,甲申,廿八**　　雨,旋止

午后诣章。诣园,姬君议以工业进德会文牍属我,嘱即移居,并拟演说词三篇。归途复诣一山。该会在白克路六百五十八号,名中华工业进德会。张云雷来,未晤。

**初八日,乙酉,廿九**　　阴,小雨

为撰演说词三篇。姬君函招即日住会。午后诣会,遍觅未得地址,冒雨而归,衣裳尽湿。

**初九日,丙戌,三十**　　雨,旋止

午后诣园,偕费诣会,系五百六十八号,看定住房。归诣一山,未晤。发第六号京信,第五号温信,告以明日迁居。

**初十日,丁亥,十二月一号**　　晴

巳刻移居进德会,住会者海州人李久新铭盘及书记张、汤二人,其会计兼庶务为陈尉元、邹吉甫,文牍则余与张研孙、白道文也。同居尚有一和平协进会,不相往来。下午,一山来谈,子良先到。

**十一日,戊子,二**　　晴

以《易琐闻》二册还一山,取来《共和平议》一册,康南海撰。得初七家信,云披风已邮寄。张云雷以《安士全书》、《感应篇汇编》各五册见贻。

**十二日,己丑,三**　　雨

姬君招饮,未赴。闻夜已回园,以演说稿三篇交尉元去。

**十三日,庚寅,四**　　阴

姬君到此。邮局寄到披风一包,即刻取回。又得王玫伯寄回

《诗稿》三册。林氏书二册,而无函札。又得初一日北京信,此间初四、五两函均到。

**十四日,辛卯,五**　　阴

又为拟演说一篇。玫伯一函并七古一首,由子良来。

**十五日,壬辰,六**　　晴

清晨诣园,面以稿件交姬。得十二日六号京函,又得熊韫石自温来函。夜以副会长事姬、李二人几决裂,议至许久始定。

**十六日,癸巳,七**　　晴

昨夜始交来脩羊四十元,尚欠六十元。以卅元送王子良房、饭、车价,并以《诗稿》三册乞阅。发王玫伯函,发六号家书。

为会中撰会长就职祝辞、答辞各一篇。午后二钟开成立会,举定会长正、副及干事长等。

张云雷招饮禅悦斋,与三五佛学家相见,以会务未得抽身。夜作京函。

**十七日,甲午,八**　　晴

发第七号京信。午后以洋十元邮寄北京。

**十八日,乙未,九**　　晴

拟就办事细则及通稿。报登南京旅馆楼上花园于十五夜走电,烧死二百馀人,跌毙数人,极惨。柯劭忞《新元史》准附入《廿四史》,如《新唐》、《新五代》之例。柯,山东人也。夜诣园。

**十九日,丙申,十**　　晴

得十六日第七号京函,云浙教长系黄叔清叔岳。

大马路买物最贵,三马路、四马路次之,城内又次之,皆有虚价。

**二十日,丁酉,十一**　　雨

三马路紫阳观出售糟蛋,每罐四枚,半元。

**廿一日,戊戌,十二**　　雨

阅《安士全书》、《感应篇汇编》竟。

**廿二日,己亥,十三**　　晴

清晨诣王子良,云赴杭。诣园一转,取来脩羊四十元。

**廿三日,庚子,十四**　　晴

成七律四首,又代拟进德会赞词一篇。得北京廿日所发八号函,洋已邮到。下午开干事会,会长未到,以娄氏代。得王子良山阴来函,云为友招游兰亭,并集陶诗题拙集。

**廿四日,辛丑,十五**　　晴,寒冻手僵

坐卧都归一榻中,枕书白日梦周公。何劳广厦论千万,丈室宽于忉利宫。

**廿五日,壬寅,十六**　　晴,寒甚

发第八号京信,又另寄《感应篇汇编》四册去。白道文住成都武昌里五百三十六号。

**廿六日,癸卯,十七**　　阴

发不列号银信卅元,付邮局,双挂号寄温州。午后至有正书局定刻石章三方。

诣张云雷一谈,以石印弥陀像两纸见赠,甚好。云叶君伯高亦有集近代果报事迹之议。丁福保所辑《启信编》一册,闻多近事,价四角。张云《楞伽经》、《法华经》可见赠。彭氏《一行居集》四册,有正出售,价一元二角。南门外留云寺即旧海潮寺有退院僧微君和尚,广东人,年六十馀,道行甚高。

**廿七日,甲辰,十八**　　晴

发第七号温信,附答陈子万一函。

**廿八日,乙巳,十九**　　晴

**廿九日,丙午,二十**　　　雨

成七律一,七绝四。以函付邮,致子良。

**三十日,丁未,廿一**　　　晴

得五古一章,写赠张云雷。

# 十一月

**初一日,戊申,廿二**　　　阴

题《感应篇》首四绝句。

**初二日,己酉,廿三**　　　雨。冬至节

清晨王子良以车来迎,即往一谈。诣园,遇娄,知姬君尚元返。下午得廿九日家信,洋已收到,陈雅堂还洋五十元,云已得杭州旗营第一监狱署第一科事,即日挈眷行。据说眷口回闽分家,明年再来瓯,恐不实也。

**初三日,庚戌,廿四**　　　阴

接上月卅日八号京信,随发一函九号。

**初四日,辛亥,廿五**　　　晴

发九铭信,内附彭儿信,又寄《共和平议》一册去。李久新回。

**初五日,壬子,廿六**　　　晴

姬觉弥自南京回。夜闻白、邹二君谈园中近事,多闻所未闻。姬原名潘蕎云即潘林,又有配陵之印章。白又谈吴芝瑛、廉南湖历史颇详。

**初六日,癸丑,廿七**　　　微霰

清晨诣园一转。得七古、七律各一。

**初七日,甲寅,廿八**　　　晴,西风极厉

清晨诣园,与姬一谈。得七律二。有正、中华、商务各有石印字

画并目录。

**初八日，乙卯，廿九　　晴**

姬觉弥赴杭。发吴鲁安函，报登其新委青田知事。王子良来就干事长职，并交还《诗稿》三册。白道文云，日本有医书，名《医心编》，其第三十卷专言房术。此与吴某所云东洋医院所出手淫法二百馀种均奇极，书名偶忘。邹章甫云，唐少川之妹某在沪上某街，其与人交合时许人旁观，花样颇多，每种须洋廿元，更奇。

**初九日，丙辰，卅　　晴**

金批《杜诗》，石印四册，一元二角，新出，登报。得初六日九号京信。

**初十日，丁巳，卅一　　晴，旋阴**

发姬函，寄杭。支来十月脩，尚欠九月廿元。发第十号京信。李汉青来，并晤周道士友胜。冯国璋殂于初八。

**十一日，戊午，九年一月一号　　阴**

发第八号家书，内附京信。是日销寒第一集，夜集三马路兴华川酒楼，王子良值会。

**十二日，己未，二号　　阴**

新出两种报，均劣。中华书局所出《小说博览会》，每月四册，一元，尚可看。

**十三日，庚申，三号　　晴**

取来九月脩尾欠廿元。付惠州本月工赀讫。得初九日十号京信。由中国银行汇洋八十元寄温州，以钟点已过，未寄。

同居协进会文牍贺观化字小寰者来谈，绍兴人，现籍安徽。据云在潮州陈伯怡处曾见诗笺，因记得名字。并云曾主涵江诗社，曾游英、法、东洋多年，年仅三十一，现办京师《时言报》，以事到沪，遂入协进会。人甚颖敏，谈诗得窍，因赠以乙卯年所作《无题》一纸。

买来铁架白泥火炉乙个,一元四角。

**十四日,辛酉,四** 晴

赠贺小寰五古一首,并晤其友川人许孟愚晋,年廿八,据云九岁进学,现充《时言报》总编辑,下笔万言。贺进学亦仅十一龄。午后偕邹、张至大马路买来大衣乙件,一十五元五角。

**十五日,戊戌,五** 晴

汇洋今日交去,另以十元邮寄北京,不列号。又致张仲昭一函。

**十六日,癸亥,六** 晴

得七绝二首。张云雷以《首楞严经》二册假观。

**十七日,甲子,七** 晴

买彩票四条。

**十八日,乙丑,八** 晴

得七律二首。报纸连登京师谣言,谓张作霖定阴历元旦复辟,段以十万急电召徐回。得十五日十乙号京信,云九铭致吴函已挂号发。

**十九日,丙寅,九** 晴

得七绝十二首。发九号家信,内附致周、程两函,询温近事。

**二十日,丁亥,十号** 晴

得黄燕宾函。一山归自宁海。孙仲约举销寒第①集,仍在兴华川,一山加入,题为学生、羊肉分咏。

**廿一日,戊辰,十一** 晴

十钟诣一山,饭后归。

**廿二日,己巳,十二** 晴,午后大风

接十八日十二号京信,十元已收到。又得吴鲁安回信,殊草草。

---

① "第"下疑脱"二"字。

李久新提前举第三集,在大马路东亚酒楼,粤人所开,菜贵而劣。一山未到,题为军人、女校分咏,为蚕桑学堂发也。

**廿三日,庚午,十三**　　晴,结冰

午后诣一山稍坐。

**廿四日,辛未,十四**　　晴,冷甚

接二十日家书,汇洋尚未到。发第九号家信,告以年内不归之意。

**廿五日,壬申,十五**　　晴

午后诣一山。发九号家书,并答黄燕宾函。

**廿六日,癸酉,十六**　　晴

权云青谈京师《公论报》主笔吴伯浩能包买差缺,发表后付钱,手腕灵,势力大,此人于袁时官金事等语。以《楞严经》还张君,承赠徐氏重刊《金刚经解了义》二册,另购来《竹窗随笔》三册。

**廿七日,甲戌,十七**　　晴

英界四马路中市大东书局所出《嫖赌百弊大观》,洋装一大厚册,四角二分,附送《男女爱玩图》洋装一册。《身心锻炼念大新法》,七角,上海北江西路清云里二弄学海书局发行,内有《生殖器强壮法》。《麻雀指南》,三角,特价一角八分。四马路群学书社。《百弊丛书》加赠《新官场现形记》,六厚册,一元八角,赠锦匣一只,四马路第一楼对门中华图书集成公司,沃邱仲子同编。《男女装饰学》,四厚册,连锦匣一元二角,大东书局。

**廿八日,乙亥,十八**　　晴,两日稍暖

得廿五日家书,知十五、十九两信及洋均收到,天久不雨,火灾迭见。又得程文焕复函。渠之东人卸差,现随王统带在处,家口移居盐公堂。

白道文熟于上海嫖规,云幺二名"六跌倒",花六元立即住夜,无

别费。长三则两席酒、两座牌后亦可入觳。最便莫如台基，分三等，自十元至四元入选留宿，否即花车价两角遣去，无他花样云云。又云交合时口含开口花椒七粒，可免疮毒传染。

**廿九日，丙子，十九　　　阴**

发第十号家书。白道文云，近日词家，王半塘殁后，推朱古微、况夔笙。尚有一满人文某，才尤高，先后刊有《冷红秋碧词》、《比竹词》、《樵风乐府》，今罕见；其人以贵公子潦倒宦场，兹殁已数年，诗文、字画、金石皆佳。又云，词家谓宋以后斯道失传，直至道咸间蒋鹿潭始传衣钵。又《谭评词辨》一册，亦有刊本，须觅；蒋氏《水云楼词》，有正书局出售，湖南先有刻本；王氏《半塘词》、朱氏《彊村词》，西泠印社有之，馀皆难得。

一山交来致曾筠甫宗鉴一函，并吴鲁安回信。寄北京十乙号。

**三十日，丁丑，二十　　　晴**

著《樵风乐府》者为郑文焯，字叔问，号大鹤。

# 十二月

**初一日，戊寅，廿一　　　晴**

连日伤风，殊不快，饭量锐减。

**初二日，己卯，廿二　　　晴**

得廿九日十三号京信。报登段氏病笃，索楠木棺，而政府否认。拗桥白嫩肥，对紧暖香干浅，白道文说。未交先探试其温热，热即有毒，李久新说。得周孟由复函。

**初三日，庚辰，廿三　　　晴**

**初四日，辛巳，廿四　　　晴**

张仲照来，子良借去《安士全书》六册。

**初五日，壬午，廿五**　　晴

阅徐氏注《金刚经解了义》竟。

**初六日，癸未，廿六**　　晴

午后诣园一走，闻姬已回也。取来温州所寄皮袍一件。

**初七日，甲申，廿七**　　阴

四马路中大东书局新出《男女秘密病自医法》，洋装一大册，大洋三角五分。

**初八日，乙酉，廿八**　　雨

消寒第四期值会，夜集兴华川，到者只六人，馀皆受斋不来，分咏即以八关斋、《贰臣传》为题。

**初九日，戊戌，廿九**　　阴

由中国银行汇洋八十元回温，不列号信乙函。诣一山，未遇。

**初十日，丁亥，三十**　　阴

清晨诣一山略谈。成五律四首。得初七日北京信，曾处无效。

**十一日，戊子，卅一**　　阴

以洋十元邮寄北京。姬觉弥来，与李久新大决裂。

**十二日，己丑，二月一号**　　阴，夜雨而雪

**十三日，庚寅，二号**　　雪稍止，日出

午刻诣大东门吉祥楼饮，温人张永福所订，不得已而一行。四钟后又诣园中。夜闻邹章甫言减政计画约廿馀人。

**十四日，辛卯，三**　　阴

清晨诣一山。午后以书四部送园，交钱瑞丰收，因其函索也。

**十五日，壬辰，四**　　雪

第四集诗钟揭晓，取得第一、二名，杨芷晴太守钟羲所评定也。得温寓明信片一纸。

**十六日，癸巳，五**　　雨

清晨诣园一转。姬君已出。李久新迁至民厚北里六十七号。发十一号家书。

**十七日，甲午，六**　　雪

闻娄廷照丁艰回里。

**十八日，乙未，七**　　阴

午后诣园一转。夜闻娄廷照以亏空托故，而其中黑幕重重，园中纷乱。

**十九日，丙申，八**　　阴

午后诣张仲昭，未面。诣一山略谈。又诣仲昭，亦不相值。下午仲昭来。

王子良见假书三种：一、俞溥臣《荷廊笔记》四卷四册，光绪乙酉刻于粤东；一、枯树居士《妙香斋丛钞》七卷三册，同治壬申刻于安福，皆辑果报事迹，录纪文达说尤多；一、《扬州画舫录》石印八册。得十六日十五号京信。

**二十日，丁酉，九**　　晴，旋阴

消寒第五集，费恕皆约饮都益处。

**廿一日，戊戌，十**　　晴

清晨诣章。午后诣园。

商务馆印《越缦堂日记》，售预约券，价卅元，先收廿，续缴十，阳历四月底止。十二月底出书，书五十一册，四千九百馀页。预约如不满三百部，即不开印，凭券还款，备有样本，邮费国内八角。广告见九年二月十日即十二月廿一日《新闻报》第一张。该馆所出《实用北京指南》一册，一元，颇要。

**廿二日，己亥，十一**　　阴

发北京函。

**廿三日,庚子,十二**　　　阴

得二十日家书,洋到,袜寄。即发一函回温,十二号。

**廿四日,辛丑,十三**　　　雨

以一函致姬。夜白道文来谈。

**廿五日,壬寅,十四**　　　阴

午后到园,四钟后与姬一谈。一山亦到,即去。

**廿六日,癸卯,十五**　　　阴

清晨诣一山,在彼午饭,吃松花江白鱼,盖王揖唐所送。一山出示七律两首,均佳。本会开会又不成,陈氏弟兄及邓君展均辞退。孙仲约来会,久谈。

**廿七日,甲辰,十六**　　　阴

以七律一首寄一山。付刘惠州借支正月工赀三元。

**廿八日,乙巳,十七**　　　阴

周玉泉约去午饭,孙仲约在坐。

**廿九日,丙午,十八**　　　阴

姬君来会,谈及陈氏昆季及邹章甫亏欠事,一律取消。以自诗转交一山。午后诣园,与费恕皆面谈种种。道文送来菜、点各一。

**三十日,丁未,十九**　　　阴

得七律三首。诣周虎臣买笔。付园中赏洋乙元。

和神当春,两美必合;佳耦曰妃,五世其昌。

璧合珠联,花团锦簇;金迷纸醉,玉软香温。

鸾歌凤舞;酒绿灯红。①

---

① 以下庚申年正月初一至廿六,与《黄�室日札》第五册大同小异,此处不予保留,但有便于参考者相应恢复,不一一出校。

# 民国九年庚申（1920）

## 正 月

**初一日，戊申，二十**　　阴

得七绝四首。十一钟诣园，三钟始团拜，不及十人，殊寥落。诣一山略坐，归已晡矣。

**初二日，己酉，廿一**　　阴

诣子良、道文。午后雨且雪。夜饮孙仲约寓。

**初三日，庚戌，廿二**　　阴

诣费、张二处，均未面。午后诣园小坐，回，姬、章二公同来。严锦道来。

《蒙学标准五千字课本图说》四卷四册，系棋盘街会文社裕后堂本，殊佳。《增广诗韵全璧》五册，畅怀书屋石印本，亦可。京师译学馆本《本朝史讲义》。《扬州画舫录》第十七卷《工段营造录》最要，石印本劣甚，须得局刻。

费住民厚南里小门牌八十七号，民厚里房屋有大小号之别。

**初四日，辛亥，廿三**　　晴阴不定

午后偕白道文诣杨芷晴，未面。诣一山小坐。

**初五日，壬子，廿四**　　晴，阴

孙中约、周玉泉道士来谈。夜张云雷来。

**初六日，癸丑，廿五**　　晴

午后诣周道士，稍顷李梅庵道士亦至。

**初七日，甲寅，廿六**　　晴

拟购《唐文粹》一部置案头，以后凡应酬文字，即集句付之，亦一方便法门。诗则集苏。得初四日京信。发北京、温州元号信。发王玫伯函，附诗。

夜诣三马路禅悦斋，应张云雷之招，同座为嘉兴徐蔚如、闽中黄幼希、楚南丁桂樵、黔西姜文舟、常州陆稼轩、顾仲敏、浙江朱赤民诸人，皆讲佛学者。未到者南昌梅光羲。诸人请徐君于初十起每夜八钟至十钟讲《起信论》于顾寓，以一星期为度。

姬君来会，云顾问已发表。

**初八日，乙卯，廿七**　　阴

清晨诣一山。午后喉疾作。

**初九日，丙辰，廿八**　　阴

午后诣新闸口顾宅，未晤主人。归后喉痛殊剧，饮食、言语均不便。

**初十日，丁巳，廿九**　　晴

以函致张，说未能听经缘由。

**十一日，戊午，三月一号**　　阴

延何君冬彦来诊，脉理尚精。午后雨。夜大雪。

**十二日，己未，二号**　　午刻雪止，下午偶见日光

由费恕皆代向姬君处乞得紫金锭等，连日服药三四剂，恙稍轻。

**十三日，庚申，三号**　　阴

得初十日京信。午后发北京二号信。道文谈及苍园《烛怪录》事。又得三号京信。

**十四日,辛酉,四**　　晴

发郭啸麓函及三号京信。午后诣何冬彦换一方。诣一山,未面。周玉泉来。

**十五日,壬戌,五**　　晴

上元节。诣一山,未面,遇于园中。得十一日元号瓯信。

**十六日,癸亥,六**　　晴

发二号瓯信。午后诣园,一山亦至。

三马路新闻报馆对门某家出售《碑联集拓》,每册二元,实八折,熟人六折亦可。系秦文锦辑,极佳。已出正、续两集,每集十六种,篆隶真行皆备,对则五、六、七言,郑文恭下碑缩小,神气不差,必须备之。胜于神州国光社所印各种。周玉泉藏有抄本两书,一为《日本入华纪事》一巨册,一为《太平天国纪事》十二册,从无刊本,汤寿潜及商务馆欲买其稿,周不允,未知出何人手,工拙如何。

**十七日,甲子,七**　　阴

清晨诣杨芷晴太守,在益寿里乙千八百〇七号,小门牌八十一号,巷口有杨伯芳医匾。

**十八日,乙丑,八**　　阴

午后偕周玉泉诣英界宁波路升安里三百六十一号中国济生公会内集云轩访晤伊峻斋妹倩,与之畅谈,不面已四十年矣。云任济生会及集云轩文牍,皆纯粹义务,每日三点钟后到,十点钟后回,风雨无阻。会中文牍每年一选,渠已办两年。家在新垃圾桥北首于封路西头蒙古路承庆里二弄六十二号,一妻二妾,承继子一,亲生女五,留二,现尚有一女未嫁。据云《参同契》学素用功。又云汪东亭系伪学,带营业性质,现已殁。伊年六十五,须未白。

**十九日,丙寅,九**　　阴

以七律一首函致伊峻斋。诣一山略谈。得十四日玫伯答函及诗,十六日五号京信。诣张云雷一谈,失去眼镜。

**二十日,丁卯,十**　　　阴

午后伊峻斋自持和诗来,谈及会中乩事甚详。云袁二公子克文夫妇均系坛下弟子。袁诗词甚敏,其妇亦能诗好道,时时到坛听讲,扶乩人步某即项城幕掾也。

周玉泉来,出示其女菊仙名琳所撰为二老七秩征文诗四首,颇佳。据云并能画,嫁甬江柳氏,家富。云乃郎不通文,不如其姊,且不安分。又谈刘贤斌子甚劣,已破家赀之半。余宏亮子为乞丐,媳左氏在上海幺二辈中。邹镕子犯案通缉,现由湖南逃至沪。邹尚未死,伊父粤籍,母楚人,开烟馆营生,与余宏亮奸而生邹,故视邹如子,为之娶室、捐官、谋保案、求差缺。所谈详析,姑纪一二。

**廿一日,戊辰,十一**　　　阴

发王玫伯函,附诗。午后诣一山,未面。诣园。

索得《上海租界问题》一册,王揖唐代表新撰。姬处有明板《李卓吾藏书》六十四卷约五六十册,节删史传,以意分类,别无他奇,其《焚书》、《说书》两种不在内,盖三书各行。新出《妓院百弊》一册,三角。

**廿二日,己巳,十二**　　　阴

**廿三日,庚午,十三**　　　阴

得北京廿日六号信,温州十七二号信。发六号京信,附诗。发三号温信。

**廿四日,辛未,十四**　　　阴

午后诣一山,并诣集云轩问乩。

**廿五日,壬申,十五**　　　晴

得七古、七绝各一首。周道士来,云本日赴甬,初六当旋,托代支薪。夜饮园中,凡十九人,新来之陈戒庵在座。

**廿六日,癸酉,十六　　晴**

新闸路太平坊襟霞阁出板《民国趣闻》、《民国骇闻》各一册,每册四角,七折。英界望平街改良图书分馆新出《妇女贞淫指南》一册,四角八分,赠品彩券一张。河南河会文堂《分类楹联》四册,布套,七角,六折。

商务馆吸水纸板,颇便用,有四角、六角两种,均便用。

**廿七日,甲戌,十七　　阴**

阅《扬州画舫录》,中多精华。

**廿八日,乙亥,十八　　阴**

夜得廿六日八号京信。

**廿九日,丙子,十九　　阴**

是日发薪脩,而未到手者多。闻《烛怪录》已出样张。

# 二　月

**初一日,丁丑,二十　　阴,偶逗日光**

检阅己未年诗,除不留稿者外约二百五六十篇,多可存,有极工者几首。

午后诣园,支来正月分脩,又代支周道士脩,随送伊寓,面交其夫人。一山云,《月泉吟社谷音》及他种有石印本丛编,一元二角可得。

**初二日,戊寅,廿一　　阴**

成五律四首,并七律一首,写示一山。杨树浦学校本日开校。

**初三日,己卯,廿二　　阴**

姬君来,决定取消王子良干事长,由会函致。午后诣一山,未面。诣园,议定干事长以白道文抵充。以洋百元由中国银行汇京,汇水一元。

**初四日,庚辰,廿三** 阴寒

汇洋六十元回温,附京信在内。得七律二首、七绝二首。给惠州二月份工洋三元。

**初五日,辛巳,廿四** 雨

拟辑儒、佛、老、回、耶论心之语为一编,曰《心学》,亦一巨观。

**初六日,壬午,廿五** 阴

午后诣一山,旋偕至园。得初二日三号瓯信。周道人来,云昨日自甬旋。

**初七日,癸未,廿六** 阴,午后雨

诣周道士一转,借来《中外交涉汇览》抄本两册,上册全出《中西纪事》,下册杂抄报纸、讲义之类,无足观。自署"寄尘道人",疑即出周手。发四号瓯信。夜,得初五日九号北京快信。

**初八日,甲申,廿七** 阴

午后诣园。姬公约同往杭州,一钟上车,七钟到。住西湖罗苑,即在平湖秋月旁。是日晨发八号京信,寄洋五元去。

**初九日,乙酉,廿八** 晴暖

姬、哈诸君诣督署,约同去,未往。欲诣孤山看梅,而天暖衣厚,不便于行,仅至苏祠一游。不到杭已十年,情事大异,不胜沧桑之感矣。三钟上车,六钟各人皆至,随即开行,抵沪到寓已十一钟。

**初十日,丙戌,廿九** 阴

拟就罗苑联、扁。午后诣一山,旋至园。

**十一日,丁亥,三十** 阴

得初八日北京十号快信,款已到。发第九号京信,第五号瓯信及附件。

**十二日,戊子,卅一**　　　阴

午后一山来谈。夜接初十北京快信。

**十三日,己丑,四月一号**　　　雨竟日

**十四日,庚寅,二号**　　　雨

发九号京信,为卢宅事决定办法。

**十五日,辛卯,三**　　　雨

得初十日家信及单。

**十六日,壬辰,四**　　　雨

发北京快信,十号。附瓯信去。午后周孟由、周楚材昆仲来。周移家住西门方斜路长某里一号,江苏教育会对过,据云为子弟就学计也。以张、邹所书横披两纸交与之。

**十七日,癸巳,五**　　　晴。清明节

得十三日京信,十一号。云已得调查局额外办事员,月薪卅,数亦苛刻矣。发六号瓯信,附京信去。发十一号京信。

**十八日,甲午,六**　　　晴

欲出门而未果。

**十九日,乙未,七**　　　阴

发杭州旧旗营第一监狱第一科陈雅堂信。

《周礼》视祲氏注:"凡白虹者,百殃之本,众乱所基。""虹头尾至地,流血之象。"拟取为别号。按:说见《汉书·天文志》,非《礼》注。拟改名燧龄,字彗旀。

**二十日,丙申,八**　　　晴

在文明书局廉价部买来《史记汉书精华》各八册,选择、评点皆好,坊本新出教科之佳编也,可代手钞。周道士来。新出《大公报》

系王揖唐所办,安福系机关报也。

**廿一日,丁酉,九**　　阴

傍晚姬君偕罗君来。

**廿二日,戊戌,十**　　晴

午后诣园一行。下午蒋梅村送来老花眼镜一付,以旧者交其修理。沪杭车站有三处:一北站,最热闹;一南站,次之;一梵王渡站,最冷僻,无雇车处。沪宁车亦在北站。

**廿三日,己亥,十一**　　阴雨

以函致蒋君。又于园内取来《说文解字》四册,《段注》十六册,《六书蒙求》二册,以姬君嘱编纂字书也。

得十九夜十三号京信,云十四、十七两函均到,事已定局,二十日付款。周孟由约饮三马路菜馨斋,素食甚好。付眼镜三元三角。

**廿四日,庚子,十二**　　雨

发七号瓯信。用人刘惠州以现洋三元并预借三月分工赀三元,乞由家中拨交伊弟,当写一条给之,以便凭条至寓支取。

凡纸、绢沾油不受墨者,以滑石研细末贮袋扑洒之,极便。

**廿五日,辛丑,十三**　　晴

得廿二京信。十四号。由孙仲约处借来《通志》内《六书略》三册。以一函致周云如,周旋来,云明日赴甬。

**廿六日,壬寅,十四**　　晴

上海五十三校本日罢学,杭州则在廿四,而各校未一。

**廿七日,癸卯,十五**　　晴,阴

南京二十六校约明日罢学。得陈雅堂回信。周萍以印刷品一小册见示。

**廿八日,甲辰,十六**　　阴

午后诣园,一山亦至。取来《说文通训定声》及《六书分类》、《六书训蒙》三书。辑《六书举隅》象形、指事、会意、谐声四门，用三筠《文字蒙求》本转注、假借两门，用朱骏声《说文通训》本成书，颇不陋而有用，从明日着手。

字有本义、引申义、假借义三项，假借已明言矣，引申即转注，此说与朱氏合，殆为定论，戴、段互训，江氏部属两说，不能存矣。

**廿九日，乙巳，十七　　晴**

拟从《字典》内辑人生必用之字六七千，仿《千字文》体分类，编成四字歌诀，俾孩童易诵易记，名曰《识有用字解说》。只采通行之义，不必本义是拘，如"为"字，只取"有为"、"为人"两义，而"母猴"之义则弃之，"不"字只取"勿"、"否"两义，而"花跗"之义则弃之，馀类推，期于两年令孩童认毕。

**三十日，丙午，十八　　晴暖**

午后诣园一转。夜由张亦和交来本月分脩洋。

# 三　月

**初一日，丁未，十九　　阴**

发北京信，并大洋五十元，由中国银行汇寄。

得廿七日北京十五号信，云已得通知书，改为办事员，分第二科，该科主任叶心汉，字友聪，闽人也。劳勤馀系一科副主任。该局方正式改组，并无裁撤之说。

由四马路北首丰泰升洋货庄买来毛巾一打十二条，两元。

**初二日，戊申，二十　　晴**

以家书二函、洋三十五元、包裹乙个、毛巾一打着用人刘惠州赍回温寓，附宝华船去，给以川费四元，是日晚开行。

**初三日,己酉,廿一**　晴

拟定《六书分类辑要·凡例》,姬君甚惬心,属即照编。午刻预饮园中,主客十二人。归,得七律一首。

姬君云,两宜轩有蛇胆制陈皮粉,治痰湿极验,每瓶三角,据称伊常服此。又有一种蛇胆油,治脸上黑色,谓一星期内可以去尽。姑记此待试,须防假冒。

接廿九日瓯信,云各信均到。以凡例及近诗数首函致一老。

**初四日,庚戌,廿二**　晴

袁子羽来谈,云城内城隍庙有书肆,价不甚贵。

**初五日,辛亥,廿三**　晴

王子良来,以和胡惟德三诗就商,并借去《汉书精华》八册,其正月中借来书三种即交还。张云雷以谛闲和尚《八识规矩颂讲义》一册见赠,云范古农初八由杭来申,初九起在梅白克路颐康里坤范女学校讲此册及《弥陀要解》,夜七时至十时止。

**初六日,壬子,廿四**　雨竟日

**初七日,癸丑,廿五**　雨竟日

**初八日,甲寅,廿六**　晴

午刻园中大宴集,至者约四十许人,不到者多,席散拍照。

初六、七、八三日《新申报》所登初四廿二号、初六廿四号上海被军警殴伤男女学生计乙百廿五人,杭州事发在先,约六十二人。

是日得七言长歌一篇,七言律两首。

**初九日,乙卯,廿七**　晴

诣一山略谈。下午刘惠州到,带来信一封、衣一箱、瓯柑二篓、香肠一包,蚊灯一个。温寓付以四元,又支去三角,共花八元多矣。

黄枚生来,云到此旬日,送伊夫人蔡小秋就医,现住西门妇孺医院,美国人所开也。系腿疾,已用刀割。玫住大马路吉升栈,明日赴杭。

赴西门总由斜桥电车为便。发第八号瓯信。

**初十日,丙辰,廿八** 晴

杭州学生于廿一日在公众运动场被军警殴击者重伤廿五人,次者五十九人,见《教育会上督军书》

邮政局改订汇洋章程,储蓄票六次开彩。

过激党联络工界,已入会者三万馀名,决招十万人。宁波同乡会分四十队,队不知若干人,现已有五万馀人,主之者王正廷。李准有宣言戒赌之广告。

《中国旅行指南》一册,七角;《西湖游览指南》一册,四角;《上海指南》一册,五角:均商务馆本。

**十一日,丁巳,廿九** 晴

夜诣坤范女校听范古农讲经。是日邹景叔为子娶室,送以一元,未往贺。

**十二日,戊午,三十** 晴

得初九日京信十六号,云款已到。午后诣园,园中有《清外史》一册,尚可看。《汉溪书法通解》石印四册,不恶。《书法指南》两册,新出陋本,戈氏绘执笔,有十二图解,拨镫颇详,而未得真诀,《书谱》、《续谱》均收入。

夜又往听经。归寓,得见《仓园烛怪目录》一纸。

**十三日,己未,五月一号** 阴

姬、罗二人赴杭。发十二号京信。新出《素女术》一书,湖南叶德辉著,已印行。得周云如宁波来函,云十六回申。

**十四日,庚申,二** 阴

清晨以《诗册》就正于杨芷晴,并承以《雪桥诗话》十二册见赠,此初编也,闻二编、三编均付刊。四钟诣园,为一元会吃局,一山所发起也。

**十五日,辛酉,三**　　晴

阅《诗话》竟日。拟以除嚣竞斋为额,寓枭獍也。

**十六日,壬戌,四**　　晴

欲诣周孟由,半途而返。

**十七日,癸亥,五**　　阴

诣一山,未面。周云如来,亦未面。午后雨至夕。王子良集经石峪四言联见赠。成七律二首谢杨留垞,又成四首。

**十八日,甲子,六**　　雨

得十五日京信,十七号。云分会而不分科,事近挂名。发十三号京函。以七律两首柬杨芷晴太守,晚间送来和作。

**十九日,乙丑,七**　　晴

姬、罗晚车自杭归园,明日十钟公祭迦陵之母。

**二十日,丙寅,八**　　晴

十钟诣园,同人皆集。午后陈叔咸来,云赴杭,住四马路昼锦里谦吉旅馆。闻人说四马路居马路之中,交通至便,物件极贵。买物则大马路较实在,虚价不至如四马路之多。

**廿一日,丁卯,九**　　晴

送周云如贺礼一元,未收。诣一山,未面,其幼子殇也。

**廿二日,戊辰,十**　　晴

拟纂《读书札记》,专取古之士女言行、朝野习俗有与今类似者及今人所必能为或尚不屑为者加以论断,以寓陈古刺今之意。所读各书分史传、笔记、释道、术艺、诗文词曲、外人译本,务求中病。

以《六书分类》十四册还之园中,别取来《字典》卅二本、《说文句读》十二本、《骈雅训纂》七本三部，《训纂》缺首册。

**廿三日，己巳，十一**　　雨竟日

**廿四日，庚午，十二**　　晴

发第九号瓯信，内附致青田吴知事函。

**廿五日，辛未，十三**　　晴

清晨诣园，为公份事。夜饮会宾楼，孙仲约所招也。同座十一人。得廿三日十八号京信。

**廿六日，壬申，十四**　　阴

清晨诣周道士。午后诣一山。下午，张亦和赴杭，以姬君函及《六书分类·象形门》草稿一册交张带去。

**廿七日，癸酉，十五**　　阴

清晨诣蒙古路承庆里伊宅，峻斋赴绍兴未回。

**廿八日，甲戌，十六**　　晴

祭仓圣，诣学校。阅《雪桥诗话》第十册，于姚惜抱、程春海诸家诗深有所得，当合翁苏斋并读之。作诗先除靡曼叫嚣、剽滑脆弱之习而求淹雅苍坚，庸猥粗率更应切戒。午后，一山来。

**廿九日，乙亥，十七**　　晴

借来《惜抱轩集》，买来《古文比》。姬君夜间回园，闻明日即去。张亦和亦回。

# 四　月

**初一日，丙子，十八**　　晴

清晨诣园，取来上月束洋。以本月四月工洋三元付刘惠州。以十号信并洋八十元由中国银行寄温。姬寿，分扣五元。

**初二日，丁丑，十九**　　晴

以《姚集》还衰。从一山借来《五代咏史诗》四册，时人东莞张其淦豫泉撰。凡七卷：一至四乐府，五为宫词七律、杂事诗七绝，六为小乐府五绝，七为读五代人诗题词，七绝三百首。烂熟五代事，惜无注，不便于读。其人年六十一，居沪，自号邵郸居士，闻由翰林改外，官山西、安徽。

采十六国、五代十国人物事迹之殊别者，或加以论断，亦可成一书：《晋史》，《十六国春秋》，新旧《五代史》，《十国春秋》，《五代会要》，《五代史合注》，《南唐书》，《吴越备史》，《五代诗话》，李雨邨、梁芷林两本。

**初三日，戊寅，二十**　　雨

清晨诣费恕皆，渠住民厚南里四弄小门牌八十九号。发卢贞木函，寄湖南督军署。

**初四日，己卯，廿一**　　雨

扫叶山房重印《段注说文》，附以徐松、龚自珍、桂馥《札记》及《提要》四种，中国连史纸十二册，四元，预约二元，夏正五月底出版，放大影印。

得上月廿九瓯信，即发十一号信，内附致青田知事函，为房东潘国桢作荐。周云如来谈，始知雷太太已殁四年，年五十九，家产为其子荡尽。

李直绳准寓天津法租界西开泰安里十一号。

**初五日，庚辰，廿二**　　阴

**初六日，辛巳，廿三**　　阴

诣丁氏医局，购得佛学书三种，一元三角。得初二日北京快信十九号，即答一函十四号。派在第二科办事。

**初七日，壬午，廿四**　　晴

午后诣一山。

**初八日，癸未，廿五**　　晴

闻姬觉弥回园。购得《心经笺注》。

**初九日，甲申，廿六**　　阴，微雨

清晨诣园，取回《六书分类》稿本一册。姬午后又赴杭。拟纪见闻，名《不妄语》。孙君取回《六书略》三册。

**初十日，乙酉，廿七**　　晴

**十一日，丙戌，廿八**　　晴

阅丁氏三书毕，《六道轮回录》稍逊，馀两种实佳。

幼年阅《子不语》，谓不外鬼狐妖异之小说，伪造以欺人，如《聊斋》所云云耳。今始知纪载翔实，足示劝惩，为有关世道之书，当细读究。继此者为纪氏、俞氏，三书并重，纪氏说理尤醇。小说家笔墨娴雅、卷帙丰富者，国初推王渔洋《池北偶谈》《香祖笔记》《居易录》，乾嘉间则为袁子才《子不语》、纪文达《阅微草堂五种》，咸同以后则梁敬叔《池上草堂劝戒十录》、俞曲园《右台仙馆笔记》为最。毛对山之《墨馀录》、钵池生之《金台七墨》、方子箴之《梦园丛说》，薛福成叔耘之《庸盦笔记》亦好。此数种宗旨多同，短记小书，可看者多，不暇枚举焉。

得初七日瓯信，款已收到。发十二号瓯信。

**十二日，丁亥，廿九**　　晴

得初九日北京二十号信。

**十三日，戊子，三十**　　晴

发十五号京信。

**十四日，己丑，卅一**　　晴

夜诣一山，未遇，与袁子羽一谈。渠架储文集多种，皆石印，无刊本。借来《顾亭林诗文》四册,亦近年印行,聊胜于无。陶诗、杜诗、罗隐诗、谢皋羽诗、杨铁崖诗、刘青田诗文、顾亭林诗文、魏叔子文、吴梅邨诗,皆须备置案头。宋陈同甫、叶水心两集并览。

《亭林诗》五卷,在潘次耕所刻《亭林遗书》中无专行本,光绪戊寅湘阴吴光尧重刻遗书,而先以诗集板行于永州,以在永州修府志也,见嘉定张修府跋,石印即据此本,而并及文集,讹字极多。

**十五日,庚寅,六月一号**　　　晴

买得《楞伽经》、《圆觉经》三册,《涅槃玄义》二册。《圆觉》阅之尽解,《玄义》亦易解,《楞伽》未展读。

**十六日,辛卯,二号**　　　晴

白道文借去两元。和平会搬空。

**十七日,壬辰,三**　　　晴

得十四日廿乙号挂号京信,云定午节后出京,即答一函,为十六号。夜诣一山。

拟选本朝骈文大题大篇、沉博绝丽者,如《〈四库全书〉告成表》、《〈一统志〉表》、《平张格尔表》、《〈瀛寰志略〉序》、《仓颉祠碑》、《〈西学辑要〉序》等,精选百篇,曰《鲸铿集》,亦一巨观。

居今之世,《战国策》不可不读,然不备。程氏《释地》、顾氏《编年》两书不能①读。《左传》则钦定本地理已详今属,他本可缓。顾栋高《大事表》,程廷祚地名、人名《考》三书皆佳。《〈通鉴〉地理今释》、《读史方舆纪要》、《〈一统志〉表》、《李氏五种》皆不可无。

**十八日,癸巳,四**　　　晴

白君以二元见还。

─────────────

① "能"下疑脱"不"字。

**十九日，甲午，五** 晴

《大公报》登京城有复辟之谣，谓张勋借张作霖两师及饷械入关。

**二十日，乙未，六** 晴

得十七日北京廿二号信。夜诣一山。发姬君函，附稿本两册寄杭。

**廿一日，丙申，七** 晴

得十九日瓯信，云沈福已为吴知事留用，房东未成。诣集云轩。

**廿二日，丁酉，八** 晴

发第十三号瓯信，十七号京信。

**廿三日，戊戌，九** 晴

得二十日北京廿三号信，云月底出京，即答一快信十八号。又发十四号瓯信。伊峻斋来。

集云轩乩坛批示云："不妨再向马蹄催，门内桃林仍姓崔。人面欲求重见处，先生杖履向南迫。"

午后诣一山，又诣园。夜姬君自杭回来，谈良久，并以两会会务归我主持，面托一再，并谕张、董二人。

**廿四日，己亥，十** 晴

清晨诣园，姬君下午又赴杭。

**廿五日，庚子，十一** 雨

天气蒸闷，颇不舒服。

**廿六日，辛丑，十二** 晴，梅雨欲作

袁子羽来，云已移居新闸路九十一号沈子培宅。一山明日迁民厚南里西总弄第七弄九百三十号。买藤榻一张，二元八角。

**廿七日，壬寅，十三** 晴

以烛、炮、糕、桃四物送一山。魏氏《经世文编》，葛氏、盛氏《续

编》三书必备。

**廿八日,癸卯,十四**　　阴晴不定,蒸闷

长沙于廿一夜陷落已实。

诣一山新居略谈。闸北、浦东两潘姓来会,与之一谈,一徐州人,一歙县人。又一宿迁人高某,在待质所充稽查。夜得廿六日北京快信,云初间出京。

读《史》、《汉》须兼读《两汉会要》及《〈史记〉质疑》。商务馆有石印殿本《四史》,不知字之大小,须一看,记此。只四十册,字小可知。若求字大,无过蜀刻本《四史》,前在南京见一部,惜未购。

**廿九日,甲辰,十五**　　阴,午后雨

买来《谭评词辨》一册,甚好,惟洋纸可恨。周介存所论语语透宗,文字之佳亦出同时诸公上,不审《晋略》之外有别集否。得廿七北京快信,云准初一日动身,火车来。

# 五　月

**初一日,乙巳,十六**　　晴

午后诣袁子羽,未面。夜出街闲步,便占一课。

**初二日,丙午,十七**　　晴,阴

闻姬君回园。六钟,一山宴客于园内。夜雨。袁子羽来。

**初三日,丁未,十八**　　雨

王子良送来粽子五枚。夜支来四月脩,给惠州五月分工洋三元。

**初四日,戊申,十九**　　雨

姬君午刻又赴杭,函饬庶务退却房屋十二,移往哈同路临街小屋。雨彻夜。

**初五日，己酉，二十**　　雨。端午节

为移居事发一函与姬君，交亦和付邮。温州人张某送来粽子廿个、酒四瓶，酒退还。案头书籍略一检点。

拟自号曰市隐。古者有市有朝，故曰"大隐隐朝市"，唐有阛朝隐；今则有市无朝，尽天下皆以市道交，故曰市隐，此意甚曲而妙。

**初六日，庚戌，廿一**　　雨止

十钟时彭儿来，云昨夜偕燕姐到此，住四马路吉升旅馆四十一号。初一出京，在浦口买票小停顿，所以迟到一天，在路甚平安，谈悉一切。并得九铭信，云程撷华拟为函介某公。当同至旅馆小憩。燕姐，天津人，貌不陋，言语亦清析。

**初七日，辛亥，廿二**　　晴，旋阴

发九铭函。王子良来。彭儿来，以书几种装一匾带回温州，付以九十元，以六十元寄还京友，卅元作川贷，以四元另给燕姐。午后至吉升一坐，准明日附新北京赴甬。得刘次饶初三日函，云《县志》脱稿，招于六月赴平校阅。

**初八日，壬子，廿三**　　晴

清晨诣园，诣一山。彭儿来，云十二钟准上新宁绍，官舱八号，五时开行。

**初九日，癸丑，廿四**　　晴

罗稚清来，云姬、迦二人均以去函为然，现暂移哈同路拐角第一、二号，住几天再觅屋。所言如是，姑妄听之。复刘次饶函，告以经手编辑未完，稍缓回瓯校勘《志》稿。

袁树珊《命理探原》四册，毛边，六角，上海著易堂。

**初十日，甲寅，廿五**　　晴

张胡到京已数日，安福系虽恐慌，尚无甚举动。

近人著述最夥、皆出自手而不窜改古人、假托他人者,惟俞曲园、天南遁叟两家,全集必购。时人如《饮冰全集》,中多西事,亦属有用;王湘绮除《经解》外亦好;曾文正只要觅《求阙斋弟子记》一书便可。时人谈新学,要以康、梁为大宗,吴挚甫仅有《诗文》、《尺牍》。近时大吏,通洋务而能著书成巨帙者为薛叔耘、张文襄,集尚未刊;黎莼斋亦有可取。《日记》大编,厥惟曾文正及李莼客。

**十一日,乙卯,廿六　　晴**

收拾行李。夜雨。

**十二日,丙辰,廿七　　晴**

午后迁至哈同路一、二号,所住乃朝东小楼,蚊蚋极多。

**十三日,丁巳,廿八　　晴**

发十五号瓯信。诣一山小坐。发快信致九铭。

**十四日,戊午,廿九　　晴**

姬、罗同回园,姬来。

**十五日,己未,三十　　晴**

诣园一转,借来石印《昭代名人尺牍续集》廿四册,系宣统辛亥七月阳湖涉园主人所编,盖续道光间海盐吴修《昭代名人尺牍》之刻也。吴所收六百馀家,兹亦有五百八家,赓锦杂陈,不为精择。然佳者亦不少,小传简括。涉园陶兰泉湘,阳湖人。

得十一日彭儿瓯信,即于是日抵家。发王玫伯一长函。一山来。诣孙仲约略谈。

**十六日,庚申,七月一号　　　雨**

**十七日,辛酉,二号　　晴**

**十八日,壬戌,三号　　晴**

棋盘街五百十六号中华图书馆断句仿殿本《史记》,平连史纸码五元,冲连纸四元,评点断句照归氏。

**十九日,癸亥,四**　　晴

**二十日,甲子,五**　　晴

午后一山来,旋诣园一走。闻王子良、陶渔耕均取消。

**廿一日,乙丑,六**　　晴

清晨诣费处一谈。午后袁子羽来。姬君偕罗赴杭。晡诣孙仲约一坐。

**廿二日,丙寅,七**　　晴

清晨拟就杨树浦工业分会演说辞三篇。午后孙仲约来,旋偕至一老寓谈,雨作,归。发十六号瓯信。夜一山偕其堂弟幼青来炎。孙、周均在西总弄第二弄,向右。费在东总弄第四弄。向左第一家。

**廿三日,丁卯,八**　　晴阴不定

夜接十九瓯信。

**廿四日,戊辰,九**　　阴

发十七号瓯信。买来风炉乙个、百合二斤、葵扇一把、清折五个,共去洋约五角。夜,诣一山①。

**廿六日,庚午,十一**　　晴

连日报登京信消息极恶,苏、浙亦然。

**廿七日,辛未,十二**　　晴

清晨诣商务馆廉价部,以太早,未开厅,仅照常买《吴挚甫尺牍》十二册八角而回。《文集》偶缺,《曾家书》字太小,不能看。未到商务馆,十馀家,有两家旧书廉价,未及观。发十八号瓯信。曹素功墨店在该馆对门。

---

①　底本原缺廿五日。

770                          符璋日记

**廿八日,壬申,十三**　　晴

得五律四首。阅《吴挚甫尺牍》,此书极有用,极精实,恨见之太迟。前乎此则王壬秋,后乎此则康、梁,皆不可不备,而此为尤急矣。

**廿九日,癸酉,十四**　　晴

清晨诣一山。又诣周云如,交还抄本《交涉汇览》两本。下午雨作而风。

**三十日,甲戌,十五**　　东南风作而雨

闻昨夜园中又见炸弹。费恕皆来。

# 六　月

**初一日,乙亥,十六**　　晴而风,天气凉

**初二日,丙子,十七**　　阴

得廿七北京快信,足见火车之阻滞。

连日阅吴书竟,最奇者,不信《十翼》皆出自孔子,又极信西医,而中医之《内经》、《素问》、《灵枢》及《本草》、《铜人图》、《伤寒论》皆一概抹摋,此外则无不犁然当于人心而无间言,洵近代一巨手,较诸家为精实有用也,其所撰及所校、所印各种均须物色。

发十九号瓯信。

**初三日,丁丑,十八**　　晴

买得《催眠术》新书两册。

**初四日,戊寅,十九**　　晴

**初五日,己卯,二十**　　晴

费君恕皆见赠一诗,次均答之,并得五律四首。

**初六日,庚辰,廿一**　　晴

阅报,为之一快,但恐所言未尽实。午后章一山、白、费二君来

谈。得廿七日瓯信及礼东熊函。夜作廿号书,并答熊书付邮。

光绪末,改八股为策论,时坊间有《国朝掌故丛编》一书,甚赅博详实,出《三通考辑要》上,此书当觅。

**初七日,辛巳,廿二　　晴**

由章宅交来王玫伯上月廿九覆函。发杭州陈雅堂函。诣孙仲约,未面。

**初八日,壬午,廿三　　晴**

得初四日瓯信,云台州轮船误期不至,闻因海门水患故。傍晚诣静安寺一看。得五律二章。

**初九日,癸未,廿四　　晴**

午后诣园一走,以石印《昭代名人尺牍续集》送还园中。诣孙仲约谈,夜饭后归。云叶君谱孙以字画押于高君欣木,欲赎不应,将成讼事。又云茶叶可以熏肉,记之。两会经费均于昨夜发讫。

**初十日,甲申,廿五　　阴**

得五古、五律各一首。午后诣一山,归而雨作。闻王揖唐解散各员。李纯逮捕之文及伊自辩之文均见本日各报。包车人家切须小心,车夫通盗者多,往往勾引行劫。

**十一日,乙酉,廿六　　晴**

午刻姬君自杭回,诣园一谈。取来五月脩洋,给刘仆本月工洋三元。夜写就汇洋家书。在园门,周萍说王揖唐运动柯则、柯程明两工头,克日以二万人扰乱上海,议而未成一事。姬又谆谆以董、张二人见嘱教管。

**十二日,丙戌,廿七　　晴**

以汇信及洋八十元付中国银行寄温。偕孙看屋,屋已租,诣园与姬一谈。同乡会董、任二人交接,以代索工业会饭钱事,张为任所詈殴。咎由自取,不复问之。旋偕一老至园,张、任正互诉,姬以见询,以滑稽语答之。晡时姬来,面嘱任一切须听吾说。又开去同乡会中之朱某,董还学堂。

**十三日,丁亥,廿八**　　晴

戏拟联语八付。

**十四日,戊子,廿九**　　晴

清晨诣园一走,一山亦至。夜一老过谈,至十钟去。李久新来,云二三日内归。

**十五日,己丑,三十**　　晴

得十二日瓯信,云温州尚无水灾,惟百物价昂。诣章、李二处。买小说等乙元。

**十六日,庚寅,卅一**　　晴

发廿乙号瓯函,告以津浦通车。《大公报》本日停止,事势然也。得袁子羽函,即答之,并还以《顾集》、《廿四家集》两部。以百合数斤送一山。

**十七日,辛卯,八月一号**　　晴

发杭州陈雅堂函,台州黄燕宾函。

阅近代现世名人文集、笔记,藉见朝野政俗、中外事情,既考其人所诣之浅深,并证一己所得之同异,集思广益,事半功倍,比读唐宋明人箸述裨益较多,此捷诀也。

得五律二首。

**十八日,壬辰,二号**　　晴,大炎热

夜饮福华楼。

**十九日,癸巳,三**　　晴,热极

得七律两章。

**二十日,甲午,四** 晴,热甚

为学治事,能遍采西东名流言行、历史以证吾书,互相勘断,则中学之万不至废与西学之亟应施行了无可疑,惟蔽以一言,曰适用而已。知人论世,当务识时,固执迂拘,无有是处。

十钟时彭儿到,带来《左传》十册,以《吴挚甫尺牍》一部给之。买来白兰提酒一瓶,二元四角,在先施公司廉价期内。夜一山过谈。

**廿一日,乙未,五** 晴,热极

连日热至九十二、三度。彭儿乘早车晋京。王揖唐昨晨由园后门坐法人汽车迁至法界。彭儿以早车不开,迟至夜车行。得陈雅堂回信。

**廿二日,丙申,六** 晴

得七律一首题梁启超集。袁子羽来。夜一山过谈。

**廿三日,丁酉,七** 晴,时阴

清晨诣费恕皆,系南里西总弄左边第三弄第一家八百四十六号,后门有济丰当招牌。携来石印《述学内外编》两册,乃民国三年上海天益书局印行;又石印《万国演义》六册,系张氏茂炯所编,张氏以经文用骈体中进士,才名籍甚,现在京师,费言其历史甚详。

二马路四海升平楼下廉价部书颇多。发廿二号瓯信。

**廿四日,戊戌,八** 晴,天气稍平

**廿五日,己亥,九** 晴

午后诣园,傍晚与一山同回。夜费恕皆来谈。

**廿六日,庚子,十** 晴

三日稍凉,本日又热。清晨诣一山。

**廿七日,辛丑,十一** 晴,热极

得十九日瓯信,洋已收到。

**廿八日,壬寅,十二**　　　晴,热甚

两日成五七律、七绝十馀首。

**廿九日,癸卯,十三**　　　晴

得廿五日京信,彭儿廿四下午始到。发廿三号瓯信。夜雨。费恕皆来,云初四赴杭。

# 七　月

**初一日,甲辰,十四**　　　阴雨

清晨以豚蹄包子送孙仲若,并往拜寿,在彼午饭。发张仲昭函,发元号京信,附稿一纸。

仲约云,广告近极贵,登报纸第四页,每字四厘四算,若登第一页前面,每日须三十元,亦须计字。王揖唐出版广告,日花乙元几角,出版后三天,仅售廿馀部。

**初二日,乙巳,十五**　　　晴

清晨诣一山,略坐片刻。午后诣跑马厅一品香江西同乡会,未及久俟,先归。

**初三日,丙午,十六**　　　晴

由邮局取回陈雅堂自杭汇洋五十元,盖分四期免息还本之第一期也。得北京廿八所发快信并履历,即函交张仲照,付邮去。发二号京信,告以一切。姬君回园,夜支得上月脩,扣去寿份六元。

**初四日,丁未,十七**

付刘仆七月份工洋三元。以洋百元由中国银行汇回温州。诣费、章、周一转。

**初五日,戊申,十八**　　　晴

得初一瓯信,附来屈虞臣函,知屈老二于八号殁于闽,又王老头

亦故，均可悼叹。闻一山云，张仲照信已发。发三号京函，廿四号瓯函。姬君昨晚赴杭。得三号京信。

**初六日，己酉，十九** 阴，旋风雨交作

**初七日，庚戌，二十** 晴

清晨诣园拜寿。得四号京信，云兼任唯一报馆编辑，为九之助教读，俟移居定后接任。

**初八日，辛亥，廿一** 阴晴不定

诣张仲照，未面。发第四号京函及己未年《诗稿》一册，双挂号去。

孙仲约招往夜饭，饭后饮以碧萝春茶，此种出洞庭山，在上海每斤价二元零至八元不等，水煎成后倾于碗，再投茶叶，随即沉。跑马厅汪裕泰店自制野蔷薇茶，每罐五角，据云味胜香片。谈李季皋佚事。

**初九日，壬子，廿二** 晴

发四号京信，其诗册未寄，以邮费太多也。午后得北京初六日五号信，甫接到初一去函，云初十日暂偕九铭移居西城砖塔胡同，稍缓或住顺治门香炉营头条胡同惟一报馆或住报馆对门之抚州府会馆。即答一函，为第五号。

**初十日，癸丑，廿三** 晴

拟撰《国民大会商榷书》，本日着手。费恕皆夜车回。

**十一日，甲寅，廿四** 晴

得初八日京信，附来吴伯琴答九铭函，说王石谷画事。午后费来，云林秘书尚未到，与第一科科长孙智敏略谈。连日秋热不可耐。

**十二日，乙卯，廿五** 阴，旋雨大作，雷鸣

张仲照来。夜发六号京函，附一纸，询九铭三事。张次迈现在

天津法界懋业银行。

**十三日,丙辰,廿六**　　晴

得初十日瓯信,款已到。

**十四日,丁巳,廿七**　　晴,热极

张庶务员是日赴杭,未明言。

**十五日,戊午,廿八**　　晴

姬君午后回园。

**十六日,己未,廿九**　　晴,连日酷热

清晨诣园,一山亦至。姬于午后赴杭。浼范稚渔开一方。代付孙宅庖人洋十元。

**十七日,庚申,三十**　　晴

《国民大会商榷书》草稿粗就,拟改曰《民国存亡问题》。得十四日京信,云前途尚未面。发第五号瓯信,告以八月内不能归。

**十八日,辛酉,卅一**　　晴,下午微雨

天台人陈元伯宴客于孙仲约宅,由董君代邀,即赴之。

**十九日,壬戌,九月一号**　　晴

**二十日,癸亥,二号**　　晴

草稿一卷略事修改,大致妥当。

**廿一日,甲子,三号**　　晴,时阴,东风大作

诣园一走,借来《职官录》四册。得十八日八号京信,内附杭州回信,并云卢宅馆事继续,于十九日起移住府馆,以与报馆、卢宅近也。即答一函,为第七号。

**廿二日,乙丑,四**　　风雨

**廿三日,丙寅,五**　　风雨

**廿四日,丁卯,六**　　风雨小止而时作

**廿五日，戊辰，七**　　阴

诣园一走。傍晚费、范、夏来，偕饮于市楼。夜诣孙处一谈。一山来。

**廿六日，己巳，八**　　阴，小雨

得七律、五古各一首。

**廿七日，庚午，九**　　阴晴不定

夜一山来。

**廿八日，辛未，十**　　阴

诣园一走。闻姬君回，以雨未往。

**廿九日，壬申，十一**　　雨止，旋作

诣园与姬一谈，云及松江运副事。夜孙仲约来。周萍交来本月分脩金。诣一山略坐。

# 八　月

**初一日，癸酉，十二**　　阴，时逗日光

清晨过一山，与谈两事。诣园，姬已赴杭，所定移居之屋又变更。午饭时张庶务始见面，交还伙食垫洋十元，付与添给一元，付刘仆工洋三元。由中国银行汇寄温州大洋百元。

得廿七京函，系九号，云住府馆，每日八点出，九点归。发八号京信。得廿六日瓯寓明片信，说风雨水灾。又黄燕宾复函，所言略同，其家无恙。下午范稚渔来，为房屋事。

孙仲约说四川官书局及锦江书局所刻各书，多而且佳，《四史》、《文选》板极大，校极精，《通鉴》板略小，最先刻者《经典释文》。至顾亭林著作，除诗集外，馀全刻。江标在湖南曾刻大字《三礼》注疏、

《公》《穀》注疏，此与扬州局刻大字《毛诗》注疏均极好。王先谦之《汉书补注》约四十册，据云上海某店有之，价甚贵，此书进呈，赏内阁学士衔。孙又云，绍兴某氏《姜露庵诗》四卷甚佳。现湖北某人撰《新华宫词》二百首，诗好而无注。蜀刻《玉海》闻亦好，杂海全刊。蓝鹿洲、姚石甫、李次青文最便于文牍，皮鹿门骈文极佳，不入常州派。

**初二日，甲戌，十三** 　　晴，秋阳极烈

得七律一章。汇信今日始交去。夜，金姓来商搬屋。

**初三日，乙亥，十四** 　　晴

清晨诣一山，谈移居事。

**初四日，丙子，十五** 　　晴

罗稚清亦为房屋事来。

**初五日，丁丑，十六** 　　阴，旋雨

连日得七律四首。得初一日瓯信，云经月未接去函。徐教员偕一新来教员徐凤池字芷芬者来，东台人，据云金石专家，收藏极富，大抵位置编辑部中。

**初六日，戊寅，十七** 　　阴雨

罗、金来，言移居事。盖一山已迁至民厚北里三弄六号，原屋空出。

**初七日，己卯，十八** 　　阴

清晨诣一山原屋一看。《国民大会商榷》已编成一册。发六号瓯信，告以明日移居事。午后诣袁子羽，未遇，遇于章宅。

**初八日，庚辰，十九** 　　晴

清晨移居民厚南里西总弄第七弄九百三十号。

**初九日，辛巳，二十** 　　阴

姬、罗均于夜间回园。

**初十日，壬午，廿一** 晴，秋热甚酷

清晨，诣园一走。发九号京信，告以移居。杭垣有一种茶，名曰本山拣片，颇好，每斤一角八九分。盖龙井茶剔出之粗片，然须大店家始有之，上海不销。夜至孙寓一谈。

**十一日，癸未，廿二** 晴，热甚

买斜纹布二丈八尺，一角四分，共三元九角二分。又裤腰二角八分，做小衫裤两套。午后姬君来。

**十二日，甲申，廿三** 晴，热甚

**十三日，乙酉，廿四** 阴，旋晴

诣园一走，饭后回，天大热。得初七日瓯信，款已收到。又初十日京信十号。至何福兴定皮鞋，价三元，付定三角。

**十四日，丙戌，廿五** 晴

连日共得诗三十首。厨子借去十元。

**十五日，丁亥，廿六** 晴

清晨诣园。下午孙仲约偕两教员来，赵叔泉来，云移居闸北。

**十六日，戊子，廿七** 晴

发七号瓯信。

**十七日，己丑，廿八** 晴

成《戒诗》五古一首，此后当不破戒。得十一日瓯信。夜诣仲约，未值。

**十八日，庚寅，廿九** 晴

午后诣园，费恕皆谈两事。一为归安沈仲复中丞秉成采战法，其御女也，玉茎入牝后，任其涵养壮伟，略不抽送，俟鼎中阴精溢出，然后离开。即以精阴遍途面门，阅一时许洗去，用肥鸡炖汤下饭一盂，逐日如是。然闻其体虽健，寿亦不高，未及八旬也。一为仁和吴小

帆方伯煦之孙某二人，其妻皆女学生，妯娌各私其伯叔，情洽，竟互易之，旋出洋避人耳目，洵奇谈也。

夜又诣孙，未面，以《谈何容易》稿质之。

**十九日，辛卯，三十**　　晴

付皮鞋三元，又衣工乙元六角。

**二十日，壬辰，九月一号**　　晴

费恕皆来函，嘱拟《准提佛母赞》，交来《禅门日诵》一册，常州天宁寺本，《二课会解》一册，石印新本，此册极恶陋，但有《楞严大悲诸咒解》。夜饮孙宅，与一女校教员衡州夏白也谈诗。得十七日京信十号。

**廿一日，癸巳，二号**　　晴，热不可耐

是日浦东开学。

**廿二日，甲午，三**　　晴，热甚

中华书局印行之《拳术》一册，平江向逵恺然撰。自云得之长沙王志群，不娴内功，专讲外功阴阳劲与五合三催各法，颇有实用。其云用力不如用劲，发明至详，斯即内功也。后附《见闻录》数则，亦资多识。又尊我斋主人著《少林拳术秘诀》一册，则讲内功及南北宗派，而于用劲、用力亦言之详，换力之谈更为明白。惟滥及点穴，兼及禅理，稍冗漫耳。图太少，而于《易筋经》均一言未及。两书皆近年出。

先施、永安两公司有一种春药名"自来精"，每瓶一元，广东所出，据云极验。又碱水街阜昌德昌大参号出售毛燕粉，每两四角，不折不扣，服之颇得力。小参店则多伪。服法：用小汤瓢取粉满瓢入茶杯，用水调匀，饭锅蒸之。蒸熟，粉化如胶，随意分二三次以开水冲服，殊不费事。或不用饭上蒸，夜间取一瓢煮粥吃亦好。据说毛

已筛尽,所以成粉,比服毛燕省事多多,不妨试之。每斤六元四角,与毛燕价仿佛。无敌牌即胡蝶牌,擦牙粉有三四种,最上者每元四十包,次五十包,又次六十包,又又①盒装。

**廿三日,乙未,四**　　阴

**廿四日,丙申,五**　　阴

接二十日瓯信,云达官发热七八日未退。发八号瓯信。夜孔一峰以诗、词各一首见示,当作七古一章与之。

**廿五日,丁酉,六**　　阴

午后诣园一行。出门,遇一山。

**廿六日,戊戌,七**　　阴,两日天气渐凉

夜诣园,姬君商谈编辑《说文》为歌括以便②,并嘱拟一征求启登报。便诣一山处剧谈,据云溧阳宋某深于许书,足任此事,即叔元观察次子。九华店所售泥金粉,每包一分或五厘,比杯金便宜多,用时先以指乳化,入胶水少许始可用,作字快则色鲜,慢则黯,且滞笔,俗名此粉为洋车,不解所谓。闻吕文起办浙赈,已来沪,住四马路振华旅馆。

**廿七日,己亥,八**　　阴

以征稿送园。

**廿八日,庚子,九**　　阴

午后诣园一转。见衡阳夏伏雏绍笙《绮秋阁集》抄本,将诗稿略翻,各体皆工。夜为赋七律一章。一山来函,附来宋子澄孝廉信,即交费。

---

① "又"疑为"有"。

② "便"下疑有脱字。

**廿九日，辛丑，十**　　晴

以赠夏诗函致孙仲约转交。

**三十日，壬寅，十一**　　晴

午后诣园一走。夜雨，旋止。

# 九　月

**初一日，癸卯，十二**

一山抄录玫伯所寄《目疾兀坐》诗，依韵和之，仍由一老附去。午后诣园。

**初二日，甲辰，十三**　　晴

南京李督于三十夜用枪自击身死，遗书将家财二百馀万分办善举，其妾四人，各给二千元遣回娘家，听其改嫁，亦异闻也。

午后诣园取来八月分脩洋，即发家书，以洋八十元由中国银行寄瓯。付刘仆九月工洋三元，又收回代垫伙食十元。

外间谣言，徐、曹出走，张入京复辟，而宣统帝不愿，力拒。报纸绝未一及，不知此说何来。

**初三日，乙巳，十四**　　晴

清晨诣一山，谈谣言事，渠亦闻之，不尽无因，是日报纸亦略及。复孔君函，论诗社事。夜诣仲约，云李纯系遭暗杀，官场讳之，遗信四封出伪造。又云《大陆报》反对复辟而赞助吴佩孚，近日美国来华演说之人皆有招之者，大抵过激党之作用。该党上海机关在法界，党魁即陈独秀。

民厚里有湖南人刘姓，为前任该省督军某之子，王芝祥之甥。家设乩坛，往来甚杂，工于诱骗、敲诈，《仓园捉怪录》即其所编。张亦和、杨瑞青皆集其寓,兼售假字画。又邹章甫在新旅社看亦和打扑克,夜深借宿某客住房,窃去马褂,随经主人搜出,陪礼免究,亦云奇矣。以上孙说。又谈及夏君与姬面争脩金,被斥为人品卑污。

买周虎臣笔两元六枝。发王玫伯函。

**初四日,丙午,十五**　　　晴

是日闸北开一学校。

**初五日,丁未,十六**　　　晴

午后诣园一转。

**初六日,戊申,十七**　　　晴

为姬、罗拟《〈文字蒙求广义〉跋》各一篇。《广义》乃陈某补注王氏本,光绪辛丑江楚书局刻,四卷五册,清朗可看,姬欲付石印,故加跋尾。午后诣园一转。晚间费君送来两书,系姬君嘱阅看者,一为《六书准》,顺治庚子华亭冯鼎调雪鸥著,凡两册,无卷数,分形、事、意、声四门,每门按四声列字,转注、假借附四门内,注尚简明,然无甚精义。一为《六书类纂》,兴山吴锦章撰,光绪甲午自刻本,书四册,共八卷:一卷、二卷原体,三卷、四卷偏旁考,五卷补逸,六卷、七卷篆文疑似考,八卷正讹;原体中指事第一、象形二、会意三、形声四、转注五、假借六,转注不用戴、段、江说,亦不用朱说,而自立一说,此书较胜王氏《蒙求》。

经籍中假借最多,不可数计,桂、段所注《说文》,各有考证。吴县高氏萃集群书,著有《说文字通》,尤为博赡。高氏不知名氏,当系近人,各家目录未有,其书亟须求之。吴书于王箓友一语未之及,何欤?

**初七日,己酉,十八**　　　晴

午后诣园,遇一山。

**初八日,庚戌,十九**　　晴

得初四日京信,云试事已毕。即去一函,为第十号。夜诣园一走。

**初九日,辛亥,二十**　　晴

重阳。成七律两首。清晨诣一山。

取来园中《说文释例》一部,廿卷廿册,宣统二年中江刘氏家塾刻本,纸版不佳;王氏《说文句读》卅卷十二册,较胜,不知何年刻。《句读》用桂、段、严三家说,自云《校议》一书几全用,此书之序例及廿九、三十两卷甚要,应别出,其《说文序注》与段氏《注》各不同,可合抄为一册,《部首表》亦好。王氏此二书外,至简便者为《文字蒙求》四卷,又《系传校录》三十卷两册,江氏沅亦有《说文释例》两卷。《说文》各本,王氏《凡例》罗列详备。

古今有非类书而可作绝好类书观者,古则《吕览》、《淮南》,今则桂氏《说文义证》、孙诒让之《周官正义》,再广之,则倪注《庾子山集》、仇注《杜诗》、靳注《吴诗集览》、屠筱园注《随园骈文》,此为不传之秘诀。

**初十日,壬子,廿一**　　晴

日来感冒,眠、食殊不适。夜一山交来《六书类纂》,云姬属作跋三篇。

**十一日,癸丑,廿二**　　晴

作跋三篇改为序,交书记誊,以原书还姬。得五律四首。得初七日瓯信,云款已到,达官已愈,照常上学。

**十二日,甲寅,廿三**　　晴

周萍为柯事来。

**十三日,乙卯,廿四**　　晴

费君来函,以足疾不能行,嘱暂代早班,以恰抱病未获应答之。

**十四日，丙辰。廿五　　晴**

得五古一，昨日得七律二。

看《说文》先用王氏《句读》本，即大徐本，而句读明、注解详而不甚烦重也。看《释例》须将纠正许君处及诘斥段氏处分别作识，能汇为一册更佳，订许各条尤要，此密诀也。

**十五日，丁巳，廿六　　晴**

成五古二首。

**十六日，戊午，廿七　　晴**

发十一号京快信，说吴函事。午后诣园一行。送周云如一元。

**十七日，己未，廿八　　晴**

得十三日京信，即答一函。十二号。又发瓯寓九号函。

**十八日，庚申，廿九　　晴**

清晨诣周云如祝七十寿。旋诣园。

预者老会宾筵，遗老巨公颇不乏人，委琐者多，轩昂者少，合乎亡国大夫之资格，略无中兴岳牧之规模。人物之衰，关乎气运，致足慨矣。与宋澄之孝廉晤谈片刻，即叔元观察之次子也。

**十九日，辛酉，三十　　晴**

周云如招饮，未赴。

北京于本日宣布南北统一，亦厚颜矣哉。陈炯明破惠州，下广州，莫荣新、杨永泰、岑春暄、温宗尧等文武均逃。岑通电取消军府，陆荣廷通电取消独立，一切归之中央，尚未知陈炯明如何。温语人，政客、议员无一人爱国者，南北皆同，爱国军人只吴佩孚、冯玉祥、阎锡山、李纯数人云云。

**二十日，壬戌，卅一　　雨，旋止**

**廿一日，癸亥，十一月一号　　晴**

午后诣园。姬嘱改辑《六书分类》，尽列《说文》之字而先编部首。得十八日瓯寓所来明信片。

**廿二日,甲子,二号　　晴**

得十九日京信,托一山函张仲昭再向乃弟说项,而张寓以赴青岛应。

**廿三日,乙丑,三号　　晴**

诣一山略谈。十九日北京发布统一令,为此成七律四首。

《说文发疑》六卷,安吉张行孚乳伯撰,光绪十年甲申刻行,俞曲园序,其书于转注、假借、双声论辨极详,亦极精确,《释雅》一篇至佳。其人为诂经精舍高材生,以举人官两淮盐大使,此书应物色。其他著作颇多,又有《说文比音》。

午后诣园,发王玫伯函,附诗四纸去。新闸路酱园弄有衣庄大小七八家,价不二,而不甚贵,买衣颇便。夜遇陈尉元,云住三弄六十一号,后门在二弄。

**廿四日,丙寅,四　　晴**

吕文起观察来谈,云即日赴粤。夜孙仲约来谈,开去一条。

**廿五日,丁卯,五　　晴**

成五律四首,送吕。

**廿六日,戊辰,六　　晴**

午后诣园。夜诣仲约,另交一条。

**廿七日,己巳,七　　晴**

**廿八日,庚午,八　　晴**

诣一山,晤喻子韶编修。得廿五日瓯信。

**廿九日,辛未,九　　阴**

发十四号京快信,附两纸,说张、李事。发十号瓯信。是日徐州同乡开会。

# 十　月

**初一日，壬申，十**　　　晴

**初二日，癸酉，十一**　　　晴，西北风，天冷

午后诣园。夜诣孙。

**初三日，甲戌，十二**　　　晴，冷风未息

为费恕皆题乃翁小像五古一首。午后诣园。

**初四日，乙亥，十三**　　　晴

发十五号京信，附孙函一纸。

**初五日，丙子，十四**　　　晴

清晨诣卡德路八十六号陈介庵观察树屏处一谈。午后诣园。夜诣仲约。

**初六日，丁丑，十五**　　　晴

陈介庵来，诣一山。午后诣园，取来九月分束。张仲照、廷重昆玉同来，云初十始得暇。为石卿事属手写一函与彼，以便加函寄京。

**初七日，戊寅，十六**　　　晴

由中国银行汇洋八十元回瓯。付刘仆十月分工洋三元讫。以一函致仲照，如其所说。

**初八日，己卯，十七**　　　阴

姬公索阅《谈何容易》一册。函嘱费恕皆转交《说文辨疑》六册，并还之。午后答诣仲昭。夜得初五日瓯信。

**初九日，庚辰，十八**　　　阴

得初六日京函，云吴、沈之函照发。诣一山小坐。

**初十日，辛巳，十九**　　　雨

得刘次饶明信片，云赴南京，即日回。下午六钟宴客小花园，到

者杨芷晴、张仲昭、伊峻斋、孙、章、董六人,陈介庵、张廷重未到,共花十五元。

**十一日,壬午,二十**　　晴

发十一号瓯信。发十六号京信。

**十二日,癸未,廿一**　　晴

诣刘翰怡京卿,据云回浔。

**十三日,甲申,廿二**　　晴

诣杨芷晴太守,索得《诗话》二、三集。诣园一走。晤一山,为罗烈女题一诗,交一老。

**十四日,乙酉,廿三**　　阴

小有感冒。

**十五日,丙戌,廿四**　　阴

连日不甚舒服,足未下楼。

**十六日,丁亥,廿五**　　晴

发十二号瓯信,嘱寄袜子。

**十七日,戊子,廿六**　　晴

午后诣园。

**十八日,己丑,廿七**　　晴

午后诣园。得十月十二日瓯信,款已收到。夜诣一山谈。

**十九日,庚寅,廿八**　　阴

得十四日京函,即发十七号京函,询杭信。以七律四章柬杨芷晴。

**二十日,辛卯,廿九**　　阴

下午诣园宴饮,盖喜事请客也,归已十钟。刘次饶来,并送虾米一罐、香鱼乙包,云送学生至杭、宁参观,事毕,本日即回温。偕至一山处略坐。

**廿一日，壬辰，三十** 阴晴不定

邹景叔大令以所藏周、燕、魏、秦古戈四件征题，为赋七古一章。得北京十八日信，云事已可望，即答一函，为十八号。

**廿二日，癸巳，十二月一号** 阴

午后诣园，以诗交邹小雨。

**廿三日，甲午，二号** 阴

张仲照以《涧于集》六册见赠，即乃翁幼樵学士之奏议也。夜又成咏四戈七绝四首。邹景叔代购之墨两条，乙元，并不佳。

**廿四日，乙未，三** 晴

以一函致杨留垞。吴研人所撰《二十年目睹怪现象》小说，全仿《儒林外史》，颇佳。即我佛山人，广东人也，书系章回体。

**廿五日，丙申，四** 雨

**廿六日，丁酉，五** 雨

**廿七日，戊戌，六** 雨

三日均未出。得廿五日瓯信，云袜已寄出。夜三更得廿五日北京快信两封，云京绥铁路局欲延订办公牍，月薪可得现洋百六十元，约去就均电复，筹思一再，定见不就。

**廿八日，己亥，七** 雨止，风厉，时见日光

发北京十八号快信，辞路局事，未打电，信内附代吴伯琴拟一稿。发十三号瓯信，告以大略。夜三鼓又接廿六日北京快信，云事已发表，与局长相隔一日。

**廿九日，庚子，八** 阴晴不定

发十九号北京快信，所说颇详。午后又发二十号号京信，说温州应办三事。

**三十日,辛丑,九**　　阴雨

# 十一月

**初一日,壬寅,十**　　阴雨

**初二日,癸卯,十一**　　阴

午后诣园一转。为范稚渔题汉平津侯镜拓本七绝四首,只写其一。

**初三日,甲辰,十二**　　阴晴不定

因文见道,韩子也。吾则因文练事、讲学,似可鼎峙成三,三者并求更善。魏、葛、盛所辑《经世文编》、《续编》暨《十朝东华录》必不可无,果能究心,似较读《通鉴》为用更切也。《古文渊鉴》甚佳,不得套板原刻,即杭局本亦好,字大,圈点符号分明,注尤精简。如《分编集评》亦好,不必株守姚、曾选本。

**初四日,乙巳,十三**　　晴

清晨诣袁子羽,已回台。诣一山,又赴杭。午后诣园,闻松江运副已可到任。

**初五日,丙午,十四**　　晴

接初二日京信,云三函均到,路差已为辞却。附来无锡章康平鸿远一函,为乃弟履平乞题《冲冠怒》传奇未完本。章充平政院书记,又在惟一报馆办事。午后诣园,支来十月分脩。

夜饭后得道文字,谓定议将会所移入园内广仓学窘。发十四号瓯信,又廿乙号京信,告以移居事。附复章君函,由彭儿转交,许为题咏。

**初六日，丁未，十五** 晴

发廿二号京信，附宣纸写诗一幅。付刘惠州十一月、十二月两月工洋六元。由中国银行汇洋捌拾元回瓯。

杭州陈勾山太仆有《评点八家文》，旁批、眉批极详细，向元刻本。光绪廿年，其曾孙名钟伟，官京师部曹，以付石印，凡四册。当时印一千部，送、售外，馀二百部，归部曹之婿庐陵黄氏带回江西，故杭、沪间罕见。费恕皆曾有之，而被人索去，记此待访。

**初七日，戊申，十六** 阴

午后诣园，范稚渔以一山脩羊嘱为转交，即面交其如君亲收。厅事设寿堂，询知为一老六十诞辰，以移居纷纭，无暇备礼，即送洋四元以代烛炮。夜雨达旦。发陈雅堂信催款。

**初八日，己酉，十七** 雨

得初四夜京信，云哈尔滨事及内部黄、陈二君说话，又云杭信亲笔发。当复一函，系廿三号。午后雨止，移居园中广仓学窘，至二更始安排粗定。徐州同乡会即于是日取消。夜见月色。

**初九日，庚戌，十八** 晴霁可喜

午后游园一遍，得七律一。

**初十日，辛亥，十九** 晴，大冷

孙仲约来，属代和吴编修一诗。姬公赴杭。得刘翰怡自南浔复函，许送书。

**十一日，壬子，二十** 晴

得初八京信，云事藕断丝连，初五、六等函尚未收到。发第廿四号京信，十五号瓯信。

**十二日，癸丑，廿一** 晴

得初七日瓯信。发九铭信，内附彭儿一信，并剪报两方，寄北京砖塔胡同廿六号。夜十二钟诣学堂陪祀,盖冬至也。

**十三日,甲寅,廿二**　　晴

得七律二,五律一。汉口美国红十字会电,豫冻饿灾民二百五十馀万,须一千二百五十万元方可拯救过冬,请政府速筹。初七即十六日直、豫、鄂、晋、陕、甘均地震,陕为最甚,同州地陷,某街市一里中市人无一免者。

**十四日,乙卯,廿三**　　晴

南浔尚有一富人张石铭好刻书,刻《石①园丛书》百九十馀册,未知何书。姬君以《广德寿重光集》一函十二册见赠,并分赠章、邹各一部。盖王揖唐付诸仿宋石印者也,皆合肥人,诗五种,以李氏父子诗为佳。

**十五日,丙辰,廿四**　　晴

足成《园居杂诗》五律十二首,又柬张仲照七律一首,《题涧于集》也。张亦和取消。

**十六日,丁巳,廿五**　　晴

午后小有感冒。发陈雅堂信。章一老来。

**十七日,戊午,廿六**　　晴,风大

夜与姬谈史,又密谈各事及来春大学教员事。

**十八日,己未,廿七**　　阴

发第五号京信,附稿并号码。发国务院郭秘长函。午后诣一山谈各事。得十五日京信,云张已见面,许年内发表。

**十九日,庚申,廿八**　　阴

发廿五号京信,所说甚备,告以下月初十外回家。致一函伊峻

---

① "石"疑为"适"。

斋,托觅《居仁日览》。得十八日陈雅堂回信,云年内款不误。夜雨。

**二十日,辛酉,廿九**　　　阴雨

发十六号瓯信,告以下月初十内外回家。得十七日京信,内附九铭信。

**廿一日,壬戌,三十**　　　阴

改定罗苑事,说明书稿。

**廿二日,癸亥,卅一**　　　阴

一山来,公议仲约所拟条陈稿。

**廿三日,甲子,十年一月一号**　　　阴

为一山代作《火锅诗》二绝。下午得伊峻斋复函及借来之《居仁日览》第三、四册,其第一、二册据云稍缓觅示。得十四日瓯信。

**廿四日,乙丑,二号**　　　阴,旋大雪

得七律一首,又《题居仁日览》一首。

**廿五日,丙寅,三号**　　　雪,旋止,见日光

**廿六日,丁卯,四**　　　阴,雪消过半

得七绝四,五律一。午后诣仲约略谈。一山来。夜发廿六号京信,内附九铭信。以《居仁日览》两册函伊峻斋转缴。

**廿七日,戊辰,五**　　　雪又作

**廿八日,己巳,六**　　　阴

**廿九日,庚午,七**　　　阴

午后出街买物。夜得廿四日瓯信。

**三十日,辛未,八**　　　晴

发十七号瓯信,廿七号京信,附诗稿六纸。午后出街一走。

# 十二月

**初一日，壬申，九**　　阴

小有感冒。

**初二日，癸酉，十**　　阴

**初三日，甲戌，十一**　　晴

发廿八号京信，附致吴伯琴信。又发袁子羽、陈雅堂信。

**初四日，乙亥，十二**　　阴

清晨诣一山。夜支来十一月分脩羊，并与姬谈回瓯度岁，请假四十日，商借腊月分脩金事，均面许。复谈及杨运副欲相聘事，未即许之，盖其人不足言也。

**初五日，丙子，十三**　　雨

得上月廿八温州明信片，又初二日京信，云杭垣已有覆函。又陈雅堂回信。

**初六日，丁丑，十四**　　晴

费恕皆赠笔两枝，尚佳。谈及屈映光所倚任者为兰溪人刘焜，字治襄，此君由解元入词林，官侍读。入屈氏幕后，每以秘书长兼警务处长。屈之见用，皆出所谋，金钱几何，无不照付。只两事失败：一劝屈称臣于项城，一拜门于段氏而已。其人写作皆工，尤长骈文，公牍亦练达。沉酣于烟、色、酒、博，而性颇谦和。家道甚丰，盖胜于为京朝官万万矣。

罗稚青病殁，染疾仅旬日也。白道文言公送祭席。刘翰怡送书廿六种来，细检只廿五种。函托张仲照代买海晏船官舱票。

夜与李汉青画士剧谈，云墨必用时新磨，胶融光出始合用，隔宿即滞,定须洗去。印色所重在油,不外用真菜油晒透便好;或云将油灌入猪胞,紧扎其口,悬诸当风处,过三伏即能用,愈久愈佳;又水印色不退红,数百年古字画印色如新者多用此;水系白芨水,泡出后,临时将朱砂、艾绒调和,登时可,所以不沁开、不退红者,白芨之功也。

又自制酱油法,法稍繁,若制虾子酱油则较易。取虾子法:用活虾四、五斤,水贮盆中,略入明矾末,不久,子悉下沉水。将子滤出,用好酒蒸熟,合酱油即是酱油。切勿熬,熬则味死不鲜。下子后,虾仍活,可供馔。

猪肉忌皮厚,宜皮薄。皮薄者常州花猪,皮厚者皆江北猪,不起膘。又要奶头短,若奶头长者即老母猪,猪经下子两三次,便不堪吃。以上所言,均有实验,特记之。

又谈学堂斋务长庄某作弊事,为学生所攻,现正查办。据云校中弊窦尚多,名誉殊不佳。

**初七日,戊寅,十五**　　　晴,天气甚佳而冷

付刘仆腊月工洋三元,全年付讫。借支腊月分脩羊今日交来。

下午得张仲昭回信,并致招商局谢仲笙、陈作琴两局长,又致总局庶务处王竹斋各一纸,索取免票。

发家书,明信片。告以行期。致杨芷晴函,索还《诗稿》三册。刘仆又借去正月分工洋三元。

夜派人至招商总局取船票,虚无一人。明日礼拜,不办公,须初九始能索得。局章:免票由局长填给,官舱条由庶务处给,舱中行李、饮食由坐舱照料,虽有免票而不得官舱条,不能留舱也,坐舱王姓庶务所辖。

**初八日,己卯,十六**　　　晴

腊八。发廿九号京信,又另寄《涧于集》一部,白道文处去一部。

夜,与姬君畅谈。

**初九日,庚辰,十七**　　阴

由中国银行汇洋乙百元回温。取得海晏免票。午后登舟,遇孙仲恺,剧谈一切。云京沪有传授炼气秘诀者曰"同善社",只二十字,须问可否传授,如可,即付一元,他无所须;不可则过几日再问,无不可者。据云却病可信,姑记待访。

**初十日,辛巳,十八**　　晴

黎明开行,毫无风浪。

**十一日,壬午,十九**　　晴

九钟泊大门候潮,距埠约百里。二钟又开,到已四钟。到家尚早,出门已十四个月矣。夜谈至三鼓就寝。

**十二日,癸未,二十**　　晴

发三十号京信。

**十三日,甲申,廿一**　　晴

海晏清晨开。

**十四日,乙酉,廿二**　　晴

诣纸店购纸,又购棉小帽一顶,两共二元。银行汇款本日到。永宁船来。发一山函。

**十五日,丙戌,廿三**　　晴

午后陈子范来谈。

**十六日,丁亥,廿四**　　晴,连日天暖

取来银行洋款。发刘次饶函,附《共和平议》一册。得初九日京信,云谷钟秀等组织《新中华报》。

**十七日,戊子,廿五**　　晴,暖甚

伤风三日始愈。发黄岩王玫伯函,又宁德县知事黄仲荃函。

**十八日,己丑,廿六**　　　阴,稍寒

**十九日,庚寅,廿七**　　　阴

发三十一号京信。

**二十日,辛卯,廿八**　　　晴

午后诣林、陈及硪局勒局长,均未面。屈、赖二人来。答诣陈子范,并诣杨园。

**廿一日,壬辰,廿九**　　　晴

勒大鹏字云九来答拜,适出街定竹丝对,未晤。下午陈老三来。得刘次饶回信。

**廿二日,癸巳,三十**　　　晴

连日得七律四首。

**廿三日,甲午,三十一**　　　阴

林亮周君琪以《谢道尹委咨议》诗见商。谢秋圃来。张勋督办热河林垦事宜,见十八日即廿六号命令。

**廿四日,乙未,二月一号**　　　晴,连日大冷

**廿五日,丙申,二号**　　　晴,夜风大作,旋雨

**廿六日,丁酉,三**　　　晴,冷甚

夜得十九日京信,已接到十三十①去函。《新中华报》已于廿一号开办。

**廿七日,戊戌,四**　　　晴

发卅二号京信,另寄《文艺全书》、《乡国补游记》各一册去。

**廿八日,己亥,五**　　　晴

出街买来石印《古事比》十二册,盖本年九月新出。

──────────

① "十三十"应为"十三日三十号"。

**廿九日,庚子,六**　　晴

海晏是早开去。

**三十日,辛丑,七**　　晴

岁除。得七律一首。天气之佳,本年为最。

# 民国十年辛酉(1921)

《人寿金鉴》一书,应与钱竹汀《疑年录》、吴荷屋《历代年谱》合看。

治胸膈受寒随食随吐神效单方:用鲜猪心一个,开缝,入白胡椒一整枚,炖熟吃之,极验。治偏正头风,用鲜山药切片贴之。

拟仿宋王铚《四六话》、谢伋《四六谈麈》、近人孙梅《四六丛话》、彭文勤《宋四六话》例,为《国朝骈体丛谈》,书成,不特艺苑之巨观,亦词林之秘宝也。

李雨村《赋话》,笔墨甚名贵,梁芷林《制艺丛话》,未见。

以四六论文者,《文心雕龙》也;论史者,《史通》也;作奏者,《陆宣公集》也;作判者,《龙筋凤髓》也;纪事者,《大唐创业起居注》也;皆古四六,可合为一集。继之者,《明史纪事本末》之论亦可追踪。我朝朱竹垞《静志居诗话》、王兰泉《蒲褐山房诗话》皆以骈体行之,殊自然,陈秋舫《诗比兴笺》亦尔。顾亭林不以四六名,而《日知录》中往往作骈语。常州、浙江两派,各有所长。

彭选《宋四六》,只制、诏、表、启、上梁文、乐语六体,馀皆不录,尚缺于用。此选体裁未备,又无评语,不如蒋氏《评选四六法海》。但蒋心馀亦节录王志坚原本,非全豹。广州所刊朱墨本,大板,极好;湖南翻刻,小板,多讹字,且删削评语,不足观。蒋氏宗尚,由李玉

---

① 《蠹佣日记摘存》封面写五年,正文仅三年,庚申年与壬戌年八月后分别摘自《黄嬭室日札》与《抚彗斻室日札》,不再重复,只保留辛酉、壬戌两年已散佚日记的摘存。

溪、王子安而跻徐、庾，以庾为止境而甚薄宋人。限代者以徐、庾尽疆，食古者谓王、骆知味。"昔也矜隶事于《典》《坟》，今焉侈遣词于经史，隶事久而文章或成糟粕，遣词当而臭腐或化神奇"，此彭选序语，宗旨了然。蒋、彭两大家不同如此，曾宾如又别。

选《唐骈文》为陈均，《示朴斋骈文》用唐法，彭氏《恩馀堂稿》用宋法。

姚铉《唐文粹》皆散文，旧有大字、小字两刻，近仁和许增刻颇佳。

李次青《古文话》六十四卷，未之见；坊刻《睿吾楼文话》廿卷，不足贵；薛叔耘《文话》有石印本。

骈文不外词与意称，命意巧于抽思，遣词工于隶事，赡炼适用，如此而已，不必如散文之动言关系也。惟有一诀，人多不知，知亦不言，则比兴是，若处处质说，即非解人。任渊谓陈后山诗似参曹洞禅，不犯正位，切忌死语，此说得之。不可如项平甫之训张端义，谓诗宜学杜，词宜学柳。杜诗、柳词，皆无表德，只是实说之，流弊多也。

阅《思绮堂集》，《采菽堂古诗选》、《战国策评》为陈允倩撰，皆及门翁康饴刻，陈即章藻功之外舅，两书均妙，而《国策》凡例略见章氏文注，不可不访求也。

正月十七，偶为人撰七旬寿联云："洛社诗朋来日盛；杜陵酒债醉乡宽。"因此有自寿一联云："倏届古稀，酒债易偿诗每欠；何名人寿，花时正好月将圆。"余初度为二月十四日，预志为明年七十用。

欲求骈文高雅，须不用唐以后事、唐以后词，两《汉书》、《南北史》、萧《选》、《世说》皆不可离手，枕葄久之，与之化矣。类书中，卓氏《藻林》、《分类字锦》均好。

不《太玄》不字，不《淮南》不篇，此姚大梅自道其骈文致力处，不啻举秘诀以示人。

陈独秀为粤人所逐,其状见于省议会议员伍瑶光之文甚详,盖陈所演说为"百善淫为首,万恶孝为先",并有讨父、仇孝、废妻、公妻、共产等说。民国凤麟,为世祥瑞,粤人何以拒之?

借来刘翰怡处《凌氏丛书》十六册,仅六种廿三卷,皆乌程凌厚堂垫撰辑,与《越缦日记》所录不合。计《周易翼》十卷附《易翼释义》凡八册,《易林》四卷一册,《相地指迷》十卷三册,《告蒙篇》一册,《德舆集》二册,《德舆子》一册,道光戊子年刻。《告蒙篇》皆经解,《指迷》推崇蒋法,专重平洋,采缀成书,鲜下己意。文气嚣激,无甚名篇。子集艰深,未易索解,《易翼》较可。

《相地指迷》卷一、二《玉函真义》即蒋氏《天元歌》全文,卷三《天玉外传》、《醒心篇》、《冷仙论认局》,卷四《世秘阐觉图》即奂星秘诀,卷五、六《平洋金针》,卷七《浑天宝鉴》,卷八《洞天秘录》,卷九《平洋金口诀》、《紫白原本录要》、《仙人指路秘诀》,卷十《明堂说》、《阳宅辟谬》,《辟谬》为姚文僖公撰。

山东人柯劭忞所撰《元史补》有八十册之多,北京发刊,另有排印小本。

三月初二日四月九号。香港电,两院阳日开会选举总统,孙文以二百十八票当选。拿究复辟造谣人犯,见五号明令,即廿七日。

广东所刻仿殿板《十三经注疏》,字尚清朗,较汲古阁本易看。

拟制矮纸诗笺双钩"黄嬭室"三字,不署款,如此殊大方。或刺取石鼓文两字,或摹古钱刀一二品,或"长无相忘"镜背文,均可,封套但用"黄嬭室笺"四字。

治头风及手足风湿,用冯了性药酒一二两,蒸热,以绢布蘸擦患处,颇效,酒每两一角。此酒制自广东,各处皆有,系蛇泡,极毒,□西药房所售者不可用。又生木瓜、紫苏煎汤擦亦好。

冯了性酒，万不可饮，即饮量极大者亦不得越四钱，服之汗脱而亡，所闻不一。

王仲瞿《烟霞万古楼诗》，跅弛不就绳尺，并无真诣，诗中野狐禅，远不如文，文亦不宜效。

堪舆家之三合、三卦，皆为平洋水龙设，出自杨公，本属一家，源远流分，遂成两派。善用之者，皆能造福，但用一家，须守一家之法，不宜杂出。三卦用元运，三合不用，三卦用换星，三合用辅星，各有所重。果得真解，皆有妙用，党同伐异，见笑大方。若山龙，则形势显然，此可从略。

五月初五日甲辰，阅《相地指迷》而悟其《世秘阐觉图》换星秘诀，为之狂喜，犹卅馀年前悟《仕学备馀》内九宫八门飞遁诀也。但此诀以先天、后天生成分三卦，有分天地人为王卦者，不合换排九星，只后天卦与父母天元卦起例合，馀两卦不用经四位法，而别有用法，与子息、地人两卦不合，既非蒋法，又未知其所本。所云授受人氏，皆莫能详，惟在四十馀家换星说中，又出一说，凌氏宿学，既极取重，或系真传。然余夙持换星不足信一说，具于别篇，兹不赘陈。

此后作诗，凡落套之意路、口气、笔法、词料，一皆避去，别具炉锤，率尔操觚，不加此功，终难免俗，第一须泯文章起承转合之迹。

赵氏《廿二史札记》竟，多有用之考据。

英美法界工部局陋规甚巨，名目亦多，凡不法行为，均可包庇，而取财各别，前数年尚不尔尔。电车之弊亦巧，司票者月俸不过十二元，吃饭在内，而所入月可五十元，少亦三十元，所得各人瓜分。

费恕皆谈瑶台第一妃事，颇奇，未言出何书。

翁覃溪诗极博雅，除纪恩奉使、游览应酬、跋画题图、考订金石之外，无一语关于国政民事，不足为诗家之有无。独推重黄仲则、吴兰雪二家,二家蹊径与翁绝不同,而倾倒如此,不可谓非精识。同时最著诸家,如随园、瓯北、渊如、宾如、船山、皋文以及三君之王、舒、孙,皆无唱和往还之作,即纪文达亦只三绝句及身后一篇,其不相能,殆非虚语。京朝官,自枢府外,皆闲曹也,从事风骚,固属易易。外官如督抚,事烦任重矣,然若当承平之世,居安乐之邦,犹不难从容啸歌;如值多事之秋,领繁剧之任,而尝能嗜此,则非大才不能,必方敏恪、高文良、毕弇山、阮文达、陶文毅、林文忠以及近日之张文襄,真有兼人之长,有志于诗,皆须一览其集也。

凡收藏字画金石家而稍通文字者,于翁之文与诗不可不备。

一山谈闽之陈石遗衍之为人颇悉,而独称其诗文之速且工,谓顷刻千言,笔不加点,张南皮极赏识。与林琴南、郑苏戡乡榜同年,盖宝竹坡侍郎所取也。

有一笔工云,狼毫皮,前此四十文一张者,现已涨至二角,成本极贵;紫毫材料来自东三省,近因林木伐,狼鼠无处藏身,遁至他方,将来紫毫势必断绝;制笔管者皆女工,近多改业,所以笔贵且劣。笔之佳,全在修,修去拳曲不圆之毛,则存者纯矣。

袁世凯所用媚药黄角蜂,极效验,云出清宫。

孙仲约云,伊前曾服冰过多,致大小便不通,口中出气。医者初谓热证,开石膏大凉方,不敢服。有一医知其病由饮冰,用附子、干姜,外贴阳和解凝膏而愈。

五马路绮园茶楼,每日二钟至六钟古董字画掮客坌集,无所不有,似此者尚有一二处,忘其名。

上海人唐在章,即唐在礼之弟,一山婿也;一山之媳为朱启钤女,即朱三小姐第二姊也。

国初海宁查伊璜之《罪惟录》稿本数十册,刘翰怡以千金得之,将刊行,鼎革时野史也,一山曾见之。

凡煮白汤鱼及肉与鸭,欲其汤白,将起锅时,滴好小磨麻油或他香油一二点,则白如乳矣。炖鸡鸭猪羊,急切欲烂,须入秋石少许,办差筵席每每如兹,或用山查亦可。洋行中有蒸汽水瓦瓶,须两三元,甚便用。近出武夷茶叶,有名铁罗汉者,每两价十四元,从前未闻,不知何品。

仲约谈前贵州巡抚唐炯事颇详,云督师粤西关外时,常以四十匹快马往来云南省城,取某处之水为饮料;每日洗面、剃头、大解各费一点钟工夫;不住他人屋宇,随带机关木屋一具,到辄支之,俨然厅房,用器皆备。年九十馀,重宴琼林,陪斩三次,临时赦免,张之洞妻弟也。前湖北巡抚杨文鼎惧内及夫人之悍妒久为国人所闻,杨殁后,夫人尚在,丑声大布,宦囊因此而渐空,其二子均明智校学生。前粤督张鸣岐匿居上海,不与人往还,与岑春暄久绝交,一二熟人交未尽绝者,只通函而不见面,终日吸鸦烟看小说而已。岑于辛亥国变后谋北伐,为黔人朱小南婉辞劝止。岑之畏友岑慎之劝其勤王,不从,遂绝交。岑慎之,绍兴人,现居常熟,本浙江知府,充刘树棠幕府,与伍元芝同案褫职者。朱前署广西布政,偶忘其名,现居上海,与岑尚往返。岑与姬觉弥不合,与哈同深交。

饭后三百步与饭后运动,中西人皆行之,然有一要诀,不可不知,无论行与运动,均须静坐一点钟而后从事,否则无益而有大损,戒之,戒之。

宋谢皋羽、明倪鸿宝诗无一语犹人,当合读。

袁简斋之七律,王仲瞿之七古,皆不可一世,独擅其长。

《通雅》首册论经、史、子及诗文皆极精,不但以小学、音韵、考据见长。

年高健忘，目昏不能看书，思得一代看书之法，莫如栽花、种菜、制药、治馔。然究系治身，而非治心。若治心，仍当从事诗词。二者体裁不同，而不能不事，词藻故实则一，熟洽既久，自不至鄙俗不文。能再使人诵书讲经，以耳学补眼学更妙。

费恕皆自杭返，谈及西湖马路，毁去古迹不少，如苏小墓、昭庆寺、九里松皆在必去之列，白、苏两堤不免被侵，嗟乎，一至此乎！闻主其议者督署军法科科长范某，杭人好鼓唇舌，独于此噤若寒蝉，巨绅亦必不闻不见，伤已！

沈钦韩注本《王荆公诗文》，刘翰怡刻。

学书有简诀焉，作楷须有隶韵，作草须有篆意，用笔欲圆，结体宜方，及其至也，不方而方，不圆而圆，脱去痕蹊，心与手化，始入妙境，始能寓巧于拙。

有正所印之郑文公碑，乃下碑，缺上碑。

翁覃溪书，虽尚俊拔，而多败笔，结体不完，既窃大名，兼享上寿，亦幸事也。

用古印法作字，篆笔隶体，圆笔方体，近乎草篆、草隶，别创一格，亦是惊人。此秘未开，勿轻泄也。

马新贻案未出之前三天，上海有湖州人画士费以耕字馀伯者，忽梦一公差示以牌票，谓马新贻刺客张文祥二百五十年前事发作，居间费某云云。费以语人，人皆嗤之。不三日，马被刺，信至沪又三日而费亡，即恕皆孝廉之胞伯也。渠有记，并云他笔记亦有之。

财政部参事吴县张茂炯，工骈俪，会试经策十篇皆骈。官户部郎中，《万国演义》小说即其所编，闻熟于《班书》。

四川资州饶时炯《说文存真》五册，皆注解部首，体例烦碎，好为异说，不足观。

拟定记事文作法。

《碑联集拓》,无锡秦绚孙所辑,民国六年四月初版,均玻璃金属版精印。初集十六册,每册二元,门市八折实收。真赏社制板,上海三马路艺苑真赏斋发行,各大书局代售。闻有人介绍,对折可得。正编十六种:石鼓文、峄山刻石、天发神谶文、峿台铭,以上篆;石门颂、礼器碑、华山碑、夏承碑、西狭颂、校官碑、曹全碑、张迁碑,以上隶;爨宝子碑、郑文公下碑、大字麻姑仙坛、定武兰亭,以上真行;合购者赠刻字木箱。续编十六种:会稽刻石、开母庙石阙铭、三坟记、碧落碑,以上篆;孔宙碑、乙瑛碑、史晨碑、郙阁碑、鲁峻碑、景君碑、封龙山颂、尹宙碑,以上隶;瘗鹤铭、张猛龙碑、崔敬邕墓志、王羲之圣教序,以上真行;金文、散氏盘铭、毛公鼎铭、颂敦铭、盂鼎铭。其馀种类繁多,不及备载。按:写碑有此三种,写帖有太清楼印本,可给用。

石印《廿四史》,同文最先,五洲书局孙廷翰次之。孙,诸暨人,官翰林,博雅而不著名,已殁,其板权归于商务馆。全史价百四十元,又四史另售。同文虽佳,内有数种非殿板,孙则全由殿板影印也。商务馆东张菊生,名元济,嘉兴人,由翰林改部曹,升参议,清末至学部副大臣,才名噪甚而大不及孙,今已成巨商矣。下张一等者,为时报馆主狄楚卿、医士丁福保仲祜,皆以印书印帖致富,且有文名。前国粹报馆,今改神州国光社。粤人邓实亦以印行碑帖书画积赀至数十万,虽负时名,而作一小柬,亦不妥贴。若西泠印社吴某,不过一刻匠,更不足道,然亦发财矣。以上皆章一山说。

《晞发集》,乾嘉间刻本至佳,光绪间湖南刻亦好。

一山女嫁唐氏者,初受聘于黄岩人陈洛东禹卿之子,后自由离婚,陈子本年殁,柯闽曦言之详。

一山乃郎所开石印书局,名光华,津本店,京分店。

# 民国十一年壬戌（1922）

有南洋华侨饶炳辉，罗迦陵义子也。年十八，颇好佛学云。槟榔屿极乐寺方丈本忠，闽人，出家于鼓山，现年五十馀，寺中财产极富，门徒极盛，多英美及日本贵官。辛亥年，革党欲毁佛教，本忠回国，以十九条提案与项城交涉，西人助之，藉以保全，名噪中外。此外和尚之著名者，宁波接待寺之圆瑛，亦闽人；广宗寺之谛闲，台州人；普陀后院之印光，山西人；杭州净慈寺之泰虚，浙人。泰虚年最少，只三十馀，文笔甚佳。印光净土专门文三集，均印行。章炳麟拜本忠为师，师印光者亦不少。

迦陵现有三子三女。三子友兰、友山、友□，均已授室。三女：长福贞，字庄铁生；次补乾，小名曼利，待字；三专坤，字周俊，有风流公案。三人中以次者为婉顺。孙媳一，即稚清寡妻。丫头多人，均蠢，只一庆儿颇慧，属意于饶，饶字以碧落。饶与岑春暄第三女有结婚之议，女貌美，知书，年二十馀。碧落亦解识文字。其给杨瑞琳为室者曰秋红，不甚明慧。友兰妻徐慕贞。友山妻冯相华。逐去讲经之月泉和尚及诸僧，以频迦精舍奸案发作也。据云带发修行之女尼十馀，无一佳者。月泉初到校时，校长、教务长、教职员跪拜坐受。最有功于园中之和尚某宗仰，于去年殁于金山寺。此人本宦族子，通文墨，为革命党，被捕，亡命东洋，后始归。在园为罗所最宠，姬所最忌，殴打而散。园中布置题署，多出其手。殁后，罗得耗，为之泣下。以上皆饶说。

哈同洋行张买办为姬营一香巢于爱文艺路，姬谢以二千金，罗氏微有所闻，防闲倍严。郭教员二女盛服坐马车来拜年，姬随答拜。罗友山妻冯氏之姊，嫁人离婚，貌极妖淫。又初与友山结婚临时变局之林女士，亦有缘故。男女校与频迦精舍色界大开，女校门首发现私孩，去夏事也。以上费恕皆说。

孙仲约亦谈及郭氏二女事与他事，与费所谈互有详略，洵秽墟也。姬之胞妹嫁于村农，尚堪自给，去冬偕其夫来沪看乃兄，并未入园，赠以钱亦不受，云乃兄离家时方十五岁，今年三十八。此事亦费说。

饶生出示李唐即李国瑞托伊转致迦陵二女补乾情书一函，饶说其事实颇详。此女先属意一龚姓，继则王姓，又继杨姓，最后及李，终又弃李而向王，爱博而情不专。诸人求婚，迦陵皆未之许。龚现住园而日在洋行办事，王就学杭州，杨在会计处帮忙，李则新任南区蒙学教务长，其先亦以毕业学生住园者。上年夏间女校私孩一事亦属此女。迦陵尚有一幼女，九岁，许与前浙江督军杨善德之幼子，年十二，现亦在园读书，家赀亦大半寄顿此中。

杭人郭云孙，明智校教员也，以两女父事姬，甚得姬之欢心。所介绍吴人钱香叔之两女亦见宠，时出入于园中，人皆讶之，此皆《仓园烛怪录》一书所未详也。

饶炳辉于二月十六日清晨只身而去，不携一物，亦不相告，奇矣。

棋盘街陶正元笔店，制笔特别，而价极贵。

吴佩孚战胜，张作霖逃出关，叶、梁、张褫职逮治。

上海有精于裱褙者三家，凡有玷污，洗涤如新而不稍损。其一家姓阮，在城内邑庙之后，江子诚所识，手段极精。不克期，不二价，三家皆同。

饶炳辉在金陵削发为僧，名佛昂，又名芬陀。

谭宗浚《希古堂集文》，甲集二卷，乙集六卷，共四册，家刻本，往购已为人先得，不知与《观海集》是一是二。谭与张樵野侍郎荫桓，骈文名手也。

五月初八日，徐世昌以孙传芳、齐燮元等电属退位，知无可恋栈，遂于初七日交印于阁，宣告辞职，即于三点钟赴津。不但联任无成，即任期尚不能满，心劳日拙，不其然乎？旧议员电斥其罪，人所难堪。

十六日，黎元洪入京就总统职。

《骈字凭霄》十册，前明徐应秋君义仿《骈雅》例，辑传记之诡僻瑰异者，分类成廿四卷，其子国廉、国均从之。专为词章而设，分类未精，注亦简略，且阑及王世贞、卢楠文字，弥嫌其杂矣。然颇便獭祭，与《骈雅》、《训纂》、《别雅》三书互观为妙。徐即辑《玉芝堂谈荟》者，明之博览家也。

《读史碎金》六卷，《自注》八十卷，仿《十七史蒙求》例，以四字为句，四句为章，杂隶历代史事，乃近人肃州胡文炳撰，刊于光绪初元。卷首刘昆序，知胡以县令官湖南，后归，主教本省。此书甚便初学。

方以智《通雅》，佳矣，其子履中《古今释疑》十册尤佳。

白道文谈刘翰怡之账房偕友在白克路看上海活春宫，所谓三出头者，殊骇听闻。因谈及前所云东洋本采战书，借自杭人丁辅之。

孙仲约云，明人小说《醒世姻缘》多至数十册，缩印细字亦一二册，熟于一朝掌故，笔墨甚佳，为《儒林外史》之所出，比《拍案惊奇》佳。《拍案惊奇》体例为《今古奇观》，分段纪事而较淫亵。又近出

《留东外史》五册甚好，骂尽伟人及东洋人，曾经教育部饬禁，上海已罕见。《老残游记》下半部不及上半部，然亦小说之佳者。孙为小说名家，语当不谬。

商务馆出售之《清稗类抄》一箱，亦笔记小说之大观，应备一部。

仲约谈世界书局东绍人沈子芳种种投机事，亦市侩之魁也。各书坊之现状及各编辑家之行为，如天虚我生、包天笑、李定夷、瘦鹃等，均能言之娓娓。渠所交易之书坊，则崇文书局也。交通图书馆专售淫书。

所制饺子，馅用瓠子、虾仁、火腿，切碎炒熟，拌以生猪油蒸之，殊可口。熏鱼熏肉，用木屑不如用粗茶叶或红糖，糖于熏鱼尤宜。先施、永安公司出售西洋酱油精，味极鲜，价极贵，每瓶九角，只有四两。或云蒸鸡用生西瓜去瓤，加作料清炖，不走味，须用黑皮西瓜，若绿皮，则鸡未熟，瓜已化，不入用也。

治脚气方：用连壳新蚕豆，同大蒜煮烂，食其豆两三次后，小便极利，湿去即愈；或云可稍入红糖，然总难吃。

送冥寿，杭人写"西庆仪"三字，颇通。

四马路集成公司旧书，尚不至如蟫隐庐、博古斋、古书流通处三处之奇贵，广益书局仅亚于商务。

云南省城天气不寒不热，终年夹衣，外府即不然。出佳药两种，一为鸡血藤膏，女科至宝；一为天生磺，男子至宝，生水中，大仅如瓜子，极壮阳道。外此则鲜三柒，为伤科至宝。又有一种媚草，如与土人结姻，妇家必以此草服之，即恋恋不离，亦不思乡。

宋贺铸方回《庆湖遗老集》九卷三册，道光丙辰南城李之鼎用朱述之本校刻提要云。方回虚谷作《瀛奎律髓》，称铸每诗题下必详注作诗年月与其人之里居姓氏，今观此本，与回所说相符，盖犹旧刻之未经删窜者矣云云。按，此法殊妙，可仿之。

拟小结构数弓地，名曰壶园，且以壶代符。中建一分屋，或一诃子精舍，丹棘青棠馆。

江都蒋超伯，字叔起，官粤臬，博雅过人，所著甚多，已刻者《麗濩荟录》《爽鸠要录》《窥豹集》《榕堂续录》《通斋诗文集》，均刻于广州，归后有《南漘楛语》，刻于扬州，《通斋诗话》为《盘谷薛苏》四种之一，未刊，而李之鼎用铅字印行之，考据精，议论确。

唐白敏中所撰《男女交媾阴阳大乐赋》一巨篇，敦煌石室发现真本，付之珂罗版。

胶笔毫用生漆调白面末最坚固。

中外药行所售苏打饼，消食最好，每瓶五六角。兜安氏治疥疮药，每元两瓶，极效。

《儿女英雄传》系勒保之孙某公所撰，中多实事，甚可取，与《荡寇志》同一命意。

白道文以长沙叶德辉所刻《双梅景阁丛书》来，书凡六册，《素女经》《玉房秘决》及白敏中赋均在内目别录。

王揖唐在园时，外人有一联包括园中各事云："代表尼姑和尚狗；院长大爷东家龟。"

《琅环獭祭》十二种，石印六小册，光绪甲午年出，前见京师刻本，为十二册，久不复见，可与《经馀必读》同看。

阳起石末，置人身中，即痒不可忍，所云美人脱衣即此法，又名包赤膊。

盐瓜街阜昌参行真不二价，有一种别直参须，名曰京细尾，每两乙元二角，每次用一钱泡汤代茶，可开三四次，于吾体相宜。素采痰湿，不宜径服参也。

上海有一种米,名曰蕉谷新光,最宜病后。

《示朴斋骈文》,钱楞仙司业振伦撰,戊戌翰林,闻胎息义山,甚有唐法,与乃弟篪仙共注《樊南文集补编》十二卷。

《骈体南针》八册,皆颂贺、陈谢、表奏之文,略如《俪体金膏》而为时稍近,皖人汪绹辑,咸丰元年初刻,同治五年重刻,字大悦目。

注胜于文,有近人高安朱龄芷汀之于袁谷廉《邃怀堂集》,成片采书,详于明末之事,光绪八九年杭州刻本,原文不称也。

六朝文集之有注者,厥惟徐、庾之吴、倪,吴不如倪,只此已足。此外则《江文通集》有注,未见。

古人诗词,有三种读法:一、句句求解,必得诗旨之所在,以推作者之用心,兼以考证时事而获知人论世之益;一、不求甚解,不必定得诗旨,但记其佳篇好句及可供典实、资材料,脱换点化而为我用者;一、章法句法,字字推敲,其生硬拙劣、不合法不当意处,不妨改之,别易美词,以成完璧,藉为用功之地。此法原不可施于唐宋大家,而中小名家与近代名家集本之喜读者即不妨。

籀园图书馆有数种书须假阅者:《左通补释》十二册,《纬捃》八,《易堂问目》四,《通艺录》廿,《东华录》全,《国朝馆选爵里谥法考》四,《野获编》卅,《西域传补注》二,《归方评点史记》四,《习学记言》十,《竹柏山房》三十,《木樨轩丛书》,《高陶堂集》四,《左海全集》百〇七,《骈体南针》八,《诗人征略》十六,《诗纪》卅,《春秋大事表》卅二,《毛诗注疏》廿四,《古事比》。

# 八　月

**初一日,壬辰,九月廿乙**　　　晴,天色殊佳

拟就文字润格仿单、告白,待印。陈子曼来。

**初二日,癸巳,廿二**　　　晴,天气如昨日

发上海章一山函。诣杨伯畴一谈。文华堂持书头六册去,又付以一单。得廿三日廿三号京信,云洋已汇出。旋得银行交来汇信一函。

**初三日,甲午,廿三**　　　晴

发瑞安陈雅堂函。午后诣金聚和。

**初四日,乙未,廿四**　　　晴,燥热

发李孟楚回信,寄沪。传家中《〈金刚经〉注》两册,可单行。

**初五日,丙申,廿五**　　　晴

取来银行汇款。诣陈、李、杨、陈、杨五处,李处来一瑞安陈姓,善降神治病。是日下午延之为少奶试治,用按摩法擦胃脘。夜设香案祝告求神,至三鼓始毕。雨竟夜。

**初六日,丁酉,廿六**　　　晴

清晨搬动物件。陈医又来一看。午刻取回潘姓押租洋五百元。

**初七日,戊戌,廿七**　　　晴

全家午刻迁入城隍殿巷新居,少奶竟能强起坐车,病有起色,安排一切,极为忙冗。新居轩敞,气象光昌,侨瓯廿年,此屋第一。

**初八日,己亥,廿八**　　　雨

前两日可云天助。发五号京信,告以大概,并致九铭一函。夜雨达晨,屋漏。陈叔咸来。

**初九日,庚子,廿九** 东北风起,雨来甚急

午刻凭中三面付与房东杨馨山名承恩押租洋乙千五百元,取来屋契、收据各一纸,均经中人陈福臣花押。付中人洋十八元,扣两元给老汤,此事结束。傍晚前后,河水上岸,度远方必有山洪。天井积水亦平阶,幸风不甚猛耳。

**初十日,辛丑,三十** 阴雨,风稍平,水未退,乍寒乍暖

付挑工阿福五元。

**十一日,壬寅,一①号** 阴,下午暖,入夜寒

检点各书,重阅李笠翁《闲情偶寄》一过。

**十二日,癸卯,二** 阴,水稍退,午后又雨

得章一山初六日两函,随发一信。厅堂略挂字画几幅。

**十三日,甲辰,三** 晴

得初五日廿四号京信,去信廿六日所发甫到,云甄用案尚未咨出,现正赶办,名列本科第一,成绩及考语均佳。如此濡迟,实属废弛。熊某来假贷,恳求再三,借以一元。送杨伯畴谢礼四色,收其三。

**十四日,乙巳,四** 阴,旋微雨

得《移居》、《水退》七、五律各一首。买老花眼镜一付,修一付,共去洋二元五角。另以旧镜五付交徐姓代售,定价两元,以一月为期。以《缶庐集》两册赠杨淡峰。

拟以"二分梁甫一分骚"句额书斋,龚定庵咏陶集语也。又拟以"出于应璩"一语刻印。

**十五日,丙午,五** 阴,旋晴

屈虞臣来,云即赴福鼎县充收发。汪香泉、沈云巢同来,以横

---

① "一"前疑脱"十月"二字。

幅、对联索书前赠之句。夜，月色朦胧。

**十六日，丁未，六**　　晴

杨伯畴来。发六号京信，详叙一切。遣刘仆去，给以全月工赀。午后日光燥烈。下午诣林崇兰一谈。夜三更至五更大泻两次。半夜后月色殊佳。

**十七日，戊申，七**　　晴，日色稍和

以仿单、告白两纸交府前大美成和石印。是日人甚疲倦。

**十八日，己酉，八**　　晴

午后诣吕文起、朱晓崖、章吉士、陈子万、陈叔咸、汪香禅、梅冷生、朱、章、陈叔咸未晤。安徽泾县人翟骁字楚材者来，据云前在外海水警，现在道尹署。夜以《雍正上谕》一册致吕文起，因其借观也。借林浮沚《永嘉县志》廿八册。

**十九日，庚戌，九**　　阴

清晨吕文起来谈，云欲推为慎社社长。赖可恒来。为汪香禅题研铭，并书拓誊。朱晓崖来。

**二十日，辛亥，十**　　阴，旋晴

十钟出门，诣林道尹及吴璧华、周仲明，均未面。即至东山书院，应林、吕、吴、朱四官绅之招，顷之，诸公坌集，作诗钟嵌字、分咏各一次，林、吕两公阅卷。有一僧松月，又号卧云，从杭州来，口操衢州音，自云有诗廿馀卷，在郑苏龛处。见其新作七律一首，平平无可取，诗钟则门外汉也。即寓院，院系今岁新修，颇幽雅，楹联已满，不假观。吕云现主一俭德会，章程已成，此实对症之良方也。拟词人祠堂联二，又集句一。

**廿一日，壬子，十一**　　晴

清晨林道尹来答拜。发七号京信，另丝绵小袄包裹一个。延杨

伯畴诊病。龚雪澄来,谈慎社、瓯社始末颇详。为汪香泉书对。沈云巢来,谓欲从学。

**廿二日,癸丑,十二　　　晴**

下午取回石印原稿。四钟后,应汪香泉之招,座客多人,相识者少。菜亦不佳,殊乏味也。

**廿三日,甲寅,十三　　　晴,暖甚**

清晨至浙东印书馆,用铅字另印仿单、告白,约后日取。

有一处州人林起尘,字作干,年卅许,云新组一报,重九开馆。据称久闻我名,亦慎社中人。饭后,为模范小学教员陈伯权写条幅一张,达官所来。下午严文繡字琴隐者来,少年好琴,瓯社诗钟侣也,即严日顺瓯绸店子弟。

杨伯畴来,以近刻《达生篇》一册见贻,纸板皆劣。并以《游雁宕》七古一首见示,不知是己作或他人作。魏吉士来。诣章进元店定水笔。

**廿四日,乙卯,十四　　　晴,暖**

得七律、七绝各一首。夜得廿日廿五号京信,云节前只发薪一个月。道署科员胡苕南伯棠来,永康人。

**廿五日,丙辰,十五　　　晴**

天气燥烈。上海昼锦里中华图书集成公司新出《上海六十年秘史大观》四册,特价一元。又《六十年花界史》,价同。取来告白一百二纸,仿单一百,付洋十七角。

**廿六日,丁巳,十六　　　晴,热甚**

发黄岩王玫伯函。致吕文起一函,附仿单,索《俭德会章程》。致汪香禅一函,附仿单。遣人贴告白。诣《瓯海公报》定登广告。夜又属印刷所再印仿单百张、告白六十张。是日下午有缉私第十一营陈姓两少年来谈,似有从学意。李房东以中堂及挂屏四条求书。

**廿七日,戊午,十七**　　晴

平阳人吴绍芬逸民来,前在《大公报》编辑,现组《温州新报》者,谈及该邑党派及志局诸君事。夜雨。

**廿八日,己未,十八**　　阴,午后雨

补贴告白。夜雨。

**廿九日,庚申,十九**　　晴

撰就《永嘉俭德会颂序》一篇,函致吕文起,并附入会及常年费三角。得李孟楚廿六来函。

## 九　月

**初一日,辛酉,二十**　　雨,旋晴,晴雨不定

得七律二首,殊佳。发陈雅堂函,并仿单、告白寄瑞安。

**初二日,壬戌,廿一**　　阴

清晨答诣龚、胡、魏三人,均未晤。午后诣陈叔咸,未面。诣汪香泉一谈。以醋磨墨,能发光,而纸皱缩不平,盖性敛也。画家所用之墨,须十年外始可用。此间所售徽墨只程圣文字号每斤四元者尚可用,馀皆冒充店名。发李孟楚回信,又致章一山信,均附仿单去。吕文起回信,交来收条及入会证各一纸。

**初三日,癸亥,廿二**　　晴

为人书屏对、中堂数件。午后出门,而宋君墨庵慈抱、陈仲陶闳慧同来,未晤。

**初四日,甲子,廿三**　　雨

宋君来函,以骈文一册见赠,答以一纸。渠充关署科员,读书既

多,文亦博赡,少年美才也。

**初五日,乙丑,廿四**　　阴

得七律一首,赠宋。午后答诣宋墨庵,便拜胡监督。宋以诗稿及《吕览补正》各一册见示。

**初六日,丙寅,廿五**　　晴

周仲明来。午后宋墨庵来,以诗册等还之。下午诣官产处,晤王梅伯、龚雪澄。得王玫伯答函。

**初七日,丁卯,廿六**　　晴

给刘仆一函,致章一山。清晨诣督销局,答拜翟楚才,并以《瓯社词集》一册见贻。得墨庵函及和诗,并以屏对属书。

**初八日,戊辰,廿七**　　晴

发八号京信。胡监督来答拜。章吉士来。王、龚二人同来,龚以和胡监督诗及原唱见示。

**初九日,己巳,廿八**　　晴。重阳节。日光燥烈异常

偶和胡监督七律两章,另得五、七律各一首,函由宋墨庵转致。胡来柬,明日下午五钟招饮于资福山左宜斋。罗浮乡人林亮周鸿琪来,请为人撰寿序,当以仿单给看。并云其友某有诗一册,约数百首,拟求改删。答以见本再谈。

诣钱伯吹一谈。下午至黄子芬命馆一走。夜二更得初二日廿六号京信,丝棉袄尚未到。

**初十日,庚午,廿九**　　晴

发九号京函。午后屈虞臣来,云以匪扰,初七日由福鼎逃归,知事印被索去,闻池、黄二君皆然。四钟,应胡监督之招登华盖山,并至大观亭。座上十人,识者寥寥,月上后归。胡以募捐将赴南洋,约三个月始返。

**十一日，辛未，三十　　晴**

得七律两首。出街定名片。为宋墨庵写屏联。下午诣席善夫，并答诣严琴隐。

**十二日，壬申，卅一　　晴**

至府前定鞋乙双。得五律两首。

**十三日，癸酉，十乙月一号　　晴**

管姓承印名片三百张送来，付洋七角半。午后宋墨庵来，席善夫来。

**十四日，甲戌，二号　　晴**

朱竹垞《静志居诗话》、王兰泉《蒲褐山房诗话》皆以骈语纪叙，叠然可观，两公不以骈文名而典雅特甚。近人四六，如粤东谭宗浚、张荫桓皆佳，张集未知何名，谭名《观海堂》，蜀中刻行，所选蜀士各文，殊澡丽。拟合刊唐罗隐，宋谢翱，金元好问，元杨维桢、萨都剌、杨基、张昱，明刘诚意八家为一集。

发黄燕宾快信，二角，陈雅堂信。四分。

**十五日，乙亥，三　　晴**

林立夫卓来，以葬母回里，乞作《行状》。渠充国会众议员，兼差颇多，可云得意。

**十六日，丙子，四　　阴，微雨，旋晴**

林立夫又来，午后以所撰函致，了此一事，心目为清。

**十七日，丁丑，五　　阴**

得七律二首，均佳。得李孟楚函。

**十八日，戊寅，六　　晴**

吕文起来，嘱拟送林道尹诗四首，云即日交接成行。午后胡榕村来，不面已四五载矣。章进元送来水笔卅枝。潘房东自乡间来。

**十九日,己卯,七**　　阴

拟就四律,并自撰一律,分致吕、林二处,吕函内附潘国桢名条,属其位置。傍晚吕来赠润十六元如格,却之未允,并嘱撰沈金鉴送行诗。夜雨一阵。

**二十日,庚辰,八**　　阴

以沈诗四律函吕,并缴润洋。得回字,云另有办法。林浮汕以《游雁湖》诗索和。

**廿一日,辛巳,九**　　阴

和林诗一首交去。林亮周以诗一册见示,属改,却之,许以异时。风致颇佳,可教也。午后林浮汕来。《读雪山房唐诗》所选虽精,仍须与《别裁》及《叩弹》集互看其①审其去取,并以此法看诸古文选本。

夜得九月十三日廿七号京信,云甄用案已核,准将具报。又得章一山函及代买印格纸。又得黄燕宾回信,渠现充警备队第五营书记兼会计,在路桥。随手又发一函,附履历稿去。林道尹来一函谢诗。飞鲸船到。

**廿二日,壬午,十**　　晴

王莲生祖源《天壤阁丛书》内《渔洋秋柳诗说》、近人某②《啸园丛书》内《古诗十九首说》各一册当合刻。王阮亭、姚惜抱、沈归愚、管缄四家《诗选·凡例》合抄一册,足当导师。玉溪生之《锦瑟》篇、"碧城""药转"各家注解合抄一处。刘宾客之"王浚楼船"、太白之《远别离》、罗江东之"中元辛丑"、王渔洋之《秋柳》皆然。

---

①　"其"字疑衍。

②　《古诗十九首说》,清朱筠口授,徐昆笔述,见葛元煦辑《啸园丛书》四十九至六十卷,仁和葛氏啸园刻本。

**廿三日,癸未,十一**　　阴寒

得七律两章。发李孟楚函,托买一书。吕文起来,函属代和秦子质军门《七十自寿》诗。午后林亮周来。得刘次饶函,云将送《元》书来阅。

**廿四日,甲申,以下均讹。十二**　　阴

和秦诗就,函致吕公,并有所商。复刘次饶函。傍晚得吕答函,云已函致前途。

**廿五日,乙酉,十三**　　微雨竟日

老屈来,云回里一走。

**廿六日,丙戌,十四**　　微雨

发十号京信。

**廿七日,丁亥,十五**　　雨

**廿八日,戊子,十六**　　晴

午后诣吕文起,未晤。儿妇入夜病剧。

**廿九日,己丑,十七**　　晴

唤裁缝六名来寓做冲喜衣服。下午宋墨庵来。申时衣服做就。酉时病者去世,一切事均嘱咐交代明白,神识极清。随即小敛。

**三十日,庚寅,十八**　　晴

未时入棺大殓,因日辰有忌,殓后即出厝于三角门外护国寺岭脚。山主沈阿喜,全年租洋大洋乙元,小洋九角。

# 十　月

**初一日,辛卯,十九号**　　晴

发彭儿十一号信,寄京。又发九铭函,寄北京宣外香炉营四条

门牌八号。

**初二日,壬辰,二十**　　晴

**初三日,癸巳,廿一**　　晴

昨夜,东门外失慎,焚数十家。

**初四日,甲午,廿二**　　晴

是日为媳妇头七,开门用僧道诵经,孩辈成服,佛官兼祧六房为降服子。

**初五日,乙未,廿三**　　晴

发十二号京信。为买米事致吕一函。

**初六日,丙申,廿四**　　晴

得吕文起答函。夜风起。

**初七日,丁酉,廿五**　　晴,北风,天寒

夜二更后南门外火。

**初八日,戊戌,廿六**　　晴,风厉,寒甚

房东杨馨山自杭来函,云寓钱塘路陆军监狱对面八号门牌。是日悟读佛经法,记出一纸。下午吕处来米两袋,系小南门外沙福大布店所承办者。

**初九日,己亥,廿七**　　晴,寒甚,仍结冰

发陈雅堂函。以米洋十七元八角还沙福大,取得收条。午后,永嘉人马姓来,以诗质正。

**初十日,庚子,廿八**　　晴,天气稍和

得李孟楚函,并陈批古文六册。

**十一日,辛丑,廿九**　　晴

瑞安人李苣字叔涵来,即楚才叔也。

**十二日,壬寅,三十**　　晴

以上日干均误。

**十三日，癸卯，一①号**　　　晴

是日为宣统皇帝大婚吉期。得陈雅堂回信，来洋十元，并送奠洋乙元。

**十四日，甲辰，二**　　　晴

**十五日，乙巳，三**　　　阴晴不定

得初八日京信，系接三十日去信所发者。发十三号京信，附致九铭一函，又剪报一纸。林亮周来。

**十六日，丙午，四**　　　晴

**十七日，丁未，五**　　　晴

是日，为亡媳诵经放焰口，至一点毕，因明日系三七也。夜五更，雪。

**十八日，戊申，六**　　　雪霰交下

寒极，如大冬，换皮衣。

**十九日，己酉，七**　　　阴晴不定

得十一、卅号。十二卅乙号。两次京信。发十四号京函，内附金店单二纸。

宣统皇后荣氏为长顺之孙女，毓朗之外孙女，某校毕业，通西学。淑妃文姓，年仅十四龄。皇室向例，大婚时妃先当夕，故文淑妃先入宫，后于十三早迎入。旧例一后二妃，此次一后一妃。各报纪载颇详，《时报》已备，自十三日一号。至二十日七②号。均可查。

**二十日，庚戌，八**　　　晴

**廿一日，辛亥，九**　　　晴，稍和暖

林亮周来，胡苇南来。下午诣杨园，遇钱伯吹，谈良久。归，携

---

①　"一"上疑脱"十二月"三字。

②　"七"应为"八"。

来《佛学大纲》一册。

**廿二日,壬子,十**　　晴暖

午后诣陈子万,并晤仲闳①。以《解深密经》三册赠钱伯吹。以七绝四首示杨淡峰。方植之《仪卫堂集》十二卷、《待定录》百馀卷,均须觅之。

**廿三日,癸丑,十一**　　晴

修葺太夫人厝所完毕,并议定儿妇所厝坟山,写据为凭。

陈仲陶录诗见示。送吕宅挽联。

**廿四日,甲寅,十二**　　阴

答仲陶函,并赠一律。下午微雨。

**廿五日,乙卯,十三**　　阴,微雨

又得仲陶函。偶阅郑荔乡《诗人小传》,殊隽雅。如阅李氏《国朝先正事略》,当观其去取与各家文集、碑传异同增减处,此为至要。发王质夫统领文彬函,寄处州。得九铭复信。

**廿六日,丙辰,十四**　　晴暖

午后诣吕文起,未面。

**廿七日,丁巳,十五**　　阴寒

清晨又诣吕,复未晤。

**廿八日,戊午,十六**　　阴,微雨

吕文起来,云已致函新任,并云此间小组织。

**廿九日,己未,十七**　　微雨,天寒

以上甲子均讹。

---

① “仲闳”应为“仲陶”或“闳慧”。

# 十一月

**初一日，庚申，十八** 　　阴寒，旋晴，日光和煦

凡建言利害，欲经世宰物者，须以事证验之，藉知事之变迁与言之识见，究其连合以明得失，庶几有裨。论古不如料今，读昔人文，务讲致用，要诀在此。

**初二日，辛酉，十九** 　　晴

连日复阅《无邪堂答问》一过。林亮周来，言及吕文起发荐函事。高金甫钧自金华县来一函，并洋二元。

**初三日，壬戌，二十** 　　晴

是日儿妇五七之期，山上厝所筑成移厝，佛官偕潘老大同去，一切妥帖。夜微雨。

**初四日，癸亥，廿一** 　　雨

发十五号京函，详告一切。杨房东偕其第四子名起字子由者自杭归。

**初五日，甲子，廿二** 　　晴。长至节

得廿八日卅二号京函并剪报二方，章一山上海函并扇面十叶，刘次饶平阳函并新刻《县志》十六册，属为勘定作《序》。

**初六日，乙丑，廿三** 　　阴

发章一山、李楚才、刘次饶回信。得黄燕宾信，系上月廿四所发。又发章一山信。

**初七日，丙寅，廿四** 　　晴

发黄燕宾函。午后诣籀园，风灾损坏过半，书楼尚存。《书目》三册，无多旧籍，宋、元、明本竟无一焉；丛书有十馀种，《骈体金针》

八册,皆颂贺、陈谢、表奏如《俪体金膏》,皖人汪绚辑,咸丰元年初刻,同治五年重刻,字大悦目。

**初八日,丁卯,廿五** 晴,天暖

得七律二、五律一。

**初九日,戊辰,廿六** 晴暖

**初十日,己巳,廿七** 晴,暖甚

清晨诣吕宅行吊。

归途,偶至新开新新书局一看,略有木板书数十种,正续《古文词类纂》,光绪十七年、十五年滁州李氏金陵刻本,合廿四册;《续选》系黎庶昌本,在王先谦后,字大板宽,圈点明析,大胜旧刊;《淮南》、《吕览》,板本皆大;又有《陈龙川集》、《瀛奎律髓》,均拟购之。

**十一日,庚午,廿八** 晴暖

钱伯吹来,云吕文起谈及新任道尹荐书事。吕、林均来谢步。

**十二日,辛未,廿九** 晴暖

午后林亮周来。林立夫卓送来菜点六品,润笔八元,亦云吝矣,聊胜于无。屈虞臣来。

**十三日,壬申,三十** 晴,极暖

午后,诣吕文老,云以小事赴乐清,明日始旋。留致一函,并王石谷山水一轴。至新新书局买书两部,计四十册,去洋八元三角。

金陵李光明刻正续《古文辞类纂》各十二册,《续》为黎莼斋本,光绪十五年刻,《正》为滁州李伯渊用康、吴两本校刊,廿七年刻,均仿汲古阁《史》、《汉》式,字大悦目,句逗分明,第未知有无舛讹,老年便观,殊可慰也。黎《选》补姚所未收者十之六,录国朝人十之四,计六十七家,与王本大异,可并看。沪上现正预约石印姚、王合刻本,加入评语五六家,但写手易讹,决其断不及此。

**十四日,癸酉,卅一　　晴**

**十五日,甲戌,十二年一月一日　　晴**

比日阅《平阳志》粗毕,为撰一《序》。颇撝实,不为公家言。午后马纯煦耀夫来,意欲从学,答以开年再议。

**十六日,乙亥,二号　　晴**

得宋墨庵函,以所撰《金孺人六十寿文》见示,并为征诗,金氏盖未婚守节者。

**十七日,丙子,三号　　晴**

是日为媳妇终七,诵经礼忏、施放焰口一昼夜,至三鼓毕。

得初十日卅三号京信,又李孟楚十二日函。

**十八日,丁丑,四号　　晴**

连日寒甚,河水结冰。

**十九日,戊寅,五　　晴**

吕文起来,以王画交还。云即日登舟,下月初十外当旋。又面允为我说项,并属撰督、长两人诗。潘国桢缴用帐,明日回乡,送以四元,未收。

**二十日,己卯,六　　晴**

发刘次饶函及《志序》一篇,四纸,诗八首,两纸,缴还《志》书十六册,交协兴民局去,付赍十三枚,取收条一纸。发十六号京函,详说各事。

**廿一日,庚辰,七　　晴**

林立夫①以印本《福寿全书》一册。

**廿二日,辛巳,八　　晴**

王质夫统领来。李孟楚来,盖自沪归,以书价、邮费乙元二角

---

① "夫"下疑脱"赠"字。

还之。

**廿三日,壬午,九**　　晴

又为吕文起撰诗八律,盖上卢督、张长者也。

**廿四日,癸未,十**　　晴

函林乐平,索《福寿全书》三册。

**廿五日,甲申,十一**　　晴

发吕文起函及拟稿,由上海法马路惟祥里公兴黄子瑜转交。林亮周来,云新旧道尹明日可到。

**廿六日,乙酉,十二**　　晴

下午林亮周来,云两尹已到,并以诗稿一册属改。

**廿七日,丙戌,十三**　　阴

售去狐皮外褂一件,价卅一元,以一元给经手人;以廿元交中国银行寄北京。

**廿八日,丁亥,十四**　　晴

新尹接篆。

**廿九日,戊子,十五**　　晴

**三十日,己丑,十六**　　晴,北风,甚寒

林亮周来,以诗册还之。下午得刘次饶复函及《诗征》九册,云束脯俟王子澄归专送云云,并云腊月尾当来此。房东第四子赴乐清。


# 十二月


**初一日,庚寅,十七**　　晴,甚冷

阅宋平子《六斋有韵文》一册,皆诗也。野狐禅,不足取,逊于文

多矣。不但高论放言，而心术亦不测，使其不死，亦章炳麟一流也。

初二日，辛卯，十八　　　晴

阅《平阳文征》，甚沉闷。林亮周来。夜三更火警，全家尽起。

初三日，壬辰，十九　　　晴，连日觉冷

闻起火为刘大成纸店，店中一伙不知挟何恨，于前两日将店东刺七刀，几毙，兹又放火，致延烧卅馀家，凶手已得。发陈雅堂函。

初四日，癸巳，二十　　　晴，忽骤暖

发刘次饶函，并寄回《诗征》稿九册，仍由协兴局去。得廿八日京信。

初五日，甲午，廿一　　　晴，热极，寒暑针升至七十五度

初六日，乙未，廿二　　　晴，热极

不能穿绵。发吕文起函，寄杭州三元坊糖捐总局。美官腹痛，不能赴校，为之请假。

初七日，丙申，廿三　　　晴，热极

初八日，丁酉，廿四　　　晴，天气稍转

是日为仙官事气愤填膺。

初九日，戊戌，廿五　　　晴，稍寒

林亮周来，谈及押画事。

初十日，己亥，廿六　　　晴，天寒

十一日，庚子，廿七　　　阴寒

十二日，辛丑，廿八　　　阴寒

林亮周来。夜微雪。

十三日，壬寅，廿九　　　雪，旋止

得章一山答书。

十四日，癸卯，三十　　　晴

周孟由来，谈及《一行居集》，南京板胜于北京板，上海功德林出

售者是。《等不等观》系杨仁山所撰笔记,只一册,皆论诸经大旨。杨之《全集》,金陵已刻毕。

**十五日,甲辰,卅一**　　晴

**十六日,乙巳,二月一号**　　晴

陈雅堂自瑞安来,还清尾款三十元,将手折两个交回。发十七号京函。得初十日京信,款已收到,复职事定。又及黄叔清娶妓,其妻到京大闹事,黄与九铭同寓。林亮周来,赠以一诗。

**十七日,丙午,二号**　　晴

唐陆宣公,宋叶水心,明刘青田,本朝胡文忠、曾、左、李、张文襄诸集,皆应熟览。诸公均值世变极艰之日,身任国事、军事、地方要事,按切时世以发言、建功、立名,而文事又卓绝,所以必须精究,常列几案。

宋人之书,讲学术则郑夹漈,讲政治则叶水心,参以陈止斋、陈同甫足矣。王深宁亦以学术鸣。

**十八日,丁未,三**　　晴

比日所得五、七律数首,均佳。午后答诣周孟由,并晤周仲明,谈良久。孟由云,张云雷已回里。黄仲荃顷自乐清来,寓夹巷鹿城旅馆。林亮周来,未晤。云吕文起前夜回,明日来。

**十九日,戊申,四**　　晴。立春

午后黄仲荃来,旋以二诗贻之

**二十日,己酉,五**　　阴

答诣黄仲荃。午后吕文起来,所说三事,姑妄听之。林亮周来。夜雨甚微。

**廿一日,庚戌,六**　　阴雨

王质夫统领送炭两篓及他食物三件。

**廿二日，辛亥，七**　　晴

晨答诣吕文起，未面，旋以一函致之，说慎社事。林亮周来。检阅任邱王应鲸《朱子通鉴纲目注义》，书凡六十四册，乾隆四十一年刊本，于纲目之学所得甚深，颇不陋劣，首册《凡例》尤要。

**廿三日，壬子，八**　　晴

出街买大兴银朱乙包，一角五分，松烟墨一，一角，又一重二两，稍佳，四角五分。夜祀灶。

**廿四日，癸丑，九**　　雨，旋止

阅王氏《纲目注义》首册朱子《凡例》，知紫阳之书，上继《麟经》，极可宝贵，不必轩温轻徽，为乾嘉以来汉学家之议论所惑也。汉学家与朱子为敌，凡朱子各书，尽欲摈弃，自《四书集注》为科举所系，功令所垂，不得不遵外，馀书无一不肆诋諆，致《纲目》亦遭屏斥百馀年于兹矣，屈久必伸，应在今日。

林亮周来，云文起足疾，不见客。夜文起来一函，附送癸亥年延办文牍关书一分，并春季分脩洋八十元，戴介眉鼎元庄支票乙纸。当答以一函。慎社拟改名，于开正商办。

**廿五日，甲寅，十**　　阴

发十八号京函。夜微雨。

**廿六日，乙卯，十一**　　雨

致吕文起函，并附一诗。渠拟改慎社为"东瓯文献保存会"，余拟改为"抟社"或"铸社"。

**廿七日，丙辰，十二**　　雨

房东第四子杨子由自乐清回家，谈及县中各事。

**廿八日，丁巳，十三**　　雨

林亮周来。杨淡风送糕、柑及梅花一枝，只留其花。午后取来吕款。夜二更,邮局来刘次饶当日函,并洋百元,云款已用绌,明正再送百元。如此尚过得去。

**廿九日,戊午,十四**　　　阴

取来邮局款。发刘次饶回信,附诗两纸去。得吕文起函,云所事开正商办。

**三十日,己未,十五**　　　岁除。雨,不大,雾气迷漫

编辑七月十五以后诗,计百零六首,合作不少。得李孟楚函,渠家水心殿街。村夫子语,拟刻印章或以名集①。

---

①　以下至癸亥年二月初四日与《蠹庵日札》内容雷同,当属初稿,此处不再保留。

# 民国十二年癸亥（1923）

## 正　月

**初一日，庚申，二月十六**　　元旦。雾气蒸湿，天象混沌，午后开晴

既不出门，亦不分片，来刺亦极少，人情应如是也。临草书三纸，效杜祁公也。得七言、五言律各一。

**初二日，辛酉，十七**　　阴寒，欲雪

得七言绝二首。明高濂《遵生八笺》十六册，中多可取，赏鉴家、骨董客均不可不置一部，惜未见佳刻。余所有乃坊本之劣者，讹字纷如，为之废然。翟、屈、潘、龚、赖诸人来。

**初三日，壬戌，十八**　　雨

诣翟、林、吕、朱、龚各处，与浮泚略谈。吕文起来，未面。

**初四日，癸亥，十九**　　阴晴不定

下午诣吕，未面。文华堂邹笛秋以何白《汲古堂集》廿八卷十册，道光丙申刻本来赠，并乞函致刘次饶商印《志》书事，当为作一函给之。陈老三来，未晤。闻乃弟税馆将归，因东人撤委也。汪香泉来。

**初五日，甲子，二十**　　晴暖

诣纱帽河，仍不相值。杨伯畴来，李庆三来。严琴隐来，谈初三瓯社开会，吕文起提议"文献保存会"事，道尹在坐，均赞成。刘凤轩

偕隔壁沈仲辉同来,亦及是说。

略玩《汲古堂集》,诗学、诗才皆能过人,但所工乃在用事裁对密切间,格韵不高,仍未尽脱窠臼,其和人《秋柳》十二律,虽竭其才,而不能与王新城较,其《梅花》三作亦出高青邱下,虽多奚为。

**初六日,乙丑,廿乙**　　　阴晴不定

答诣沈仲辉。杨淡风来,未晤。午后,答诣李、杨、汪,汪处携来笔乙枝、墨乙条。据云五马街有一方文渠工篆刻,年仅廿二,其父设翰香斋卖字。见其所刻石章,不亚于谢立斋。谢现居杨柳桥,家道颇丰,建屋闳敞,收藏金石,与方生甚昵。本邑人马竹村,工画竹石,家藏旧墨甚多,住南河乡间。

林浮沚兄弟四人,各有赀十馀万。其二、四两房仍居铁井拦老屋,三房住上海。二房守钱虏,一毛不拔,三房吸烟不理事,四房只一寡妇,亦居上海,貌美性荡,最著名之人也。此次沪上钱庄倒帐卅馀万,皆三、四两房之赀本,三房七成,四房三成,此间吃亏者已十馀家。

端木国瑚孙某为瑞安人李秉光少枚妹婿,有神经病,家藏尽为李得。

**初七日,丙寅,廿二**　　　雨杂霰雪,冷

昨夜二更后雷。重定印章字,唐以后语少用,释、道家言禁用,前所有悉更之。前所撰《篝灯丛录》未易成书,不如仿谭复堂例,改为日记较便,此事即须着手。

刘冠山景晨来,改字贞晦,现充众院议员,年尾回里,即日入京,别已七八年矣。

**初八日,丁卯,廿三**　　　阴,旋晴

发第一号京信,甫付邮,亦得京师腊月廿四来函。得刘次饶来

函及词一阕。

**初九日,戊辰,廿四　　　晴**

答诣数处,晤刘凤轩、刘冠三、林浮沚,馀未晤。吕又抱脚疾。下午严琴隐来以《东瓯文献保存会简章》及代拟道尹致各知事函稿,云吕文老属为修正,又以《卢督办与国人商榷国事书》一册属为代答。夜致严一函,另拟函稿一纸,并附还原稿及《简章》,电件再议。

**初十日,己巳,廿五　　　阴寒欲雪**

林亮周来。下午永嘉人马毅字孟容来,以《美术会宣言》稿见示,盖从吕文起之命而来。其人现充师范及中校图画教员,据云家世善画。

**十一日,庚午,廿六　　　晴,寒**

为吕草一答《电督办与国民商榷国事书》书稿竟,函致之。

李庆三来,谈同善社事,据云全在打坐之功,有十六级,每进一级,主者宣讲一次,坐功长短各随人便。入社时须求佛允,不允过时再求,求允即列为弟子,须发咒不泄而后始授云云。与所闻有二十字之密诀者稍异,余皆同。入社男女颇多,官绅文武亦不少,如杯道尹、王团长、吕文起等均入社也。李入社两年,据云静中时有所见,坐功无一日断,深信不疑。

**十二日,辛未,廿七　　　晴**

吕文起来,甚满意所具稿,已付缮,会事云已通过四县。午后至翰墨林买上等毛六乙刀,九角。

**十三日,壬申,廿八　　　晴**

以日记板交翰墨林,用许元顺字号官堆纸六裁刷订,订十六册,册六十页,馀不订。纸价两元,印订工六角,约两礼拜取件,经手郑姓。

诣刻图章人方文渠,字溥如,又字介庵,年廿馀。索来《印谱》一册,尚不劣。其父名朝雄,字冠英,亦售字者,兼为吕文起买卖书画。便诣严琴隐,尚高卧。午后方生介庵来,以石章八方属其篆刻。吕文起送菜点来。

夜,灯市颇热闹,皆司令部兵士所扮演,闻通城文武及绅宴司令部。

**十四日,癸酉,三月一号**　　晴

**十五日,甲戌,二号**　　阴,稍暖

林亮周来。夜雨。

**十六日,乙亥,三号**　　阴

重定抄件名《劫后丛钞》,分廿一门十二册,随手录入,以备遗忘,必极精而罕见闻者。

艺匊:诗、文、词、书、联、字、画,小学、经学。

术筌:医、丹,天地物器,佛。

理窟:中西格言名论,藻林,瑰丽句字。

稗菱:史料轶事,谭屑,雅言俗谚。

书录:各书大旨,时务。

严琴隐来。

**十七日,丙子,四**　　阴

订就抄册,日记自六十一岁起摘存其要。

**十八日,丁丑,五**　　阴

得十一日元号京信。

**十九日,戊寅,六**　　晴

得七律一首,甚工。宋墨庵来。

**二十日,己卯,七**　　阴

佛孙入甲种商业学校,达孙入中校预科。在信河街,由石坛巷往。

**廿一日,庚辰,八**　　阴

阅二冯评本《才调集》,殷元勋、宋邦绥注,苏局官本,评注均佳,注中引《唐音癸签》三四条,是此书乾隆尚有传本,他注家罕引,大足贵。原刊于乾隆中叶,在《叩弹集》后,两书合看为妙。

**廿二日,辛巳,九**　　阴寒

午后诣吕、严两处,均未面。

《才调集》注于国初,诸名人说多采及,独未一及金圣叹,金书上海有印本,似名《贯华堂集》,须觅之。《才子诗评》、《文评》,其说传奇、演义人人具知,不赘。《钝吟杂录》十卷,《围炉诗话》六卷,《西昆发微》三卷,均在《借月山房汇抄》十三集、十六集内。

**廿三日,壬午,十**　　阴

吕文起来,面交前道尹林铁尊见贻一函,为荐扬州稽核分所冯骥才所长处任文牍兼教读,议定月薪八十元,嘱即赴馆,到馆送聘,并附致冯一函嘱面交。一面之缘,而关切如此,殊不易得。吕云,林意此席暂为屈就,尚可展拓。并谓此地无可为,劝驾良殷。未见原函,不知尚有何语。吾以年衰,且文献保存会可望有成,意不欲出,吕亦不听我出,云即日缔兰盟。

方介庵以刻就石章来,颇有佳者。陈季孚来,渠已解馆。

**廿四日,癸未,十一**　　阴

缮就复林函,请吕转寄。林现住常州唐家湾。发二号京信,附剪报。

**廿五日,甲申,十二**　　阴

以阮刻《石鼓文全拓》赠方介庵,又属其刻石四方。

**廿六日,乙酉,十三**　　阴寒,风冽

东瓯美术会来《简章》及《宣言书》,订本日二钟集东山书院瓯社

商议各事,列我为发起人,人约廿馀名,蔡笑秋、张楚桐两女史在内。领袖仍列吕文起,盖即前所闻于马孟容者。以微恙,畏风,未往。发刘次饶函。

**廿七日,丙戌,十四**　　雨

房东遣嫁外孙女。文起嘱拟《仙岩纪游》长歌。

**廿八日,丁亥,十五**　　阴

代吕撰七古三十二韵。李庆山来,云下月赴闽,过沪勾留卖字。渠能为六尺、三尺见方大字,不能小字。云学大字曾有秘诀,须写熟"一中阛池永邃成风"八字,约一年而后笔法备。苏州多有设塾授徒者,非具脩拜门不可。渠历三师,其执笔不外俗传何猿叟之伪法,龙眼凤眼则与包安吴说异。李工拳膀,故腕力极足,尝一气写大屏六堂,吴人目为"写字强盗",亦趣闻也。

**廿九日,戊子,十六**　　雨

夜饮林浮沚处。乐清所出香鱼,以合口者为佳,开口者逊。城中有售处,价每元只乙斤馀。

# 二　月

**初一日,己丑,十七**　　阴,旋晴

午后诣汪香泉略谈。彭文勤公《恩馀堂集》、钱振伦《示朴斋稿》、谭宗浚《观海堂集》,汪梅邨、皮鹿门、王逸吾、张野樵诸骈文,陈均选《唐骈体》十七卷,钱选《樊南集外文》,蒋清翼注《王子安集》,《唐音癸签》、《戊签》,冯氏《吟窗杂录》,吴殳《围炉诗话》、《西昆发微》,纪评《瀛奎律髓》,汪绚《骈体南针》、《俪体金膏》。

**初二日,庚寅,十八**　　阴

答诣陈季孚、宋墨庵,均未面。

**初三日，辛卯，十九**　　晴

取回翰墨斋印刷件，共洋二元六角。

**初四日，壬辰，二十**　　晴

吕文起送兰谱来订盟，当以帖子面交之，以免往返难值：渠生乙卯年十月二十二日。方介庵来。

**初五日，癸巳，廿一**　　春分。晴

林亮周来，旋又偕省议员陈国俊字翰香者同来，乞作一联挽其亡弟。素不识面，可谓奇哉。不得已，为撰一联。为李庆三作一函与孙仲约，交渠面致。

**初六日，甲午，廿二**　　晴

为方介庵序《印谱》。和林襟宇北京寄来《元旦》诗。午后诣方介庵一谈。李庆三来。得上月廿六二号京信，云部事将发表。发第三号京函，开去林襟宇北京阜门外八里庄塔园地址。发黄枚生函，属其双钩四字。

**初七日，乙未，廿三**　　晴

日本拒绝取消"廿一条"，强迫《和约》，并牵及旅大收回案，恐三月廿六号之期未能践行，大动公愤。

吴让之所书篆字《千文》甚佳，有板本。杨沂孙所书《说文》部首并序亦好，有石印本。《崔敬邕碑》可习。林亮周来。

**初八日，丙申，廿四**　　晴

得刘次饶初六函并诗两册，即答一讯。

**初九日，丁酉，廿五**　　晴，骤暖

孩辈上坟。李庆三来。

**初十日，戊戌，廿六**　　晴

以函并诗一首致汪香禅，兼属购笔。以美人体态施之诗，芙杰气魄施之文。

**十一日,己亥,廿七**　　晴

沈、方二人来,林浮汕来。

**十二日,庚子,廿八**　　晴

台州温岭陈谟字嘉猷者来,系温台日报馆编辑员,有乞书大字之说。

**十三日,辛丑,廿九**　　晴

翟楚材来,云有人约同来作诗钟,答以未闻。旋吕文老遣伻通知,说亦相同,订明日十一点钟到。

**十四日,壬寅,三十**　　晴

十一钟时吕文起来,带来酒菜,为我祝寿,谊无可却。少顷,陈仲陶、严琴隐、宋墨庵、黄岱三来。林浮汕、翟楚材来作诗钟,三唱,宴毕而去。未到者龚雪澄。吕意殊殷,菜亦佳,自备素面款之。夜,为代草僧卧云《东游诗稿》序一篇。

**十五日,癸卯,卅一**　　晴

午后诣吕宅,未面。以《诗序》并原诗四册交还之。

**十六日,甲辰,四月一号**　　晴

吕文老送来桑黮酒六瓶,杭州所制。三钟至东山书院与美术会开会,会中止廿馀人,有女员二,甚草草。温台日报馆来函索误登广告费。

**十七日,乙巳,二号**　　晴

清晨至温台日报社,晤主任潘秉文彬甫,算给广告费一元。夜饮鼓楼之乐园,林浮汕之招也。吕未至,在坐为池仲霖、陈、严、周、马及园东吕、王等。是日内子诣吕太太。

**十八日,丙午,三号**　　晴

昨夜得刘次饶函及诗,答函亦附一诗去,《外编》诗两册缴还之。

得李孟楚函,即答之。

**十九日,丁未,四**　　晴

腹疾,小不快。池仲霖知事来谈,意欲学词,商购书籍数种。李孟楚来,云赴厦门,就某校教员。夜微雨。

**二十日,戊申,五**　　晴

各校、各团为抵制日货事游行讲演。得十四、十五日京信两封。

**廿一日,己酉,六**　　晴。清明节

发四号京函,附致刘君冠三一函。又发九铭函,径寄宣外香炉营四条八号。

**廿二日,庚戌,七**　　晴

得刘次饶回函,以王子澄赴福鼎未回,脩金未能即寄。次和吕诗一首交去。

**廿三日,辛亥,八**　　晴

至严日顺,与琴隐乃翁一谈,仲陶亦在彼,旋同至乐园,应马耀夫之招,座客十二人。

**廿四日,壬子,九**　　晴

答诣池仲霖,并晤林荣龙,即卓夫弟也。昨午同席者为仲霖封翁,撰挽联颇佳。下午林君来谈,并及前永嘉知事王琦①吞赈洋万六千元,地方有知者,将举发之,为文起力阻,捐出六千元充公用而事已,其洋亦经用罄。

吕文老来一函,属撰永嘉知事之封翁八十八寿文,答函询以何人具名,或散或骈。

抵制日货自昨日起。

_____

① "王琦"当作"王家琦",民国九年八月至次年八月署理永嘉县知事。

**廿五日，癸丑，十**　　晴

文起函云，寿文用骈，道尹出名，下月初三称祝。为期已迫，即为具稿。严琴隐以诗来。

**廿六日，甲寅，十一**　　微雨，风继起

得刘次饶函，以次和吕诗之稿见商，随答一函。《寿序》二千言已竟，加以修饰，尚惬意。

**廿七日，乙卯，十二**　　晴，风厉

得二十日京信。午后琴隐来，以诗小序见示。以寿文稿并《事略》函缴文起。魏、赖二人来，谈及胡苇南因匿名函失差事大概及浮沚女情状。

**廿八日，丙辰，十三**　　阴，天寒

**廿九日，丁巳，十四**　　阴寒，旋雨

严琴隐来，约至乐园小饮。吕文老来谈，复去。以文献保存会事属严、陈二君，议先将书籍移储。司令部调防江山及处之龙泉，开拔费已商送。

**三十日，戊午，十五**　　雨

以七律一首致二君。假来《石遗诗话》四册。

# 三　月

**初一日，己未，十六**　　阴，旋晴

石遗主张宋诗，而尚未十分攻唐，其于友朋所作，讥弹中病，亦未尝无可取也。得黄枚生复函。

**初二日，庚申，十七**　　晴，夜雷电

**初三日，辛酉，十八**　　雨

宋墨庵函来和诗一首，答函以今日所作七律两首示之。

**初四日，壬戌，十九**　　阴

吕文老面交寿文润洋五十元，云须再撰散行一篇，又云会事不日可送关。发五号京函。司令部兵将均已行。

**初五日，癸亥，二十**　　雨

宋墨庵和七律两首，又以两首及五古一首示之。得刘次饶函，云修羊月尾来。

**初六日，甲子，廿一**　　雨

发刘次饶、黄枚生函。

**初七日，乙丑，廿二**　　雨

林亮周来，约饮乐园，未往。沈□□来，云小南门外程和盛漆店有绵胭脂片出售，每片铜元二枚。

《常州骈体文抄》不录寿序，然此体既不可废，则不能不择其至佳者抄十馀篇以资讽诵，取法愈近愈好。袁之《陶悔轩》，吴之《仓山》，李越缦之《袁太夫》。《六朝金粉》，《唐诗金粉》。

**初八日，丙寅，廿三**　　雨竟日

**初九日，丁卯，廿四**　　雨竟日

拟仿梅伯言选《古文词略》例，删录《骈体文抄》十之五六为《骈体抄略》以为读本，其见于《文选》者似可勿录，以选必不可不读，无烦重出也。

**初十日，戊辰，廿五**　　晴

午后宋墨庵、胡蓉村来。胡为赈米事到此，所谈不甚明白，又云郭啸麓家赀已五百馀万。严琴隐来，龚雪澄来。

**十一日，己巳，廿六**　　雨，阴

又和吕诗一篇，函致之。

**十二日，庚午，廿七**　　阴雨

**十三日,辛未,廿八**　　晴

吕来一函,附黄仲荃《五十自寿》诗十二首,佳者寥寥,所谓"押韵供词"也。诣浮沚,未遇,以《县志》廿八册还之。

**十四日,壬申,廿九**　　晴

俭德会开大会,以偶患眩晕未赴。以石章四方属方介庵刻。

**十五日,癸酉,三十**　　阴,旋晴

得初八日九铭信,即发一函,内附致彭儿第五号函,径寄九寓。林亮周乃弟岐辀来。夜诣翰墨香方冠英饮,吕、林、汪、戴、马、谢诸人同座,月色殊佳。

黄仲荃住乐清西乡高园,以《五十自寿》十二律分送于人。

姚郎中《古文辞类纂》,曾文正《经史百家选》,李申耆《骈体文钞》,张皋闻《七十家赋钞》,袁随园、包安吴、恽子居、王渔洋、姬姚传①,《古今诗选》,沈归愚《古诗源》、《唐诗别裁》,管缄若《读雪山房唐诗钞》各书之序目凡例,抄为一帙,凡十一家,此秘诀,勿传。

**十六日,甲戌,五月一号**　　阴

由中国银行汇大洋三十元寄京,改由明日。

**十七日,乙亥,二号**　　晴

汇洋四十元寄京。发六号京信,快信。又发九铭信,内附致刘冠山函。黄仲荃来,借去《诗比兴笺》二册。

**十八日,丙子,三**　　晴

清晨答诣黄仲荃。午刻吕文老以《驱鬼》七古一篇属为点定,随即评识送还。刘次饶来郡,遣人送来脩羊尾款乙百元。傍晚诣之,未遇。旋赴乐园文老之招,而刘亦至,同座为刘、黄、梅、王、陈及严氏

_____

① "姬姚传"疑为"姚姬传",则下文"十一家"疑为"十家"。

乔梓。散后,偕黄重诣刘邸一谈。以《南北史识小录》十二册付文华堂装靪。刘家平阳西门白石街。得十二日京信。得李孟楚自厦门集美学校来函,云住该校师范部第一百号。

**十九日,丁丑,四　晴**

购来《骈体文抄》一部,以校蜀本,两刻均不佳。傍晚诣池宅,未饮即归。以李龙眠人物立轴一幅交吕文起觅售。

**二十日,戊寅,五　晴**

诣胡监督,谈良久,以所撰各联语就商,并示《戊戌六君子遗集》两册,丁巳年商务馆排字印本,乙元二角,原定系六册。午后谒沈道尹。梅冷生、严琴隐、陈仲陶合招本日晚宴乐园,有沈道尹在,不能不一谒之也。夜饮乐园,同座为沈、胡、王、吕、刘、黄各人。归时大雨。

**廿一日,己卯,六　晴。立夏**

诣方介庵,询助赈会事,云不日由公园移谯楼。

**廿二日,庚辰。七　晴**

夜宴道尹署,同席八人。并答诣马耀夫。是日迎神,极热闹。归时大雨,雷电。吕文起以画轴还。

**廿三日,辛巳,八　晴**

黄枚生来函,以诗八首属改,并索《双溪草堂诗》以便入《志》。

**廿四日,壬午,九　晴**

复黄枚生函,为改定来诗,又为撰诗两篇,并附润格两纸、寿文一纸去。宋墨庵、陈仲陶来。

**廿五日,癸未,十　晴**

诣梅冷生。商务馆丁巳年出版《戊戌六君子遗集》六册,码洋一元二角,八五折,谭氏骈文殊可喜。

**廿六日，甲申，十一**　　晴

诣严琴隐，出王祖源所刻《声调三谱》一册旧本。胡监督来答拜。

**廿七日，乙酉，十二**　　晴

以洋两元托汪香泉购笔。湖南宁乡人程颂万字子大，刻有《楚望阁集》十五卷，诗才瑰丽，官湖北候补道。

**廿八日，丙戌，十三**　　晴

美术会开会于慎社，午后到会，助赈会亦从公园移彼，观者二三十人。吕宅所来字画颇多，内有文湖州竹一幅，不知真假。会员助赈之件亦多，余书扇叶两面，鲁氏两女士亦到，又晤一朱姓字子祥者，即刻黄杨木人物之佳手。

**廿九日，丁亥，十四**　　晴

午后以旧画十轴、大八言对乙付由方介庵交筹赈会陈列所出售，取得收条。

**三十日，戊子，十五**　　晴

胡监督以和吕诗函属商改。黄枚生来函，以前诗尽注本事寄示。

# 四　月

**初一日，己丑，十六**　　晴

改定胡诗送去，旋得来函，极悭，有"相师"之戏，并自称"后学"。傍晚又来一函，易开口四句就商，即答之。

津浦北上火车在山东临城被劫，掳去华人三百馀名、洋人三十馀名，毙洋人一、华人二。

**初二日，庚寅，十七**　　阴

以七律两首送胡榷使。午后微雨。答黄枚生函，留其诗稿以系蔡小秋所画，画法遒丽也。

**初三日，辛卯，十八**　　阴，时漏日光

答李孟楚函，寄厦门集美学校师范部第一百号。得廿七日京快信，所有十五、十七两函暨洋款均到。发七号京函。

香港来沪之招商泰顺船于十一号即三月廿六在途汕港外。被劫，括去现银六万馀，未伤人。盗扮搭客，如前年广大船故事。外人谓中国为"匪世界"，各国议仿庚子年组联军，美总统有"取消承认"之言。报纸纪载临城商订条件事极详，可谓无上耻辱，最奇是当局无一人负责。夜双门外火，旋灭。

**初四日，壬辰，十九**　　晴

阅坡、谷诗，颇有得。

**初五日，癸巳，二十**　　晴

马耀夫来，以诗属改，谓遵胡监督之说。胡旋来一函，和诗二章，并以所撰关署大堂联语见商，为易其右半。夜五马街口火，随熄。

陶靖节、罗江东、谢晞发、元遗山、杨铁崖、刘青田六家专集必备，惟罗稍难得，馀皆易。《罗昭谏集》八卷，张瓒辑刻本，《谗书》五卷拜经楼校本，邵武徐干刻本，现在杭局；《两同书》二卷，续百川本，秘笈。三书拟为合刻。会稽章硕卿合刻《谗书》、《同书》，见《越缦日记》。

**初六日，甲午，廿一**　　雨，旋晴

宋墨庵与同事沈培皋来，沈，绍兴人，生长赣省，父兄皆在政界，满口南昌方音。以监督命其来，以诗就商，为润削数句。晡饮华盖山，应胡使之招，同座为道尹及陈、严、梅及关掾宋、沈、欧、叶诸君，吕

未到。

以诗二首、联一付、烛一对托人带乐清送黄仲荃寿。

**初七日,乙未,廿二**　　雨

为胡使撰联,函致之,并修饰昨所改句。夜五鼓大雷雨。

**初八日,丙申,廿三**　　晴

吕送来夏季脩支票,并嘱撰浴佛日诗。是日杭垣官绅延僧诵经,通省禁屠一日。买蛙、蟮两篰于九山放生。为吕公拟七古三十韵。

**初九日,丁酉,廿四**　　晴

清晨诣吕谈垦放局事,渠云此事易成,在杭经三元坊德康钱庄即糖捐总局,十一日登舟。

发八号京信。午刻大雷雨一阵。遣佛官至实业银行支洋,傍晚未回,询之该行,云已付出。

得廿九北京快信,云部事已发表,擢派秘书处办事。此次发表十馀员,甄用合格六十八员,中只一员回部,可谓十分难事。又得保荐任职,已交铨叙局核议,亦出意外,此两事差快意。杭覆电,云永嘉不设垦放分局。

佛官至夜不归,四出寻之,并遍觅于平阳、嘉和两船,皆未见,两船均当夜开。得黄仲荃回函。

**初十日,戊戌,廿五**　　阴

清晨至晏公殿巷同华客栈佛官同学往来最密之吴成家诘问,吴成已出,其父未见,其母云,昨日六点钟时佛官到彼睡一觉行,伊子款以面点,行时十钟,并送路菜雇车上轮等语,馀言含糊。午刻吴城来寓,所说稍歧异,而在伊处上车出门之说则同。神色仓皇,言皆不实。四钟时亲诣警察局拜局长,告以一切,请其派查。局长陈伟芳,字旭东,台州黄岩路桥人,新到差者。傍晚已派八人到该栈,男东王某躲避,女东支吾,吴城莫措一词,未审如何。女东年三十馀,前夫吴姓,充轿夫,改嫁王某,吴城乃前夫之子,客栈之兼女闾者,以该处及周泰兴为最著。夜,有一永嘉人陈翼云来,自称省议员而无名片,谓商业校长夏君托伊来询情形,当详告之。校长为吴城说话,其所以然不待言也。不及志高踪迹,足见其心理。

吕文老来,云登舟尚需二三日,当以京电告之,渠亦云省门有电致王渡,谓已连。又以徐君天月《观瀑图》手卷属撰句。

**十一日,己亥,廿六** 晴

午刻陈翼云、吴成同来,云初十夜志高曾与新河街天寿堂药店店东之子某谈话,是未出境云云。

**十二日,庚子,廿七** 阴

为吕代拟一诗,并手卷送还,知于昨夜登舟赴杭矣。

**十三日,辛丑,廿八** 阴,天气凉,时有微雨

得沈培皋函及印件二纸。函问警局,傍晚得回音,为同华开脱,其意可知。

**十四日,壬寅,廿九** 晴

又至警局与陈局长面谈,请其派警协同该栈密侦。发第九号京信,详告一切。

**十五日,癸卯,三十** 阴

答诣沈培皋,未面。下午雨。

**十六日,甲辰,卅一** 晴,旋大雨

得初十日京信,云部令已下,薪水未批,本部人员初八日起全体罢工。

**十七日,乙巳,六月一号** 阴

黄仲荃来,以《诗比兴笺》见还,约晚间饮乐园。胡监督来函,以

联语二属改,改就还之。夜赴约,同座十二人。

**十八日,丙午,二** 阴

发章一山函,嘱代索《王荆公集》。发第十号京函。李孟楚自厦放假回,赠燕菜二两。

**十九日,丁未,三** 阴

黄仲荃、朱复戡同来。

**二十日,戊申,四** 晴

宋墨庵来,欲借姚梅伯文,旋以《复庄文榷》四册借之,并以《戊戌六君遗集》二册还胡监督。

得北京十五日快信,云浙中回信尚好,所去初九日函亦到。发十一号京函。

**廿一日,己酉,五** 晴

诣隔壁沈仲辉一谈,人颇了亮。宋墨庵见赠七律一首,索和并索书扇。

**廿二日,庚戌,六** 晴

和就宋诗,写入扇内交还。下午郑坎园偕一处州碧湖人林作栋来。林年廿馀,素不相识,谈及丽水电灯颇盛,办公司者为温州人陈某,好结交官场。

**廿三日,辛亥,七** 晴

十八日《申报》有京电,云豫安阳、内黄间匪首朱迪华自称崇祯八世孙,在神伯顶山大举义旗,并贴"大明文治元年"文告;又有魏存义自称开国大元帅,党羽甚众,二十四日淇县兵变与此匪有关。洛吴密电保曹,直、豫各派若干军队兜剿朱、魏。午刻微见冰雹。

**廿四日,壬子,八** 雨

**廿五日,癸丑,九** 晴

接十九午、晚京信两函,云部员已开工,保案已索凭照去,即日可成。发十二号京函。

**廿六日,甲寅,十**　　晴

**廿七日,乙卯,十一**　　晴

下午在沈宅剧谈。得章一山答函。

**廿八日,丙辰,十二**　　晴

汪香泉交来代买湖笔八枝,乃是兼毫。

**廿九日,丁巳,十三**　　晴

陈仲陶妇翁王廷玉朝瑞以诗索和,以纸乞书,素未识荆,亦鹘突矣。

# 五　月

**初一日,戊午,十四**　　晴

为王君书屏条,并和一诗,函仲陶转交,并还其《石遗诗话》四册。胡监督送来枇杷、肉粽。

**初二日,己未,十五**　　晴

发十三号京函,附剪报二方。关署沈培皋来,出监督所赠润笔廿元,属为代作七律四首,送沈道尹之兄字子木者七十双寿。将洋却还,沈不肯持回。

**初三日,庚申,十六**　　晴

为胡公撰就四诗,并原洋函致关署,并送食物两件,收一件,回信仍将原洋交来。得廿五京函,云薪水七十元已批出,大家一律。又云北通州白姓姻事。即发十四号信。下午近晡,雷电大雨,不久即止。

**初四日,辛酉,十七**　　雨,蒸闷,成梅天

**初五日,壬戌,十八**　　晴

发十五号京函。端午节,得七律一首。得廿六日京函,系接二十日去信者。

阅报,黎元洪被迫于廿九下午出京到津,时军官索印未得,兵围车站,至初一日晨得京电,印已由其三夫人在法医院交出,始放走回寓。种种情形,报纸皆详极,未闻之恶剧矣。

**初六日,癸亥,十九**　　雨

梅天气候,不适起居。

**初七日,甲子,二十**　　雨,时见日

胡监督以纨扇属写近诗。发十六号京信,附剪报去。

**初八日,乙丑,廿一**　　晴,天气蒸炎

午刻霹雳陡起,西北隅大雨,一阵即止。傍晚赤虹现东南方。得初三京信及眼药两瓶,系接到廿五去函所发者。

**初九日,丙寅,廿二**　　梅天,忽晴忽雨

发十七号京信。是日夏至。

**初十日,丁卯,廿三**　　晴,天气剧佳

胡监督来,剀谈时局及家务。玉兰、紫薇、珠兰、茉莉、栀子及美人蕉,皆夏天花品之佳者,荷蕖无论矣。纪阮二文达、曾文正集当熟玩。

**十一日,戊辰,廿四**　　阴

沈培皋以诗二首函请改削,即为斟酌还之。

**十二日,己巳,廿五**　　阴晴不定

发刘翰怡函,索书两种,附致白道文一函,询其从兄情形。

**十三日,庚午,廿六**　　晴

宋墨庵来,谈及渠曾买得《山谷诗集》三家注刻本三四十册,只

费两元，注列诗后，同为大字，甚便于读，想即江西局板也。又云吴炯斋《晋书补注》已成，亦数十册，此与王之《汉书》、柯之《元史》，未知何如。方介庵来，乞书扇，即为挥毫。《墨子间诂》商务馆印本胜原刻本。午后霹雳自西北起，雨一阵。

**十四日，辛未，廿七**　　晴

**十五日，壬申，廿八**　　晴，午后大雷雨

方君以寄售画轴见还。

**十六日，癸酉，廿九**　　晴

周仲明招饮，却之。

**十七日，甲戌，三十**　　阴

方、沈二人来。诣胡监督谈，并答宋墨庵。胡不日赴沪，住赫德路五十号新屋。

**十八日，乙亥，七月一号**　　晴

严琴隐来。得十三日京信，去信已收到初五日所发。发十八号京函。

**十九日，丙子，二号**　　晴

清晨吕文起来，盖昨日归自杭也。云欲组织商会选举事，上海数人已同意，属为具稿，只谈此事，馀皆未及。阅十五日《申报》，则上海总会已于十三下午议有八条矣。夜以函告吕。方介庵以代买兼毫笔来，又另送羊毫三枝。

**二十日，丁丑，三号**　　阴雨

傍晚吕来一函，云月初赴沪，明日下午来。

**廿一日，戊寅，四号**　　阴雨，蒸闷

傍晚吕文起来，云已发函致上海商会虞洽卿力荐，今晚或眀朝发电赞成。又云胡监督濒行再三托其转致，谓秋节回时定当延订，

并有华盖山碑属撰，已命署中详开事略。据此，则延订成预约，兼有中人，似非空谈。

**廿二日，己卯，五**　　晴，日光如灼

见上海商会选出自治委员名单三十五人，不值一噱，甚矣，吕之易欺也。

清宫于十四夜大火，至次日始止，焚去房屋数百间，历代帝像、宝物、书板均尽，所损在一千万以外，古玩三千馀件只存三百馀件。闻由内监窃卖，放火灭迹。同时老醇王府亦火。

**廿三日，庚辰，六**　　晴，天气蒸闷不可耐

**廿四日，辛巳，七**　　晴

得白道文自北京七月二号回信，已在印铸局参事上任事，兼盐务署佥事上任事，久去上海，前信由刘翰怡转寄，所言伊从兄曾烜字幼芝及侄女事颇详。渠住前门外施家胡同通运京号。

关署咨议叶鸿翰墨卿来，为华盖山工程事嘱为胡监督撰文，告以与吕商量。

**廿五日，壬午，八**　　晴

发十九号京函，内附白君信及又致白信各一件，剪报一方。

**廿六日，癸未，九**　　晴

清晨叶墨卿来，云华盖山碑吕文起建而请余撰文。为草一篇送交叶君，此《记》虽不过四百字，颇惬心也。得刘翰怡复函，云《荆公文注》尚未刻成。即发一函，嘱其书件交胡寓便寄。

**廿七日，甲申，十**　　晴

周孟由来，以蕅益大师《灵峰宗论》十册、又黄庆澜《初机净业指南》一册、阳复斋江谦《赞净土书》一纸见赠。又云，赤小豆能治脚气。午刻小雨，即止。

**廿八日,乙酉,十一** 晴

字之异形异音而同义,阅《别雅》一书而假借之法明矣,助以《骈雅》,则读古书皆迎刃而解。

**廿九日,丙戌,十二** 阴,夜雷电而雨

**三十日,丁亥,十三** 阴,梅天

夜三更后内子发寒热甚重,直至天明。

# 六 月

**初一日,戊子,十四** 雨

发上海胡监督函。

**初二日,己丑,十五** 阴,天凉

**初三日,庚寅,十六** 阴

新来同居陈筹,字胜帷,玉环人;韦雍良,字珠辉,东阳人;郑麟,字志强,杭县人:均携眷入屋。陈为第一旅司令部副官,郑为书记。

得廿五日京信,去信接至十八号。以洋一元交房东老四至杭买邵芝岩笔。发二十号京函。以大板金批《水浒》、《阅微草堂》卅二册嘱文华堂重订。

**初四日,辛卯,十七** 阴晴不定

以地理书十三部赠文华堂店东,另以三十二部交其代售,定价极廉,约廿元内外。

**初五日,壬辰,十八** 阴,时漏日光

以书五十一种二百七十一册助入永嘉图书馆。

房东杨馨山四子:长杨智,字卜尘;次杨国梁,字兆芳,现充骑兵营营附;三杨怀周,字知节,现在杭县留下;四杨起,字志由。通信处:

杭城法院街骑兵营营本部杨国梁。此间经理房屋人大士门口刘合顺酒坊内刘顺发。

林亮周来,云统捐局长徐澄秋欲来拜,为之达意。下午徐与叶墨卿、林亮周同①。徐名麟祥,宜兴人。夜饮楼上,新同居陈君所招也。

**初六日,癸巳,十九**　　　晴

午后答诣吕、叶、徐,吕、徐外出,未面,叶略谈。并诣杨澹峰,谈良久,见《新乐府》二篇,殊佳。掘来雁来红一株。叶开怀古斋篆刻店,拟刻一印,曰"半偈之半"。

**初七日,甲午,二十**　　　晴,旋阴

诣翰墨林纸店。下午雨。

**初八日,乙未,廿一**　　　晴

吕文起来。房东杨馨山率眷登轮赴杭。夜见月色。

阅贺永新《诗筏》一册,皆古今诗评,见解高超,应录入王、姚《古今诗选》内,为方植之先声。宁化李氏《寒支集》与贺氏集可并读,皆遗民之不朽者。

**初九日,丙申,廿二**　　　阴晴不定

**初十日,丁酉,廿三**　　　晴

杨淡峰来,吕文起、吴璧华同来。林亮周来。

**十一日,戊戌,廿四**　　　晴

大暑节。潘房东老四来,从杭垣医校暑假归也。林、叶介绍统捐局长徐翔麟②澄秋来谈。

---

① "同"下疑脱"来"字。
② "翔麟",疑为"麟翔"。

**十二日,己亥,廿五**　　阴晴不定,飞雨时至

下午答诣吕、叶、徐,吕、徐均未面。又诣杨园。

**十三日,庚子,廿六**　　阴晴不定

杨淡峰来。

**十四日,辛丑,廿七**　　晴

林家以孙满月请女客,未去。

**十五日,壬寅,廿八**　　晴,旋阴

夜陈叔咸来,出示沪电。

**十六日,癸卯,廿九**　　晴

忽发寒热,兼以腹泻。

**十七日,甲辰,三十**　　晴

得初十日京函及眼药十丸。又得初二日杨房东馨山自杭来信。发廿乙号京函。

**十八日,乙巳,卅一**　　晴

连日寒热不清,而热较重,延杨伯畴诊。

**十九日,丙午,八月一号**　　晴

浑身刮透。

**二十日,丁未,二号**　　晴

两日热透,汗透,病势稍解。

**廿一日,戊申,三**　　晴

两三日来,暑甚。林、严二人来,方生来。

**廿二日,己酉,四**　　晴

午刻接十六日京信,云保案核定,现请分发本部。夜初更后,佛官忽归,云归自沪,并无行李。又云在怡和洋行充大写,一派胡活。并谓住英界苏州路青年会寄宿舍,未及细诘。陈季孚来。

**廿三日, 庚戌, 五**　　　晴

发廿二号京信, 详告一切。午后又得十八日京函, 云保案分部尚须迁延一二十天。随手发廿三号信。陈叔咸来, 正熟睡, 未面。

**廿四日, 辛亥, 六**　　　晴

清晨忽一自上海来寻佛官, 姓李, 名涨, 字渭春, 常熟人。佛官不敢出见, 知有跷蹊。询知即发电具名之李涡, 叙及与佛官如何相遇及送院治病、打电、发信, 并同船来温至瑞安, 又从瑞安转辗访问到此各情。证实佛官所说完全捏造, 又诬骗李氏至此, 可谓坏极。当觅其对质, 而已不知所往。不得已, 好为安慰李姓, 许为设法川赀俾归。于是质去女皮衣三件, 给以八元。伊亦无多要求, 深自悔恨而已。以永宁船须明午开, 送往旅馆, 以无行李, 均不肯收, 不得已, 留寓招待, 以其受累, 殊可怜也。

吕文起来看吾病, 略坐即去。沈仲纬来, 未晤, 盖从上海归也。

**廿五日, 壬子, 七**　　　阴

清晨九钟老汤送李姓上永宁船, 李云充中国电报生, 开有上海住址。发廿四号京函。下午东北风大作, 李姓复来寓, 云船客尽去, 船不能开。不得已, 仍留之。入夜风愈厉。是日又延杨医一诊。

**廿六日, 癸丑, 八**　　　风稍平, 雨未止, 骤凉

**廿七日, 甲寅, 九**　　　晴

李姓于十钟时移往招商马头客栈, 候广济明日到, 取行李后再走, 借去被、席各一条。发廿五号京信, 内附致九铭一函, 飞鲸今日开也。刘冠山、林亮周来。

**廿八日, 乙卯, 十**　　　阴晴不定, 夜三鼓风雨又大作

**廿九日, 丙辰, 十一**　　　风猛雨急

房房皆漏, 甚于廿五日, 入夜稍宁。

# 七　月

**初一日，丁巳，十二号**　　风息，雨尚未止，亦不大。午后阴

**初二日，戊午，十三**　　阴

邮致一函问吕文起病，并告以仆姬俱病，无人供役。傍晚得回信，派一轿夫来差遣，并送秋季脩洋。因天气似放晴，遣其人回。连日阅《灵峰宗论》，大有所得，惜第四册为雨坏烂，尚须另觅。

**初三日，己未，十四**　　晴

得上月十九北京快信，盖广济船因风迟迟也。旋又得廿一日京信。发廿六号京函。陈叔咸来。夜，李姓送被、席来，云附广济回沪，以川赀竭，又借四元。

**初四日，庚申，十五**　　晴

广济开。邮一函致文起，说水陆道场事。周孟由来谈，许为再觅《灵峰宗论》。方介庵来。室人夜又发寒热。

**初五日，辛酉，十六**　　阴晴不定

得吕答函，云九山已建道场。

**初六日，壬戌，十七**　　阴雨，旋又日出

宋墨庵来，并带来刘翰怡所送书十九种。胡监督属撰吴昌硕八十寿联，即为拟就，函宋转寄。旋得宋函，以寿诗就商。林亮周来。

**初七日，癸亥，十八**　　阴

得六月廿三京信，云保案指令半月内可下，尚只接到此间十七去函也。为宋酌定诗稿，又得一联，并录交去。诣文起略谈，病后，以吃蟛蜞复发，尚未大愈。

**初八日，甲子，十九**　　晴，偶有飞雨

得三十日京函，说黄叔清家庭事，廿三以后各信尚未到，必因风

阻也。

**初九日,乙丑,二十**　　　晴

**初十日,丙寅,廿一**　　　晴

**十一日,丁卯,廿二**　　　晴

连日晒书,并加印记,颇觉困惫。

**十二日,戊辰,廿三**　　　晴

撰文一篇,为《古文关系学术存亡论》。

**十三日,己巳,廿四**　　　晴,热极,为入伏来第一日

林亮周来。

**十四日,庚午,廿五**　　　晴,热

吕文起略谈道尹事。

**十五日,辛未,廿六**　　　晴,热极

撰《刘太夫人八十寿序》一篇,寄遂昌县龚知事。林亮周来,以徐澄秋扇叶属书。夜月食。得五律两首。

**十六日,壬申,廿七**　　　晴

得初四日京信,去信收至廿五号。吕文起函属撰某公寿诗。

**十七日,癸酉,廿八**　　　晴

答吕函,附长古一篇。林亮周来,以徐扇付之。

**十八日,甲戌,廿九**　　　晴

又发一函致吕,为艺文学校事。

**十九日,乙亥,三十**　　　阴,微雨

得吕复函。林亮周来。

**二十日,丙子,卅一**　　　阴,傍晚大雨,入夜又雨

**廿一日,丁丑,九月一号**　　　似有晴意

得五、七律各一首。李孟楚来,云明日飞鲸赴沪,仍诣厦门。下

午震雷陡起一声，雨不大。得黄枚生函，并笑秋女史所画屏、筐各一件，又以《陆顾氏纪事》长歌属改。林亮周来，出示信稿。

**廿二日，戊寅，二号　　晴**

答枚生函，为斟酌诗稿，并以赵书《洛神赋》拓本酬笑秋，陈去一诗。新订《历代舆地沿革险要图》有孙璧《集选句序》一篇殊佳。以石章两方付印人。

**廿三日，己卯，三　　晴，热甚**

闽人郭弼臣来，谈陈、叶等亏款逃匿事及小麓近况。林亮周来，述道署书记所言事。美官仍入吉士小学，本日上课。拟刻一印，曰"是乡侨隐西江诒痴符"。

**廿四日，庚辰，四　　雨**

下午道署送来关书一件，聘任顾问。

**廿五日，辛巳，五　　晴**

晨诣道尹，以病未见。诣周孟由、吕文起一谈，据吕云，顾问脩金不丰，关署必有正当局面。又云前所撰钱总理太夫人挽联已得谢函，有"友函称最"为冠冕，吕极高兴。林亮周来，代检察厅曹某乞书直条。发廿七号京信。吕又来谈。

**廿六日，壬午，六　　晴**

成《戒杀放生说》一篇，函致文起。得十九日京信。报登日本东京风后地震，大火为灾，一时八十馀处，焚四万户，人口财产不可数计，为从来所无云云。林亮周来。

**廿七日，癸未，七　　晴**

阅朱鼎甫侍御《佩弦斋集》，中多精语，自云"史学胜于经学，只畏钱竹汀，而与王西庄并驱"。汪曰桢《四声切韵表补正》、龙启瑞《古韵通说》两书为研今韵、古韵所必备。《诗经注疏》分解毛、郑之异义,其训诂名物甚详,须得扬州局刻大字本。商务馆《左传菁华录》六册,六角,侯官吴曾祺编,可看。《礼记菁华录》四册,四角五分,未见。

**廿八日,甲申,八**　　晴

得遂昌知事回信。翁注《困学纪闻》,黄氏集释《日知录》,《养新录》,《过庭录》,宋翔凤《浮溪精舍丛书》。

**廿九日,乙酉,九**　　晴

下午出街看屋。

**三十日,丙戌,十**　　晴

方介庵送图章来。拟摘录《聪训斋语》、《澄怀园语》、曾文正公《日记》《家书》中精语为一帙。

# 八　月

**初一日,丁亥,十一**　　阴

巳午间第一桥失火,焚大街数十间。下午谒沈道尹略谈。夜雨。

**初二日,戊子,十二**　　阴

道尹送来宋氏所撰古文一稿属改削,即为改就送去。

**初三日,己丑,十三**　　晴

屈虞臣来。

**初四日,庚寅,十四**　　晴

湖南杨性农选《国朝古文正的》,专取高古深厚之文,而凡谈性理、言考据、近公牍者则置之,篇各有评,李次青序盛称之。

茅鹿门、储在陆、汪遥喜、沈归愚各选本。林西仲《古文析义》最劣。宋牧仲三家，徐凤辉二十四家，王惕甫十家，陆祁生七家，石琢堂十家。李钦之、朱兰坡、姚春木之《文录》《文钞》皆本朝文。贺氏《经世文编》以政术为主，姚氏《文录》以明道为主，朱氏《汇钞》以存人为主，李次青《国朝先正文略》自序语。

按：古文选本，尚有浦氏《古文眉诠》、于氏《分编集评》，均佳；过氏《古文释义》、蔡氏《古文雅正》、吴氏《古文观止》、某氏《古文翼》、金圣叹《才子必读》、程氏《八家约编》、陈氏《八家评本》，亦好；选本朝文尚有《切问斋文编》、《湖海文传》、《易堂十三子文》等。

吕东莱《古文关键》、楼迂斋《古文标注》、真西山《文章正宗》、谢叠山《文章轨范》，皆宋人编；《渊鉴斋》、《唐宋文醇》，皆钦定；最近则曾文正本，王先谦、黎庶昌两本，杨性农本，盛宣怀本，葛氏本；明钟伯敬陈□，王或庵昆绳评本，梅伯言《古文词略》，朱氏《古文一隅》。

刘项宣偕谢德铭字剑秋、李渼字佩秋者来。李，湖南人，省派查灾委员；谢，乐清人，甲种商业校长。

**初五日，辛卯，十五　　晴**

书法拟效张得天、翁瓶庵两家而兼顾郭兰石、张诗舲、刘詹岩、孙止园、沈仲复、王莲生，其铁冶亭、邓完白、郑板桥手迹、碑帖亦须参玩。

**初六日，壬辰，十六　　晴**

以何猿叟临本《张迁碑》一册赠方介庵，又以洋四元托其购印泥。

**初七日，癸巳，十七**

吕文起来谈，属撰对联两付。旋即拟就，函致。

**初八日，甲午，十八　　晴**

两日复阅《广艺舟双楫》，服其见解之高，议论亦允，必传之作。

**初九日,乙未,十九**　　晴

得初四日京信,即发廿八号函。文华堂店东云,统捐局长要买书,持一单来。

**初十日,丙申,二十**　　晴

书估取去书五十种,退回一种。以书帖共五种赠杨伯畴。

**十一日,丁酉,廿一**　　晴

又取书七种去。黎元洪初一到沪。张勋初二殁于天津。

**十二日,戊戌,廿二**　　晴

交来书价洋六十七元,当以三元给经手书估。由邮局汇洋四十元至京。以《芬陀利室词》二册赠陈仲陶。又另发三十号京信。

**十三日,己亥,廿三**　　晴

以七律一首为道尹寿。下午送来阳历九月分顾问薪二十元。

**十四日,庚子,廿四**　　晴

方介庵来,又以大石章两方属刻。给道署节下号房开销乙元。陈仲陶以《围炉诗话》两册假观。入夜月色极佳。发张云雷函,寄虹桥居士林。

**十五日,辛丑,廿五**　　阴,微雨旋止,夜不见月

得五律一,七律三。

**十六日,壬寅,廿六**　　晴

诣翰墨林买纸,定印仿单,并刻印格。索来《宗教大同会传布单》稿一张,荒谬绝伦。

**十七日,癸卯,廿七**　　晴

诣隔壁沈宅一谈。下午刘凤轩、沈仲纬来。

**十八日,甲辰,廿八**　　晴

魏吉士来,云移居南门外前河卅二号。

**十九日，乙巳，廿九**　　晴

以洋两元函托沈仲纬至沪购信封乙千个。飞鲸船载回侨日难民不少。

**二十日，丙午，三十**　　阴

**廿一日，丁未，十月一号**　　阴，微雨，夜大雨

魏吉士来。沈宅遣一牙郎严姓来言屋事。

**廿二日，戊申，二号**　　阴，渐凉

得十四日京函，云部薪发三月分七成，而伊薪水由四月分调秘书起仅借支四月分二成洋十四元，亦旷古所未闻矣。

古文以脱去桐城门户，并不落八家窠臼为高，拟选本朝人数家为《从所好编》，如汪容甫、恽子居、梅伯言、包安吴、吴挚甫、袁随园、杭大宗、龚定庵、李穆堂、张廉卿、曾文正、李次青、黎莼斋、康南海等皆好，梅、吴、曾虽宗桐城，而不墨守归、方者也。彭躬庵、王于一全集皆不易得。公牍批判则胡文忠、张文襄、樊增祥，书启则王壬秋、何廉昉、吴挚甫，李元仲《寒支集》别调。王于一、侯朝宗两家合看，有谓佳者，尚不脱小说习。

王弇州《四部稿》当觅一部，为捉刀人设客曲应酬之蓝本。

**廿三日，己酉，三**　　晴

文华堂取去书九种。

**廿四日，庚戌，四**　　晴

**廿五日，辛亥，五**　　晴

书价八元十角交来，售去七部。

**廿六日，壬子，六**　　晴

清晨上街买来铁纱食厨乙具、粗磁痰盂乙对、镜台两架，共花六元之谱。得十九日京信，云洋已收到。

**廿七日,癸丑,七**　　晴

发卅乙号京信。林亮周来。

**廿八日,甲寅,八**　　晴

以七律一首致徐君澄秋,颂其太夫人重九七十寿也。上街买来
《淮南子》一部。

**廿九日,乙卯,九**　　晴

# 九　月

**初一日,丙辰,十号**　　晴

宋、陈、严三子来。得刘次饶函,为县署科长江陵罗君君玉希伦
索题《贝叶罗汉像图》,并抄示七律五首。据云此君善石庵体书,曾
鬻书于沪。方介庵交来石章一付并代买印泥一匣,补以邮费两角。

**初二日,丁巳,十一**　　晴

撰《题图》七古一篇,函致次饶。

报登贿选总统竟于廿五日成功,沪、浙各公团多数宣言反对,众
议员浙人邵彭瑞将五千元支票印出,具控于天津检察厅,厅中已给
正式收据。

时人各有数票,惟徐、黎一票无之。大选会签到五百九十三人,
投票五百七十八,曹以四百八十票当选。孙文三十三票,唐继尧二
零票,岑春煊八,段祺瑞七,吴佩孚五,卢永祥五,王家襄、陆荣廷各
二,张作霖、王士珍、李盛铎、汪兆铭、谭延闿、严修、唐绍仪、谷钟秀、
张绍曾各一,陈炯明二,废票十二,共八十七。并四百八十,总共五
百六十七票,与五百七十八票不符,差十一票。

宪法亦于同日宣布。

**初三日,戊午,十二** 晴

宋、陈、严三人来。

**初四日,己未,十三** 晴

严琴隐来函,云欲组织学会。夜雨。

**初五日,庚申,十四** 阴,旋晴

答严一函,附去七绝四首。夜饮林浮泟处,客甚多,乃生孙三个月宴客也。

**初六日,辛酉,十五** 晴

**初七日,壬戌,十六** 晴

董祥来,云在金华充看守所长。带来高金甫所送火腿乙个,伊亦送乙只。

**初八日,癸亥,十七** 晴

赖、屈二人来,赖谈鳌江火灾事甚详。

**初九日,甲子,十八** 晴

下午刘次饶来,知东山瓯社秋祭事。闻胡监督回署。

**初十日,乙丑,十九** 晴

诣胡处略谈,渠亟欲赴税务司也。并晤宋墨庵。下午严琴隐来。夜微雨。

**十一日,丙寅,二十** 晴

得初五日京信,即发卅二号京函。又发九铭函,寄香炉营四条八号。胡监督来答拜。

**十二日,丁卯,廿乙** 晴

为撰致张远伯总长函稿。

**十三日,戊辰,廿二** 阴

伤风,小不快。发卅三号北京快信,内附致张函。

**十四日,己巳,廿三**　　晴

马耀夫来。夜雨。

**十五日,庚午,廿四**　　晴

吕文起来,不谈胡事,详言梅冷生所出《瓯潮》第一条,即讥侮文献保存会事。据云此事破坏在伊一人,又及郑姜门事。

午后,诣许乙仙一谈。诣任公衡,未面。诣严琴隐,谈学生焚货事颇详。

**十六日,辛未,廿五**　　晴

答诣吴璧华,未晤。诣黄子芬算八字。便诣林浮汇,未晤。成《鹿城纪事》五古卅六韵。曹下令裁员,限乙月办竣,写有《条陈》七项。贿选出席、不出席议员名单尽数揭宣。

**十七日,壬申,廿六**　　晴

**十八日,癸酉,廿七**　　雨

得十一京信,说裁员事。即发卅四号京函。

**十九日,甲戌,廿八**　　晴

大士诞。清晨,诣吕文起一谈。下午雨。

**二十日,乙亥,廿九**　　晴

取来阳历十月分道署顾问脩二十元。

**廿一日,丙子,三十**　　晴

诣翰墨林,并至《申报》分馆。夜雨,雷作。

**廿二日,丁丑,卅一**　　阴

马耀夫来,以条幅四张属书。

**廿三日,戊寅,十一月一号**　　晴

沈仲纬交来代买信封乙千个。

**廿四日,己卯,二**　　晴

售去赵㧑叔画一幅,只二十元,以两元给经手人。

　　方介庵、周孟由来，又以《灵峰宗论》十册并他书两册见惠，当以石印《董香光帖》四册报之。吕文起来，说烟酒公卖局将更动事，又云胡监督事，并以和粤东黄君九日诗属为代撰，即为撰就函致。

　　以研三方、水池花瓶各一、玉器八、牙章一，共十四件交方介庵代售。取具收条。

　　**廿五日，庚辰，三**　　晴

　　**廿六日，辛巳，四**　　晴

　　**廿七日，壬午，五**　　晴

　　慎社秋集。应严琴隐之招，至彼午饭，胡、吕二公均到，到者约廿人，欲作诗钟未果，胡监督出示和马诗。

　　**廿八日，癸未，六**　　晴

　　用胡监督韵作七律二首致之。为章吉士改定《哀启》，便交马耀夫带去。陈仲陶以骈文一篇见示，为评识归之。

　　**廿九日，甲申，七**　　阴

　　午后诣杨园看菊花，澹峰谈焚毁日货事颇详，并借来《瓯声周报》一看。严琴隐以社集分得步字韵属为诗，又以《宋诗纪事》十二册见假，只半部也。

　　以五古一首交社卷，以五律一首致澹峰，并送报纸，渠附七律一章来。付七、八、九三个月《瓯海公报》报价。

# 十　月

　　**初一日，乙酉，八**　　晴

　　得九月廿四日京信，云张函已投，尚未之见，渠住东安门内骑河楼西口。和杨一诗。

**初二日,丙戌,九**　　晴

作《送鬼篇》七古一首。方、沈二人来。

**初三日,丁亥,十**　　晴

诣严琴隐一谈。胡监督以慎社分韵七排一章函属润饰,为改数句交还。闻张知事昨夜以疫殂。影写双钩所用之纸名曰"栲贝",每一大张铜版三枚。

**初四日,戊子,十一**　　晴

发刘次饶函。闻汪香泉初二夜死,张知事亦死。九月二十六日为杭州革命成功之日。

**初五日,己丑,十二**　　晴

吕文老来,面交冬季脩。午后诣道尹一谈。又诣监督久谈,以咨议关书面致,月送夫马费廿元,如道署之数,不无少补。青田人徐姓同居本日入屋。

**初六日,庚寅,十三**　　晴

以函致吕文起。发卅五号京信。发杨房东函,寄杭州。赖可恒来,闻统捐及永嘉知事委人事。

**初七日,辛卯,十四**　　晴

得初三日京信。沈培皋函,乞改诗。

**初八日,壬辰,十五**　　晴

得刘次饶复函及诗。夜雨。

**初九日,癸巳,十六**　　晴

发刘次饶函。严琴隐来。刻就诗笺板,四角。

**初十日,甲午,十七**　　晴,暖甚

杨园招饮,到者只六七人。老少年系直根,入土宜深,又宜半阴半阳地面,记之。

**十一日,乙未,十八**　　阴

和许乙仙一诗,函致之,以原唱殊佳也。

**十二日,丙申,十九**　　晴

诣严琴隐一谈。林亮周来。

**十三日,丁酉,二十**　　晴

方介庵送来石章一方。

**十四日,戊戌,廿一**　　晴

取回定印诗笺六百纸。夜雨。

**十五日,己亥,廿二**　　阴

胡监督来,出《寿吕文老》七律一首见示,极浑成。属和其韵,云祝期定下月初一,并演剧,公份分三级。午后晴。沈培皋来,云道尹与监督商定须做寿文,特以见委,写廿元,作卅元,嘱一手任之。辞以目昏,不能书,作则如命,旋函索吕公事略。继闻新任永邑知事已到,又函吕公为彭儿荐一馆。傍晚吕来谈寿文事,极喜,并属代撰自寿诗五六首综叙平生,惟不欲演剧,尚须商量。馆事许为说项,并拟拉沈、胡二人帮忙。

**十六日,庚子,廿三**　　晴

清晨又函催索事略,再托馆事,吕已外出。诣打锣桥军装局旧址第五号岳宅看屋,即潘房东戚也。傍晚得刘次饶函,和我五律四首,又示以《南唐杂感》十四绝句,多佳篇。夜灯无聊,复用前韵作四律,又一律与黄枚生,写就已二更矣。午刻周孟由来,约往听某僧讲经,答以明日去。

**十七日,辛丑,廿四**　　晴

发刘次饶函。

**十八日,壬寅,廿五**　　晴

僧卧云来,传冒鹤亭语,以近诗一册见赠,盖彼新从京口来也。

发冒公函,附诗稿、仿单各件,寄镇江江边公馆,与超岸寺相近。

**十九日,癸卯,廿六**　　晴

又发冒鹤亭函,附诗。下午诣关署,未见面。沈培皋来,以督署参谋长周凤岐母夫人八十做寿《征启》来属制骈文。张故知事家口是日回里。吕文老亲交《事略》来,并谈县署馆事未谐,将如沈、胡两处办法。并以张省长堂庆属撰一诗,又代道尹一诗。

**二十日,甲辰,廿七**　　晴

吕文老《寿序》脱稿,午刻送阅。夜为吕作《自寿感怀》七律四首。徐知事接篆。清晨为吕、沈各撰《寿诗》七律各一。吕文老交来《序》稿,殊惬意,商添一段,删去一段。午后备幛、联等六色送文老,并缴去各件。只收联对,馀未收。

致沈培皋函,交去吕氏寿文稿,并附仿单两纸。马耀夫、林亮周先后来。得黄枚生函并洋十元,误以余今年七十寿而致送也。附来五古一首,颇类选体。

**廿一日,乙巳,廿八**　　阴

发黄枚生答函。严琴隐来,借去重刊《汇刻书目》廿册,旋交来。见假《尚友录》六小册,《宋诗纪事》又十册。叶墨卿来,云徐澄秋托撰谢寿函稿。

沈培皋来,交来阳历十一月分关署夫马费廿元,又以删改寿文稿见示。道署夫马费廿元亦经取来,其第一科科员沈之杰字越凡以联属书。夜函叶墨卿,交去撰件。二更后商会后面火。

**廿二日,丙午,廿九**　　晴

诣吕文老拜寿,已出避,寂无举动。遇卧云法师。与瓯海公报主任王云龙略谈。便至县署一贺,未面。下午王云龙、卧云僧同来,卧云以诗稿□册示阅。上望场知事陈益轩来,青田人,以诗属和。

**廿三日, 丁未, 三十**　　　晴

发廿①六号京信, 又寄洋廿元, 邮局去。马耀夫送来金鱼二尾、酱油两瓶。叶墨卿来, 又以徐知事托拟张省长堂庆诗见属, 并交《事略》一册。

**廿四日, 戊申, 十二月一号**　　　阴寒

清晨吕文老来, 云不演戏, 月内赴杭, 下月半后即回。林亮周来, 送粉干八斤。

**廿五日, 己酉, 二号**　　　阴寒

杭州参谋长周凤岐母寿《寿文》撰就, 交胡监督转交。徐知事又以张省长所征诗函叶墨卿转交。

**廿六日, 庚戌, 三**　　　晴

又为沈道尹再撰一诗交去。发费恕皆函。胡监督来函, 属撰两诗, 即交卷去。夜和陈益轩一诗。

**廿七日, 辛亥, 四**　　　晴

吕宅以是日称寿。清晨缮就陈益轩诗, 邮致西郭花园巷第一号。即诣吕宅, 已避出, 少坐。

诣章吉士处行吊, 遇熟识人多, 王统带亦至。在彼午饭, 饭后回寓休息。

五点钟, 赴吕宅宴, 客极多。由王统带介绍与郝司令晤谈, 又与审判厅曹明甫厅长及关署沈、欧两科长谈数语, 就席, 始见文老。胡监督送来序寿润洋卅元。陈益轩出吾诗示众, 殊高兴。

**廿八日, 壬子, 五**　　　阴

以函致文老, 托买书, 付洋五元, 另彭儿名条二纸。昨在章宅与

---

① "廿", 疑为"卅"。

永嘉人林耀祖字艺夫者谈,云于辛亥革命事多有纪载,与瑞安林氏不尽同,曾辨诘往还。林所记一册印赠,已失去,瓯报馆主有之。

林又说一治痔验方:用棉花炒熟,研末存性,以馒头蘸而食之,以愈为度,内外痔均治,据云神效。

胡监督以和陈诗属改。

**廿九日,癸丑,六** 微雨

吕文老附飞鲸赴杭。得廿三京信,云裁员命令即下,可以不至被裁,以合第四项资格也。

**三十日,甲寅,七** 阴,午刻晴

得黄枚生和四诗,又以罗君君玉八诗见示,随笔再作四首寄去。

# 十一月

**初一日,乙卯,八** 阴

得冒鹤亭回信。午刻诣郝司令一谈。夜饮关署,观剧。雨。

**初二日,丙辰,九** 雨

得遂昌龚知事廿五、廿六、廿九三函,嘱撰省长寿诗贺函,并缮清径寄。赠洋六元,亦微甚矣。

**初三日,丁巳,十** 雨

撰就寿诗五古四章,四六贺函一通,写好,用快邮寄省。并函复龚知事,附稿件两纸去。

**初四日,戊午,十一** 晴

清晨至大街凌永昌定绵鞋。午后,诣章吉士,谈杭垣情形。交以一条,托觅旧书一部。郝司令来答拜。用《官韵》一本将《说文》内字圈出,并注部首。严琴隐送还《汇刻书目》。

**初五日,己未,十二** 阴

为道署帐房沈越凡写对,又题僧卧云《诗集》五古一首。发刘次饶函及直屏乙条。夜得刘函,索补抄诗之入《文征》者,因前稿失去也。

**初六日,庚申,十三** 阴

胡监督函属撰联。林亮周来。发卅七号京信,并附一单。为道署会计沈越凡书对。

**初七日,辛酉,十四** 阴

又为监督撰联。章吉士来,陈仲陶偕其妻弟王学羲字希逸者来,陈携去《汇刻书目》廿册。诣监督,未面。

**初八日,壬戌,十五** 雨,午后止

得初三日京信,洋已收到。

油浸白果治肺病起死回生单方:采摘树上生白果球,浸入极纯之菜油内,愈陈愈妙。取食时,只须取白果去壳捣烂,冲以开水或芥菜露吞之,每日朝晚服二枚,三四日即效。此物能杀肺中之霉菌,且能补已坏之肺也。苏州阊门城外某善堂及胥门外木渎镇、蠡野镇均有之。

嘉湖第十师防地卢自统,宁温台第一师潘国纲,金绍二师张载扬,严衢处四师陈乐山。

**初九日,癸亥,十六** 晴

王哲夫统领来,云今夜回防,闽兵逼境,郝司令奉电赴杭。发刘次饶函,附抄稿去,旋得刘函。

**初十日,甲子,十七** 晴

发卅八号京信,又以洋五十元邮汇赴京。答次饶函。沈培皋来函,并《事略》三件,又监督留函乙封。

**十一日,乙丑,十八** 晴

发吕文老快信,寄杭。

**十二日,丙寅,十九**　　晴

得遂昌知事回信,又得次饶函。

**十三日,丁卯,二十**　　晴

清晨诣关署,与诸君晤谈。发卅九号京信。得费恕皆复函。林亮周来。

**十四日,戊辰,廿一**　　晴

汪潄卿来,林亮周来。发次饶函,附诗四首。

**十五日,己巳,廿二**　　晴

诣许、沈、杨三处一谈。飞鲸进口。

**十六日,庚午,廿三**　　晴

冬至。沈培皋以《呈请海关印花税票》文稿来,云胡监督欲加入两层说话,属为另撰,即为撰就交去。与陈军法官谈防务。陈、严二人来,良久。黄枚生又续和牙字韵十诗来,益不如前。

**十七日,辛未,廿四**　　晴

**十八日,壬申,廿五**　　晴

宋墨庵来,千顷堂寄来《诗经集传》四册,系胡监督代买者。

**十九日,癸酉,廿六**　　晴,连日天暖

道署送来阳历十二月薪,并招往一谈。神思昏颓,面色亦晦。

**二十日,甲戌,廿七**　　晴

以《卧云和尚诗草》八册托瓯海报馆王云龙转寄,并发一明信片寄瑞安东门底集真观告之。得十四日京信。发四十号京信。叶墨卿来。

**廿一日,乙亥,廿八**　　阴,微雨

陈仲陶、王希逸来,约夜饮乐园。关署送来十二月薪廿元。章吉士来。

**廿二日,丙子,廿九**　　晴

**廿三日，丁丑，三十**　　晴

杨淡峰以《事略》来。由文华堂经手售去刘刻各书十四种，价十四元，仍徐氏所买。为杨草寿序二千馀言。得卧云法师回函。

**廿四日，戊寅，卅一**　　晴

以寿序稿交杨。陈季孚来，以辛酉年下半年诗稿一册并纸交季孚抄录。许乙仙来。林亮周来，谈陈姓寿文事。赖可恒来。

**廿五日，己卯，十三年正月一日**　　晴

吕文老交来代买书三部及馀洋，昨由飞鲸归。出街买小帽一顶，一元三角。叶墨卿来，杨淡峰来。司令部演戏，宴客三日，到者须出份金。

**廿六日，庚辰，二号**　　晴

诣吕，未晤。林亮周来。

**廿七日，辛巳，三号**　　晴

出西门答候陈益轩，未晤。

**廿八日，壬午，四**　　晴

诣吕文起，未面。诣王云龙一谈，云卧云和尚已来，暂住资福寺。得廿二日京信，洋已到。发四十乙号京函。

**廿九日，癸未，五**　　晴

本地人张梁字仲川者代卧云和尚交来一函并和诗，写就直屏一幅，诗颇佳。张君年少，系莲池海会会员。

# 十二月

**初一日，甲申，六**　　晴

以癸亥年诗稿一册由文华堂经手交林卓夫抄誊，付去格纸四

十张。

**初二日,乙酉,七**　　阴,午刻微雨

看吕文老病,谈片刻,赠以万应膏两张。张仲川及卧云法师同来,遇于路,旋以一函致卧云,说浩然楼事。发四十二号京函。

**初三日,戊戌,八**　　阴

**初四日,丁亥,九**　　阴

叶墨卿来。

**初五日,戊子,十**　　晴

以七律一首致卧云和尚,得其复函。诣严琴隐一谈。诣方介庵,未面。陈季孚交来所抄诗册。梅冷生来,未相值,以谢议员母林氏六十寿代乞诗。

**初六日,己丑,十一**　　晴,骤暖不可当

写春联乙付,并烛,托魏韶成带处州送王质夫。严琴隐以《朱子家礼》见还,又来《宋诗纪事》第七册。送吕文老第九女添箱十色,收五色。

**初七日,庚寅,十二**　　晴,暖极

诣梅冷生略坐。两日来撰陈绥之寿文,颇吃力。沈培皋来,出示胡监督函,属拟某校联语。梅冷生以诗笺来。夜拟就联语,函交沈君。方介庵前日来,属其代觅旧墨,另以一元托其买笔。

**初八日,辛卯,十三**　　晴

闻昨夜一钟东门外钱店及山货行被劫,盗皆打脸,掳去五人。吕文起来,云盗有一机关在某寺。以寿文稿嘱陈季孚抄,给乃郎笔墨赀四元。严琴隐来,云钱庄所失仅数百元,山货行劫去现洋三千馀。并云东门外有青红帮匪千馀人,殊可虑。

**初九日,壬辰,十四**　　晴

以《谢林氏寿诗》交梅冷生,并以《章氏丛书》四十册假之。以

《朱昆田集》一册赠严琴隐。午后屈虞氏来，梅、宋二人来。

**初十日，癸巳，十五**　　阴

林亮周来。陈世讲以抄件来。晡饮吕文老处，其第九女赘婿吉期也。

**十一日，甲午，十六**　　阴

吕文起来谢步，略谈。

**十二日，乙未，十七**　　阴寒

得北京初三、初五两信。发四十三号京函。

**十三日，丙申，十八**　　晴

以和卧云二律寄之。

**十四日，丁酉，十九**　　阴

卧云约于明日游茶山，函却之。夜雨。

**十五日，戊戌，二十**　　晴，旋阴而雨

**十六日，己亥，廿一**　　阴寒

得《猴戏》二绝句。梅冷生来，以诗钟属为代定。道尹以小照属题，并约明日过谈。

**十七日，庚子，廿二**　　阴晴不定

诣道署略谈，为伊媳《征启》事商酌体例。为题像赞一首。

**十八日，辛丑，廿三**　　阴

以像赞还道尹。下午雨彻旦。

**十九日，壬寅，廿四**　　阴，时逗日光

函徐知事，索寿文润笔。下午得复并洋四十元。函致吕文起，托觅长沙刻本书六册，并告以索润事。得十二日京信，云调回礼俗司办事，以期稳固，同调科者共五人。

**二十日，癸卯，廿五**　　阴

给抄书人林某工洋乙元三角。

**廿乙日，甲辰，廿六**　　阴

清晨得吕回函。沈道尹来，面交伊媳□①氏《事略》，属为《征启》，旋闻登舟赴杭。午后取来十三年一月分脩洋廿元，随付号房年下开销一元。林亮周、叶墨卿先后来。为同居陈法官代撰寿人七律两首。《满夷猾夏始末记》可看。

**廿二日，乙巳，廿七**　　阴

卧云和尚送来菱一篮、诗一章。午后大雪竟夜。

**廿三日，丙午，廿八**　　晴

为道尹撰就《饶贞女征启》送署。夜祀灶。

**廿四日，丁未，廿九**　　阴寒欲雪

发四十四号京函。沈培皋函属改正诗、联等件，并来阳历十二月脩洋廿元，旋答一函，交去改件。得高金甫金华十一月廿乙来函，并代买马桶两个。李景贤复彭儿信送来寓，因发四十五号信寄京。夜雨。

**廿五日，戊申，三十**　　阴雨

得二十日京信。

**廿六日，己酉，卅一**　　阴

刘冠三来。夜二更谢年。

**廿七日，庚戌，十三年一②月一日。**　　阴

壬戌年诗稿抄好交来。

**廿八日，辛亥，二**　　晴

陈军法官来谈，云前托代撰寿诗系郝司令所转嘱。

浙洋水警徐厅长，青田人，不甚通文，而藏书值四万金。潘师长

---

① "□"疑为"饶"，见廿三日。

② "一"，应为"二"。

之秘书张某,湖北举人,工写作。卢督办之秘书林某,福建人,军官出身,工诗文,尤善和韵。

**廿九日,壬子,三**　　　晴

吕文老来,面交甲子年关书并春季分脩洋,属撰陈少石方伯寿诗。云卧云和尚已迁至浩然楼,每月八元供其费,另六元用一役,皆官绅捐给。旋为拟七律两首交去。

林亮周来。陈仲陶、王少①逸昨日来。

**三十日,癸丑,四**　　　阴

清晨为吕拟一函稿,并改定诗稿数句函去。各店账均于昨日给清。夜得吕函,又改诗稿两句。补阅《灵峰宗论》第四册,于此书所得实多。

①　"少",疑为"希"。